ULLSTEIN

Der Autor

Willi H. Grün, Jahrgang 1932, ist Diplom-Finanzwirt, Steuer- und Aktienkolumnist in der Fachpresse, freier Mitarbeiter beim Südwestrundfunk und mit bisher 13 Büchern zugleich einer der erfolgreichsten deutschen Sachbuchautoren. Die Gesamtauflage der Bücher des Steuer- und Anlageexperten hat bereits die Millionengrenze überschritten. Von ihm stammen die Ullstein-Bestseller »Steuergünstig erben – Vermögen vorteilhaft anlegen«, »Steuerstrategien«, »Steuern sparen leicht gemacht 2000«, »Das andere Börsenlexikon«, »Der Clan der Steuerhaie« sowie der Roman »Aschenbraten«.
Das Börsenbuch »Mehr Geld verdienen mit Aktien« liegt mittlerweile in 25. erweiterter und nochmals aktualisierter Auflage vor.

Willi H. Grün

Das andere Börsenlexikon

333 Begriffe up to date

Ullstein

Ullstein Taschenbuch 2000
Der Ullstein Taschenbuchverlag ist ein Unternehmen der
Econ Ullstein List Verlag GmbH & Co. KG, München
4. Auflage auf Basis der komplett aktualisierten und erweiterten 3. Auflage

Umschlagkonzept:
Lohmüller Werbeagentur GmbH & Co. KG, München
Umschlaggestaltung: Vera Bauer, Berlin
Titelabbildung: Oehl, Hachenburg
Gesetzt aus der Optima
Gesamtherstellung: Ebner Ulm
Printed in Germany
ISBN 3-548-35527-7

Willi H. Grün

Das andere Börsenlexikon

333 Begriffe up to date

Ullstein

Ullstein Taschenbuch 2000
Der Ullstein Taschenbuchverlag ist ein Unternehmen der
Econ Ullstein List Verlag GmbH & Co. KG, München
4. Auflage auf Basis der komplett aktualisierten und erweiterten 3. Auflage

Umschlagkonzept:
Lohmüller Werbeagentur GmbH & Co. KG, München
Umschlaggestaltung: Vera Bauer, Berlin
Titelabbildung: Oehl, Hachenburg
Gesetzt aus der Optima
Gesamtherstellung: Ebner Ulm
Printed in Germany
ISBN 3-548-35527-7

Vorwort

Dieses Börsenlexikon ist anders. Anders gleich aus mehreren Gründen:

* weil der Schwerpunkt auf brandneuen Börsenbegriffen liegt. In den letzten Jahren überfluten sie geradezu Anleger, Banken, Börsen – und auch Journalisten.
* Kein Börsenchinesisch ist angesagt, aber vor allem Börsenenglisch und dies möglichst einfach und einprägsam;
* weil keine bloßen Begriffe erläutert werden. Es gibt zusätzlich viele gewinnbringende Erklärungen und Tips. Sie sind im Stichwortverzeichnis am Ende des Buches durch **Fettdruck** hervorgehoben;
* weil auch die steuerliche Seite beleuchtet wird. Anleger wollen besser informiert sein. Sie sind nicht nur durch die jüngsten Fahndungsprüfungen bei Banken sensibilisiert.

Informieren Sie sich, damit Sie

... in der Schweiz nicht 35 Prozent Quellensteuer bezahlen, von Ihrem deutschen Finanzamt aber nur 15 Prozent angerechnet bekommen;

... wissen, wann Sie am steuergünstigsten Zerobonds verkaufen;

... dabei nicht versehentlich die Emissionsrendite ansetzen, wenn die Marktrendite günstiger wäre;

... sich auskennen, wann ausländische Staaten Kontrollmitteilungen schicken und wann die Erbschaftsteuerstelle der Veranlagungsstelle im Erbfall Kontostände ausplaudert;

... den gewinnbringenden Unterschied zwischen Freistellungsauftrag und Nichtveranlagungsbescheinigung kennen;

. . . wissen, bei welchen Ländern man fiktive Quellensteuer anrechnen kann, ohne sie überhaupt zu bezahlen.

. . . last but not least einige Strategien gegen den halbierten Sparerfreibetrag kennen lernen.

Ein »anderes« Bösenlexikon! Damit Sie bei Ihrem Anlageberater mitreden können. Damit sich Ihr Geld »by the way« vermehrt. Sei es mit Asset Allocation, Zerobonds oder zyklischen Aktien.

Zählen Sie bitte nicht nach! In dieser aktualisierten Ausgabe sind ein paar brandneue Schlagwörter dazugekommen. Aber ich konnte mich einfach nicht von den »333 Begriffen« im Untertitel trennen.

A

Access Point

Darunter versteht man einen Zugangsknoten oder Anschlußknoten, der professionellen Börsenteilnehmern vorbehalten ist und ihnen erlaubt, mit dem elektronischen System **XETRA** zu handeln.

Ad-hoc-Publizität

Durch das **Zweite Finanzmarktförderungsgesetz** wurden die Vorschriften zur **Ad-hoc-Publizität** verbessert.

Danach müssen börsennotierte Unternehmen neue wichtige Tatsachen der Unternehmensentwicklung **unverzüglich** veröffentlichen.

Dies kann in einem **Börsenpflichtblatt** oder über **elektronische Informationssysteme** geschehen.

Zweck der Neuregelung ist, allen Börsenteilnehmern die kursrelevanten Nachrichten schneller zur Verfügung zu stellen und durch die Ad-hoc-Publizität **Insidergeschäften** den Boden zu entziehen. Bei Zuwiderhandlungen gegen die neuen Vorschriften, die seit 1. Januar 1995 gelten, droht ein Bußgeld bis zu drei Millionen Mark.

Advance-Decline-Indikator

Der genannte Indikator ist ein Begriff aus der **Chartanalyse**. Die Anzahl der Aktien mit einem **besseren** Kurs gegenüber dem Vortag und die Anzahl der Aktien mit einem **schlechteren** Kurs werden einem Aktienindex gegenübergestellt.

An einem Tag mit überwiegend gestiegenen Aktien steigt auch die **Advance-Decline-Linie**. Ist die Mehrzahl der Aktien jedoch an einem Tag im Kurs zurückgegangen, so fällt auch die Advance-Decline-Linie.

Der Vorteil des beschriebenen Indikators liegt darin, daß er etwas über die **quantitativen** Bewegungen des Aktienmarkts aussagt. Dies ist bei einem Index nur eingeschränkt möglich, denn nur wenige große Gesellschaften könnten im Kurs noch zugelegt haben, die Mehrzahl der Aktien dagegen schon nach unten gegangen sein.

Der Index würde beispielsweise in der Endphase eines Haussemarktes wegen der dann noch gefragten schwergewichtigen Blue Chips einen festen Markt vortäuschen. Die Advance-Decline-Linie dagegen relativiert dieses Bild und gibt zeitig Warnsignale auf einen Kursumschwung.

Generell kann man zur Advance-Decline-Linie sagen, daß bei einem **Gleichlauf** zwischen der Linie und dem Aktienindex der **Trend bestätigt** wird.

Sind die Linien und der Aktienindex jedoch **gegenläufig**, darf auf eine **Änderung** des Marktes geschlossen werden.

Merke: Der Index kann durchaus noch einmal neue Höchststände anzeigen, weil wenige Blue Chips hierfür auslösend sind. Auf der Advance-Decline-Linie werden jedoch in diesem Fall keine neuen Höchststände mehr erreicht, und aus der Unterschiedlichkeit der beiden Parameter kann auf eine Trendwende geschlossen werden.

Aktienanleihen

Mittlerweile gibt es mehrere hundert **Aktienanleihen**. Sie sind mit einem **hohen Zinssatz** von manchmal über 20 Prozent ausgestattet und laufen meist nicht länger als ein Jahr.

Den in einer Niedrigzinsphase begehrten hohen Zinssatz bezahlen Anleger mit dem Risiko, statt der Rückzahlung des **Nennbetrags** mit **Aktien** abgefunden zu werden. Anders als bei Wandelanleihen liegt das Andienungsrecht allein beim **Emittenten.**

Beispiel: Ein Anleger kauft die zu 1000 Euro gestükkelte Aktienanleihe der Commerzbank. Er erhält dafür einen garantierten Zins von 12 Prozent. Dafür handelt er sich das Risiko ein, bei Ablauf der Vertragszeit statt seiner 1000 Euro mit acht Mannsmann-Aktien abgefunden zu werden. Dies geschieht dann, wenn die genannte Aktie bei Ablauf unter 125 Euro liegt.

Aktienanleihen werden unter einer eigenen Kenn-Nummer an den Börsen gehandelt, können also vor Ablauf veräußert werden.

Der Anleger ist im Vorteil, wenn sich die Basisaktie seitwärts entwickelt oder nur wenig steigt. Bei deutlichem Kursanstieg hätte er bei unmittelbarer Investition in die Aktie mehr Gewinn gemacht. Bei einem Kursverfall hingegen würde die hohe Rendite schnell dahinschmelzen, und irgendwo beginnt die Verlustzone.

Aktienanleihen

Coupon	Ausstattung	Emittent	WKN	Laufzeit	Anleihen Kurs in %	Aktien-zahl	Aktien-schwelle in €
0,000	adidas-Salomon (EUR)	RB	188760	23-05-2000	2218,200	30	85,21
10,000	adidas-Salomon	OPP	300660	01-09-2000	84,500	45	113,62
8,750	Allianz	SK Köln	329706	17-08-2000	90,400	18	284,05
10,000	Allianz	BHF	396230	28-08-1999	84,700	18	284,06
11,000	Allianz	Spk AC	250558	08-03-2000	89,400	17	294,12
12,000	Allianz	OPP	300668	16-11-1999	92,300	18	284,05
18,000	AOL	COB	350577	05-05-2000	92,000	9	111,11
9,000	BASF	T&B	372464	26-06-2000	99,400	140	36,52
9,500	BASF	OPP	300662	26-09-2000	102,700	166	30,80
11,000	BASF	OPP	281143	22-12-1999	101,700	170	29,41
9,000	Basket (DAX-Werte)	SWLB	302912	03-07-2000	89,900	–	5112,92
0,000	Bayer (EUR)	WGZ	336519	05-05-2000	966,270	33	30,30
8,125	Bayer	HVB	222674	16-06-2000	96,250	–	37,87
9,250	Bayer	SK Köln	329699	22-10-2001	105,700	172	29,73
10,500	Bayer	OPP	281140	10-12-1999	101,700	158	32,36
11,000	Bayer	OPP	281146	23-12-1999	100,800	132	37,88
10,000	BMW	Bay.Lbk.	213649	28-12-1999	101,000	9	555,55
13,000	Cisco	COB	350584	18-05-2000	104,100	42	47,62
9,125	Commerzbank	OPP	300656	19-07-2000	96,300	154	33,20

Aktienindizes

Der berühmteste Aktienindex der Welt ist ganz sicher nicht der Deutsche Aktienindex (**DAX**), sondern der **Dow Jones** von der New Yorker Börse.

Genaugenommen handelt es sich um den **Dow-Jones-Index für Industriewerte**, der 1972 die Schallmauer von **1000** Punkten durchbrach.

Im Januar 1987 war er dann bei **2000** angelangt. Das war eine Indexverdoppelung in 15 Jahren.

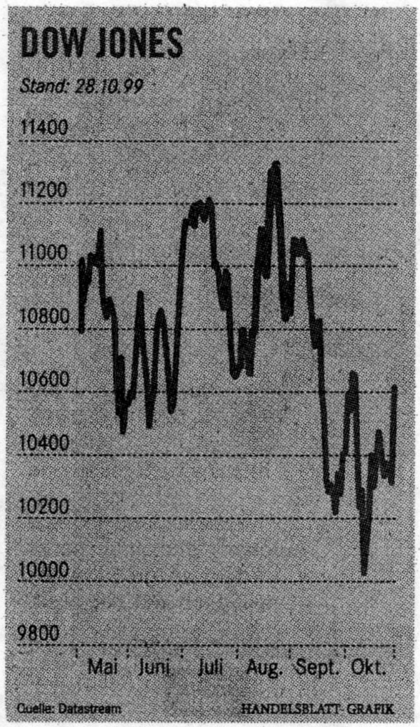

	28.10.	Vortag
Dow Jones	10610,50	10394,89
S&P 500	1334,13	1296,71
Nasdaq	2849,76	2802,48
TSE 300	7090,10	7011,40

Stand: 19.30 Uhr

Für die nächste Verdoppelung brauchte er nur acht Jahre. Schon am 23. Februar 1995 knallten in New York die Sektkorken. Der Dow Jones hatte zum erstenmal die Traummarke von **4000** Punkten durchstoßen.

Und so ging es weiter:

21. 11. 1995 = 5000	6. 4. 1998 = 9000
14. 10. 1996 = 6000	16. 3. 1999 = 10000
13. 2. 1997 = 7000	3. 5. 1999 = 11000
16. 7. 1997 = 8000	

Sekt gab es auch, als der Dow Jones am 26. Mai 1996 seinen 100. Geburtstag feierte.

Aber auch die Rekord-Tiefs und Verluste sollen nicht unerwähnt bleiben.

1929: Rückgang bis auf **260,24** Punkte
1931: Absolutes Tief von **41,22** Punkten
1987: (Crash am 19. 10.) Rückgang um 508 Punkte auf 1738,74
1996: (Mini-Crash am 8. 3.) Rückgang um 171 Punkte, und auch im Herbst 1998 ging es deutlich zurück.

Insbesondere 1995 ist der ins Trudeln geratene **Nikkei-Index** der **Tokioter Börse** bekannt geworden.

So hat jede Börse ihren Index. Beispielsweise **Amsterdam** den **AEX** und **Hongkong** den **Hang Seng** (s. nächste Seite).

Der DAX wurde aus einer Verflechtung des **Deutschen Aktienindex** mit dem **Index der Börsenzeitung** so konstruiert und umbasiert, daß zum Jahresende 1987 ein DAX-Stand von 1000 Punkten zustande kam.

Statistiker sind dann bis zum Jahr 1959 zurückgegangen, so daß mittlerweile eine Tabelle vorliegt, die den Zeitraum von 1959 bis zum aktuellen Börsentag widerspiegelt (vgl. Seite 59).

INTERNATIONALE INDIZES

Ausland	28.10.	27.10.	Hoch 99	Tief 99
Amsterdam AEX	568,14	552,39	596,15	497,63
Athen Composite	geschl.	5390,37	6355,04	2762,57
Bangkok SET	389,76	379,61	551,85	308,74
Bogota IBB		876,72	1237,28	776,17
Bombay BSE	4594,57	4756,20	5075,39	3042,25
Bratislava SAX	82,45	82,45	96,88	73,62
Brüssel Allgemein	17659,42	17477,84	21753,78	17101,56
Budapest BUX	6772,87	6687,34	7625,75	5130,26
Buenos Aires General	20022,67	19925,24	23217,34	12908,13
Caracas IBC		5567,69	6531,35	2709,29
Dublin ISEQ	4471,29	4567,31	5441,14	4565,87
Europa				
Eurotop 100	3053,23	2991,35	3162,98	2327,45
Eurotop 300	1321,44	1297,28	1370,76	997,13
Helsinki KOP Hex	8686,53	8509,43	8696,59	5565,27
Hongkong Hang Seng	12758,88	12709,07	14531,63	9000,24
Istanbul IMKB NAT 100	6556,05	6509,92	6556,05	2301,93
Jakarta Composite	577,93	576,51	720,05	370,64
Johannesburg				
JSE-Industrial	7297,00	7259,80	7711,00	6219,80
JSE-Goldminen	1170,00	1122,30	1418,00	790,60

Quelle: Handelsblatt

unten: Auch die Schwellen-Märkte können Sie verfolgen. Quelle: »Handelsblatt«

Schwellen-Märkte	27.10.99									
Märkte insges. (F)	145,6	0,1	1,0	45,6	−0,5	0,2	41,3	−0,5	−0,2	30,6
Argentinien	138,7	0,2	0,7	38,7	−0,4	−0,4	24,5	−0,4	−0,4	24,4
Ägypten	151,8	−1,0	9,4	51,8	−1,6	8,2	36,3	−1,6	8,2	36,1
Brasilien	117,7	1,5	1,7	17,7	0,6	3,2	73,6	1,0	0,5	5,5
Chile	122,8	−0,2	−6,5	22,8	−0,3	−4,6	27,2	−0,8	−7,5	10,1
China	134,1	2,4	−8,0	34,1	1,9	−9,0	20,5	1,9	−9,0	20,2
Griechenland	165,0	−2,0	−4,8	65,0	−2,0	−4,3	65,7	−2,6	−5,9	48,0
Indien *	182,4	−1,2	1,2	82,4	−1,8	−0,5	67,0	−1,8	0,1	63,6
Indonesien	196,7	−2,0	31,2	96,7	−3,3	6,0	51,4	−2,6	29,7	76,3
Indonesien (F)	196,7	−2,0	31,2	96,7	−3,3	6,0	51,4	−2,6	29,7	76,3
Israel	126,5	−0,3	2,4	26,5	−0,8	1,1	15,9	−0,9	1,2	13,4
Jordanien	105,0	0,5	1,1	5,0	−0,1	0	−5,9	−0,1	−0,1	−5,9
Kolumbien *	74,4	2,9	−0,2	−25,6	1,4	−3,7	−15,9	2,3	−1,3	−33,3
Korea	170,2	0,3	−2,9	70,2	−0,5	−5,2	52,4	−0,2	−4,0	52,6
Malaysia	208,8	0,9	12,3	108,8	0,3	11,0	31,0	0,3	11,0	87,2
Malaysia (F)	213,5	1,0	13,4	113,5	0,4	12,1	34,0	0,4	12,1	91,5
Marokko	102,0	0,1	0,3	2,0	−0,1	−0,1	−3,0	−0,4	−0,8	−8,6
Mexiko (F)	143,9	0,6	0,1	43,9	0	1,8	25,7	0	−1,1	29,0
Pakistan *	132,4	2,7	−1,1	32,4	2,1	−2,3	25,3	2,1	−2,2	18,7
Peru	121,4	2,1	−7,0	21,4	1,8	−7,4	18,7	1,5	−8,0	8,9
Philippinen	113,5	2,0	−0,6	13,5	1,7	−3,6	5,0	1,5	−1,8	1,8
Philippinen (F)	107,0	2,7	0,6	7,0	2,3	−2,4	−1,1	2,1	−0,5	−4,1
Polen	114,8	−1,3	1,7	14,8	−0,6	3,3	23,4	−1,9	0,6	2,9
Russland	206,6	−0,6	17,2	106,6	−1,1	15,9	85,3	−1,1	15,9	85,3
Südafrika	140,7	0,3	2,9	40,7	−0,3	4,4	32,0	−0,3	1,8	26,2
Sri Lanka	86,6	−1,4	−7,5	−13,4	−2,0	−9,0	−19,1	−2,0	−8,5	−22,4
Taiwan **	149,5	0,8	4,0	49,5	0,2	2,7	32,0	0,2	2,8	34,0
Thailand	121,8	0,6	6,3	21,8	0,5	−0,3	16,7	0	5,1	9,2
Thailand (F)	124,9	0,8	5,5	24,9	0,7	−1,1	19,7	0,2	4,3	12,0
Türkei	179,3	−0,6	6,2	79,3	−0,7	9,5	145,2	−1,1	5,0	60,8
Tschechien	120,1	1,0	−2,3	20,1	0,6	0,2	24,6	0,4	−3,4	7,7
Ungarn	101,0	−0,9	1,8	1,0	−1,2	1,1	2,2	−1,4	0,6	−9,5
Venezuela *	119,1	−0,1	−6,1	19,1	−0,6	−6,5	19,4	−0,6	−7,2	6,8

DAX-INDIZES XETRA

23.9.99	Anfang	Settl.	Tages-Hoch	Tages-Tief
Dax	5256,43	5306,26	5332,99	5228,85
MDax	4072,73	4076,77	4078,14	4050,03
Dax 100	2555,52	2573,71	2583,22	2540,63
Automobil	1995,38	1967,85	1998,48	1957,15
Bau	1906,84	1908,44	1906,84	1866,59
Chemie	2290,43	2272,13	2290,43	2257,78
Elektro	4356,79	4444,84	4499,69	4330,42
Banken	2373,39	2369,29	2392,49	2361,88
Maschinenbau	4355,35	4514,83	4578,54	4338,81
Versorger	3341,49	3380,50	3417,12	3286,62
Versicherung	3200,91	3241,72	3264,23	3181,72
Konsum	1319,67	1328,78	1331,91	1313,25
CDax	447,12	449,92	451,15	445,19
Nemax-All-Share	2876,68		2903,31	2838,94
Nemax 50	3587,69		3620,47	3518,41
SDAX	2918,11	2911,70	2919,41	2897,88
Smax All Share	277,27	276,62	277,45	275,44
VDax (% p.a.)	23,50		23,71	22,18
Jex*)	111,2500	111,2500	111,4600	111,1500
Pex*)		111,2127	111,2127	111,2127
Rex*)	112,2500	112,2000	112,4500	112,1100

Quelle: Deutsche Börse AG (ohne Gewähr); *) Jex, Pex, Rex sind Kursindizes

unten: Quelle »Handelsblatt«

DEUTSCHE INDIZES

	28.10.1999	27.10.1999
FAZ-Index (31.12.58=100)		
Jahres-H/T 1731,01/1607,23	1690,09	1685,80
Vobax (30.10.90=1000)		
Jahres-H/T 1950,210/1708,690	1776,190	1756,560
Baader Gold-Index (31.12.87=1000)		
Jahres-H/T 235,27/165,56	194,90	188,42
Tubos-Index (30.12.87=1000)		
Jahres-H/T 7735,99/6740,46	7419,60	7220,44

NYSE-STATISTIK

ap-dj/rtr NEW YORK. Von der New Yorker Stock Exchange liegen für die Mittwoch-Sitzung folgende statistischen Daten vor (Vortag in Klammern):

Verbessert	1741	(1157)
Rückläufig	1302	(1877)
Unverändert	492	(488)
Neue Spitzen	34	(39)
Neue Tiefs	245	(322)

Umsatzspitzenreiter am Mittwoch
(Gesamtumsatz:950,14 Mill. Aktien)

Umsatz	Titel	Kurs	
22 119 100	Compaq Computer	19 3/16	(- 1/8)
12 988 400	Tyco Intl	41 5/8	(-2 5/16)
12 872 200	Citigroup	51 5/16	(+2 13/16)
10 803 400	AT & T	43 7/8	(- 1/8)
9 927 500	Philip Morris	25 5/8	(±0)
9 393 900	Lucent Tech	62 3/4	(- 1/8)
7 973 900	Hewlett-Packard	70 3/8	(-6 1/4)
7 948 500	CVS Corp Delaw	39	(-4 1/2)
7 687 400	Intl Bus Machine	93 13/16	(-1 11/16)
7 501 600	America Online	119 1/2	(+ 7/8)

EURO.NM-INDIZES

Index	28.10.1999	27.10.1999
EURO.NM All Share Perf.	2480,15	2443,78
EURO.NM All Share Kurs	2471,66	2435,42
EURO.NM Belgium Perf. (B)	1411,30	1421,97
EURO.NM Belgium Kurs (B)	1411,30	1421,97
Neuer Markt Perf. (D)	2926,61	2878,59
Neuer Markt Kurs (D)	2914,45	2866,63
NMAX Perf. (NL)	1679,66	1673,43
NMAX Kurs (NL)	1677,91	1671,69
Nouveau Marche Perf. (F)	1443,10	1427,08
Nouveau Marche Kurs (F)	1440,48	1424,49

WESTLB-AKTIENINDEX

(31.12.1968 = 100) Branche	28.10.	27.10.	Hoch 1999	Tief 1999
Gesamtindex	955,99	953,41	1000,45	822,02
Banken	863,36	859,44	873,22	605,19
Versicherungen	5604,09	5605,65	6829,08	4881,59
Auto+Zulieferer	1537,05	1535,22	1852,23	1404,72
Bau+Zulieferer	462,97	461,69	557,20	363,62
Chemie	593,76	589,06	663,41	471,12
Pharma	742,99	750,58	817,19	657,53
Elektro	773,30	764,98	801,81	546,26
Handel	282,19	286,94	393,66	273,47
Konsumgüter	958,36	969,67	1072,02	843,94
Maschinenbau	793,86	790,25	908,10	618,85
Telekom	1271,26	1269,46	1357,34	939,27
Versorgung	930,31	920,14	1093,57	880,09
Sonstige	1282,31	1272,68	1404,02	915,34

STOXX-INDIZES

	Dow Jones Stoxx				Dow Jones Euro-Stoxx			
23.9.99	Anfang	Schluß	Vortag	% a. Jahr	Anfang	Schluß	Vortag	% a. Jahr
Gesamtindex	305,76	308,70	306,18	10,50	322,51	324,88	322,87	8,94
Blue-Chip Index (50)	3636,61	3692,35	3640,13	11,14	3715,32	3748,63	3718,41	12,21
Auto	246,26	243,81	246,37	-5,04	239,82	236,87	239,98	-8,74
Bank	324,01	324,93	324,22	4,95	277,70	278,26	277,79	4,44
Basic Resources	219,38	220,30	219,63	56,38	197,70	197,93	197,83	34,55
Chemical	281,31	279,81	281,67	19,01	341,23	338,67	341,86	15,29
Conglomerate	174,52	174,25	174,87	24,30	267,70	266,20	268,73	22,32
Construction	198,01	198,87	197,94	22,21	213,72	213,77	213,74	17,59
Consumer Cyclical	171,44	173,03	171,66	7,17	157,88	158,26	158,15	0,68
Consumer Non-Cyclical	302,24	302,80	302,81	5,61	492,83	493,54	493,67	1,49
Energy	314,71	317,15	315,15	32,42	305,92	305,29	306,20	30,57
Financial Sevices	272,56	273,10	272,78	7,11	242,21	241,39	242,26	-3,50
Food & Beverage	214,73	214,88	214,60	-4,25	233,79	232,46	232,59	-9,05
Industrial	312,01	317,38	311,84	29,06	372,38	384,66	372,38	35,63
Insurance	338,61	342,37	338,80	-7,18	324,87	327,44	324,73	-10,46
Media	317,69	311,97	318,89	13,72	307,61	304,78	307,91	5,86
Pharmaceutical	373,43	375,17	373,72	-4,15	378,44	384,54	378,80	3,21
Retail	260,81	262,50	261,38	3,09	376,42	377,02	376,57	2,28
Technology	506,21	516,85	506,87	36,27	478,57	490,81	478,57	38,96
Telecom	490,25	507,07	491,30	22,98	676,34	693,42	677,78	22,53
Utility	271,03	271,35	271,97	-9,17	291,21	291,10	291,73	-11,51

Quelle: Deutsche Börse AG (ohne Gewähr)

Auch überregionale Zeitungen wie die **»Süddeutsche«** und die **»Frankfurter Allgemeine«** haben ihren eigenen Index, und selbstverständlich die **Banken**.

Außer dem Gesamtindex der einzelnen Insitute gibt es **Branchenindizes**, wie beispielsweise für Banken, Versicherungen, Großchemie, Bau, Energie, Elektro, Kaufhäuser usw.

Der Index der deutschen Börse AG ist der → **DAX**, den es in mehreren Formen gibt, wie beispielsweise den eigentlichen **DAX** für 30 Werte, den → **DAX 100** für 100 Werte, den **CDAX** und **SDAX**.

Die abgebildeten Tabellen dienen Demonstrationszwecken und sind natürlich nicht aktuell.

DAX-INDIZES XETRA

	Performance-Index							
28.10.1999	Anfang	Settlement	Tages-Hoch	Tages-Tief	Schluss	Vortag	Hoch (am)	Tief (am)
Dax	5360,58	5389,42	5492,97	5342,31	5478,89	5363,86	6171,43 (20.07.98)	931,18 (28.01.88)
MDax	3966,17	3965,14	3984,43	3965,64	3976,94	3963,12	4874,57 (20.07.98)	914,47 (29.01.88)
Dax 100	2587,87	2600,82	2646,16	2582,15	2639,95	2589,83	3006,26 (20.07.98)	464,95 (28.01.88)
Automobil	2103,96	2103,20	2154,38	2094,15	2150,23	2096,02	2972,77 (08.07.98)	466,97 (04.01.88)
Bau	1642,34	1659,28	1669,40	1638,71	1653,44	1643,24	2310,25 (31.07.90)	457,33 (20.01.88)
Chemie	2219,80	2246,48	2269,00	2216,46	2258,96	2220,23	2693,37 (03.07.98)	456,08 (29.01.88)
Elektro	4386,00	4383,57	4436,43	4358,81	4423,90	4361,05	5229,12 (31.07.98)	448,97 (28.01.88)
Banken	2422,70	2431,55	2468,90	2417,95	2457,46	2414,71	2890,77 (22.07.98)	457,70 (28.01.88)
Maschinenbau	4398,76	4425,10	4475,43	4384,81	4456,58	4367,72	4867,15 (17.06.99)	471,68 (04.01.88)
Versorger	3360,58	3403,01	3482,57	3343,59	3481,88	3411,68	3606,51 (17.06.99)	472,41 (11.05.88)
Versicherung	3325,81	3321,87	3405,65	3297,44	3390,50	3323,44	3412,95 (30.04.99)	468,31 (04.01.88)
Konsum	1275,73	1283,09	1294,53	1270,53	1291,67	1277,86	4123,41 (20.07.98)	441,27 (04.01.88)
CDax	452,94	454,89	461,84	451,97	460,87	453,27	521,07 (10.06.98)	421,64 (28.01.88)
Nemax-All-Share	2885,06		2928,38	2881,80	2926,61	2878,59	3964,64 (01.02.99)	485,59 (13.03.97)
Nemax 50	3592,34		3649,09	3584,20	3647,36	3584,74	4782,92 (16.02.99)	952,13 (12.01.98)
SDAX	2832,52	2832,99	2855,62	2832,52	2853,03	2837,04	3434,72 (22.05.98)	949,24 (27.01.88)
Smax All Share	270,56	270,53	272,43	270,56	272,27	270,95	333,44 (22.05.98)	94,44 (27.01.88)
VDax (% p.a.)	22,23		22,79	19,61	19,84	22,49	52,39 (21.09.98)	9,36 (29.06.92)
Jex*)	109,8700	109,8700	110,2200	109,7800	110,2000	109,7211	118,4000 (25.01.99)	108,8000 (22.10.97)
Pex*)		109,8416	109,8416	109,8416		117,1163		
Rex*)	110,8200	110,8900	111,2100	110,7200	111,1700	110,7036	119,6600 (25.01.99)	93,1157 (28.09.90)

Quelle: Deutsche Börse AG (ohne Gewähr); *) Jex, Pex, Rex sind Kursindizes

Aktiensplit

»Split« kommt aus dem Englischen und heißt auf deutsch »teilen«. Demgemäß ist ein **Aktiensplit** eine Teilung der Aktie, so daß sich ihre Anzahl beim Anleger vermehrt. Sein Anteil am Unternehmen jedoch bleibt unverändert.

In Deutschland bedeutet ein Aktiensplit im Verhältnis »1 : 1«, daß jeder, der eine Aktie besitzt, noch eine dazubekommt. Vor dem Doppelpunkt steht also die bisherige Aktienzahl und hinter dem Doppelpunkt die Zahl der neu hinzukommenden. Vielleicht wäre es weniger mißverständlich, wenn die Bezeichnung statt »1 : 1« lauten würde: »1 + 1«.

In den USA ist eine andere Schreibweise gebräuchlich. Dort sagt man, was vielleicht richtiger ist, »2 **für** 1«.

Da sich bei einem Split das Vermögen der Aktiengesellschaft auf mehr Aktien verteilt, bleibt der Wert beim Anleger gleich. Beim Split 1 : 1 sinkt der Kurs zwar auf die **Hälfte**, aber wegen der Verdoppelung der Aktienanzahl ist seine Beteiligung am Unternehmen nach wie vor unverändert.

Aktienumsätze

Die Umsätze, die tagtäglich an den deutschen und auch ausländischen Börsen getätigt werden, sind in der Mehrzahl der Fälle viel größer als die Umsätze, die die Firmen selbst im Rahmen ihres eigentlichen Geschäftsbetriebs erwirtschaften.

Den Wirtschaftszeitungen und großen Tageszeitungen können Sie entnehmen, wieviel von jeder Aktie in deutschen Börsensälen umgesetzt wurde.

Natürlich sind die Aktienumsätze »Schnee von gestern«, aber welcher Börsianer würde nicht versuchen, aus Geschehenem Honig für die Zukunft zu saugen?

Wer beispielsweise feststellt, daß eine Aktie, der sein

DAX-30 FRANKFURTER KURSE (ANGABEN IN EURO)

21.10.1999 / 17.00 Uhr	WPKN	Letzte Div.	Div.-Sch. für 1999	Börsenkap. in Mill.Euro	Anfang	Tages H/T		Kassa	Schluss	+/-
Adidas-Salomon(5)	500340	0,84	0,84	3420,7	75,60 b	76,00	75,40	75,60 b	**75,90 b**	**+0,80**
Allianz NA vink.(o.N.)[2]	840400	1,12	1,12	67975,9	277,50 b	83,50	77,50	281,30 b	**283,00 b**	**+2,50**
BASF (o.N.)[2]	515100	1,12	1,12	25513,2	40,05 b	40,35	39,70	40,02 b	**40,15 b**	**-0,30**
Bayer (o.N.)[2] ♣	575200	1,02	1,02	26146,2	36,00 b	36,90	35,65	35,90 b	**35,97 b**	**+0,12**
Bay.Hypo-Vbk. (o.N.)[2] ♣	802200	0,82	0,82	22922,0	58,20 b	58,30	56,60	57,70 b	**57,10 b**	**-0,40**
BMW StA (1 Euro)	519000	0,39	0,39	19338,9	28,75 b	28,85	28,25	28,80 b	**28,30 b**	**-0,55**
Commerzbank (o.N.)	803200	0,77	0,82	17879,6	34,50 b	34,55	34,25	34,25 b	**34,45 b**	**-0,15**
DaimlerChr.NA(o.N.)[2]	710000	2,35	2,35	70201,0	69,40 b	69,60	68,10	69,45 b	**68,70 b**	**-0,60**
Degussa-Hüls (o.N.)	542500		0,82	5152,6	33,00 b	33,00	32,60	32,95 b	**32,60 b**	**-0,20**
Deutsche Bank NA (o.N.)[2]	514000	1,12	k. A.	40543,7	65,80 b	66,00	64,80	65,53 b	**66,00 b**	**+0,25**
Dt. Telekom (o.N.)[2]	555700	0,61	0,61	127603,8	42,00 b	42,40	41,90	42,25 b	**42,15 b**	**±0**
Dresdner Bank (o.N.)[2]	804610	0,79	0,79	24473,6	45,00 b	45,30	44,50	45,30 b	**45,00 b**	**+0,20**
Fres.Med.Care StA (5)	578580	0,59	0,64	5207,6	65,50 b	65,50	64,20	65,00 b	**64,20 b**	**-1,10**
Henkel VA (o.N.)	604843	0,84	0,84	8905,2	61,30 b	61,30	60,80	60,90 b	**60,90 b**	**±0**
Karstadt	627500	0,56	0,56	3507,8	43,00 b	43,00	42,20	43,00 b	**42,60 b**	**+0,10**
Linde (o.N.)	648300	1,12	1,06	4496,6	50,65 b	50,75	49,30	50,00 b	**49,85 b**	**-0,15**
Lufthansa NA vink.(o.N.)	823212	0,56	0,56	7441,2	19,50 b	19,55	19,35	19,46 b	**19,42 b**	**-0,03**
MAN StA (o.N.) ♣	593700	0,92	0,92	4787,9	31,20 b	31,35	30,80	31,10 b	**31,00 b**	**+0,10**
Mannesmann NA (o.N.)[2]	656030	0,61	0,61	61518,8	152,20 b	52,30	42,20	150,40 b	**145,35 b**	**-13,25**
Metro StA (o.N.)[2]	725750	1,02	1,02	16110,6	49,20 b	49,50	48,60	49,30 b	**48,80 b**	**±0**
Münchner R. v. NA(o.N.)[2] ♣	843002	0,92	0,92	38596,1	210,50 b	11,00	03,50	206,30 b	**204,50 b**	**-6,50**
Preussag (o.N.)	695200	0,77	0,61	9604,0	50,30 b	50,60	49,60	50,00 b	**50,03 b**	**+0,23**
RWE StA (o.N.)[2] ♣	703700	0,51	0,92	20685,0	37,60 b	37,90	37,40	37,80 b	**37,70 b**	**+0,45**
SAP VA (o.N.)	716463	1,60	1,60	40679,1	384,00 b	87,00	66,00	379,80 b	**367,00 b**	**-19,50**
Schering (o.N.) ♣	717200	1,35	1,35	7499,3	110,20 b	10,75	08,42	109,80 b	**108,75 b**	**-1,45**
Siemens NA (o.N.)[2]	723610	0,77	0,77	46904,7	78,80 b	79,50	78,50	79,20 b	**79,00 b**	**-0,10**
Thyssen Krupp (5)	750000		0,82	10495,6	20,50 bG	20,90	20,50	20,85 b	**20,78 b**	**+0,33**
Veba (o.N.)[2] ♣	761440	1,07	1,07	24837,8	49,95 b	49,95	49,10	49,50 b	**49,15 b**	**+0,05**
Viag (o.N.) ♣	762620	0,32	0,31	11694,5	17,10 b	17,10	16,45	16,75 b	**16,60 b**	**-0,05**
VW StA (o.N.)	766400	0,77	0,77	21775,6	52,10 b	52,30	51,70	52,20 b	**51,70 b**	**-0,70**

21.10.1999 / 17.00 Uhr	Xetra (E)	Tages H/T		Xetra (V)	52 Wochen Hoch	52 Wochen Tief	Ergebnis je Aktie 1998	Ergebnis je Aktie 1999s	Ergebnis je Aktie 2000s	KGV 1999	KGV 2000	Div. Rend.	Umsatz 20.10.1999 Stück	Umsatz 20.10.1999 Tsd. Euro	Umsatz 20.10.1999 Stück (F)
Adidas-Salomon(5)	75,40	76,09	75,15	75,79	108,39	70,00	-3,63s	5,15	6,06	14,7	12,5	1,1	163795	12272	154646
Allianz NA vink.(o.N.)[2]	276,20	83,95	76,20	283,34	354,50	235,50	7,58	8,32	9,11	33,8	30,9	0,6	430644	120972	382085
BASF (o.N.)[2]	40,15	40,40	39,61	40,35	45,40	29,91	2,72	2,10	2,70	19,1	14,8	4,0	931093	37688	877868
Bayer (o.N.)[2] ♣	36,00	36,45	35,70	36,00	43,85	29,80	2,21	2,10	2,31	17,1	15,5	4,1	2813074	100422	2286415
Bay.Hypo-Vbk. (o.N.)[2] ♣	59,00	59,00	56,59	57,25	78,48	47,60	4,47	2,10	2,70	27,5	21,4	2,0	505791	28985	488493
BMW StA (1 Euro)	28,61	28,90	28,20	28,27	32,70	19,96	0,78	0,80	1,27	36,1	22,6	2,0	1018264	29199	992889
Commerzbank (o.N.)	34,29	34,59	34,20	34,56	36,35	23,54	1,03	1,86	2,30	18,4	14,9	3,4	1182963	40705	1134270
DaimlerChr.NA(o.N.)[2]	69,49	69,69	68,00	68,40	95,80	63,20	5,57	6,20	6,47	11,2	10,7	4,8	2156597	149912	2011083
Degussa-Hüls (o.N.)	33,00	33,00	32,55	32,72	45,00	30,60	2,85	2,16	2,60	15,3	12,7	2,5	104941	3408	96508
Deutsche Bank NA (o.N.)[2]	65,81	66,20	64,50	65,81	67,67	45,02	k. A.	k. A.	k. A.	k. A.	k. A.	k. A.	2174454	142474	1777651
Dt. Telekom (o.N.)[2]	42,01	42,50	41,87	42,26	45,00	20,73	0,82s	0,84	1,10	50,6	38,4	2,1	4230825	178603	3854806
Dresdner Bank (o.N.)[2]	44,50	45,30	44,50	44,91	47,90	30,05	1,19	1,42	2,00	31,9	22,7	2,5	1235005	55718	1215540
Fres.Med.Care StA (5)	65,90	65,90	64,06	64,40	73,70	37,84	1,13	2,90	3,58	22,4	18,2	1,0	85747	5521	82380
Henkel VA (o.N.)	61,10	61,20	60,64	61,20	80,50	58,75	3,20	3,45	3,91	17,7	15,6	2,0	145556	8832	142300
Karstadt	42,40	43,20	42,25	42,90	48,70	30,55	0,84	1,68	2,07	25,6	20,8	1,9	196583	8333	192656
Linde (o.N.)	50,65	50,69	49,24	49,89	64,03	39,31	2,72	2,99	3,04	16,7	16,5	3,0	676233	33543	644314
Lufthansa NA vink.(o.N.)	19,49	19,60	19,36	19,46	23,50	16,10	1,66	0,75	1,19	25,9	16,4	4,0	1739707	33590	1625257
MAN StA (o.N.) ♣	31,00	31,41	30,86	31,41	34,40	20,60	2,23	2,31	2,12	13,5	14,7	3,0	181832	5617	163655
Mannesmann NA (o.N.)[2]	152,50	52,50	42,00	144,70	162,20	72,09	1,90	2,05	2,37	73,3	63,5	0,6	2467104	386960	2369634
Metro StA (o.N.)[2]	49,20	49,35	48,70	49,05	78,30	47,80	1,69	1,83	1,98	26,9	24,9	2,1	323434	15840	316054
Münchner R. v. NA(o.N.)[2] ♣	211,50	11,50	03,00	205,70	232,25	158,00	2,63	2,88	3,22	71,6	64,1	0,6	335384	71191	327039
Preussag (o.N.)	49,90	50,60	49,45	50,00	60,50	28,89	1,60s	2,05	2,28	24,4	21,9	1,7	260177	13027	246981
RWE StA (o.N.)[2] ♣	37,45	38,10	37,25	37,98	52,00	35,30	1,84	1,98	2,33	19,1	16,2	3,8	1445357	53359	1378772
SAP VA (o.N.)	383,11	85,00	65,55	366,97	465,02	257,00	5,25s	4,64	6,39	81,8	59,4	0,6	1089169	418724	1051487
Schering (o.N.) ♣	110,15	10,40	08,13	108,74	128,50	88,45	4,22	4,68	5,54	23,5	19,8	1,8	180541	19775	177187
Siemens NA (o.N.)[2]	78,70	79,74	78,56	78,96	86,60	46,04	2,24	3,25	3,32	24,4	23,9	1,4	1486395	117031	1383138
Thyssen Krupp (5)	20,59	20,97	20,51	20,85	24,50	17,25	2,38	1,12	1,52	18,6	13,7	5,6	1084348	22280	1038772
Veba (o.N.)[2] ♣	50,00	50,00	49,02	49,31	63,00	41,16	2,44	2,52	2,93	19,6	16,9	3,1	1621655	78944	1562934
Viag (o.N.) ♣	16,95	16,95	16,40	16,72	24,09	15,85	0,89	0,75	0,85	22,3	19,8	2,7	1596965	26367	1572401
VW StA (o.N.)	52,25	52,30	51,61	51,92	79,80	50,05	4,85	4,93	4,84	10,6	10,8	2,1	1236055	65097	1183943

Die Tabelle dient Demonstrationszwecken und ist nicht aktuell.
Quelle: »Handelsblatt«

Interesse gilt, am Vortag kaum gehandelt worden ist, muß damit rechnen, daß sie mit einem Satz gleich nach oben geht, wenn er mit einem größeren Auftrag in den Markt geht und es sich ohnehin nur um einen kleineren Nebenwert handelt (vgl. Vorseite).

Wie gehen die Analysten nun mit den Tagesumsätzen um?

Manche glauben, daß hohe Aktienumsätze, die bei steigenden Kursen auftreten, für einen weiteren Aufwärtstrend der betreffenden Aktie sprechen.

Beobachtungen zeigen jedoch, daß hohe Umsätze oft auch das Signal sind für einen erlöschenden Aufwärtstrend, der alsbald nach unten kippt.

Tatsache ist jedenfalls, daß bei hohen Umsätzen und anziehenden Kursen jede Menge Optimisten im Markt sind, also sehr viele **Käufer**, die der betreffenden Aktie einen weiteren Kursanstieg zutrauen.

Dabei darf man natürlich nicht übersehen, daß dieser Käuferschar ebenso viele **Verkäufer** gegenüberstehen, die längst ihren Reibach gemacht haben, wahrscheinlich zu viel tieferen Kursen kauften und nun ihren Gewinn realisieren möchten.

Die Verkäufer jedenfalls sind, was die Kursentwicklung einer Aktie anbetrifft, ganz anderer Meinung als die Käufer, und man muß den Verkäufern ganz sicher ein gutes Näschen bescheinigen, denn sie haben es verstanden, auf einem wesentlich tieferen Kursniveau günstig einzusteigen.

Außerdem können die Verkäufer relativ risikolos agieren. Ein Gewinn dürfte den meisten von ihnen sicher sein, und Gewinnmitnahmen sind immer »gesund«.

Wer als Käufer zum Einsteigen bereit ist, fährt hohes Risiko, denn die steigenden Umsatzzahlen haben eine einzelne Aktie (oder auch den Gesamtmarkt) schon in eine beträchtliche Höhe getrieben, in der die Luft dünn wird. So sind denn Spitzenkurse oft von außergewöhnlichen Umsätzen begleitet, die die Kurse ständig höhertreiben. Allmählich wird die Zahl der Käufer geringer, und ihr Ausbleiben bewirkt ein Abbröckeln der extrem hohen Kurse.

Bei **fallenden** Kursen kann eine große Schar nervös gewordener Anleger, die sich von ihren Papieren trennen, zu einem sogenannten **Sell-out** führen.

Dies ist aber eher eine Ausnahmesituation. Meist trocknet ein **Baisse-Markt** allmählich aus, bis kaum noch jemand kaufen will. Dann kommt die Zeit der »starken Hände«, die nicht nervös sind, sondern zupacken und sich eindecken.

Langjährige Beobachtungen haben zu einigen Regeln über die Aktienumsätze geführt.

Steigende Kurse, die mit steigenden Aktienumsätzen einhergehen, lassen den Schluß zu, daß eine weitere Käuferschicht auch **weiterhin Kaufinteresse** haben wird und dafür sorgt, daß der **Aufwärtstrend** erhalten bleibt.

Steigt der Kurs jedoch noch weiter, die Umsätze aber **nicht**, so dürfte der Aufwärtstrend alsbald kippen.

Die Situation bei **fallenden** Kursen darf analog beurteilt werden.

Gehen mit den fallenden Kursen hohe Umsätze einher, zeugt dies von einem recht starken Verkaufsdruck, der noch eine Zeitlang andauern wird, bis er ausläuft und dafür sorgt, daß der **Baisse-Markt** zunächst fortbesteht.

Sind die fallenden Kurse jedoch von ständig geringer werdenden Aktienumsätzen begleitet, läßt dies den Schluß zu, daß immer weniger Verkäufer sich von ihren Papieren trennen wollen. Eine **Trendumkehr** für bessere Kurse ist nicht mehr fern.

à la baisse
Spekulation auf **fallende Kurse.**

à la hausse
Spekulation auf **steigende Kurse.**

All-or-None (AON)
Im Kursblatt finden Sie manchmal folgende Zusätze:

rep
r
oder
rat
r

Es handelt sich abei um eine Teilausführung von Aufträgen (rep = **repartiert**, rat = **rationiert**; r = **repartiert** oder **rationiert**).

Ein **All-or-None-Auftrag** ist die Anweisung, vollständig auszuführen oder es bleiben zu lassen. Jedenfalls wird es dann keine rep- oder rat-Käufe oder -Verkäufe geben.

All-Time High
Wenn Sie dieses Büchlein in Händen halten, wird möglicherweise schon ein neues **All-Time High**, nämlich ein neuer **historischer Höchststand**, erreicht sein.

Das bisherige All-Time High im Deutschen Aktienindex (DAX) wurde am **5. Januar 2000** mit **7159,33** DAX-Punkten erreicht.

Da sich die Aktienkurse kontinuierlich nach oben entwickelt haben, ist es verständlicherweise schwierig, das **All-Time Low** zu bestimmen. Geht man einmal nicht bis zur Währungsreform, sondern nur bis 1960 zurück, so datiert das All-Time Low bis dahin auf den **24. Oktober 1962** mit einem nach rückwärts verknüpften DAX von **360,62**.

American Depositary Receipts
Bei dem genannten Begriff, der ganz einfach **ADR** abgekürzt wird, handelt es sich um Zertifikate amerikanischer Großbanken. Sie betreffen Aktien eines **nichtamerikanischen Unternehmens**.

Warum aber stellen amerikanische Großbanken ADRs, also **Anrechtsscheine** auf die Originalaktien aus? Dies hat pragmatische Gründe, denn die Originalaktien bleiben im ausländischen Ursprungsland und brauchen nicht erst als effektive Stücke in die USA transportiert zu werden.

Das hat nicht nur den Vorteil, daß sich das Diebstahlsverlustrisiko minimiert, sondern es werden auch Umschreibungen im Aktienregister der betreffenden Aktiengesellschaft überflüssig.

Kosten bei ADRs können entstehen, wenn die verwahrende Großbank, die auch **ADR-Agent** genannt wird, für Veränderungen bei der Originalaktie, wie zum Beispiel bei Umtauschaktionen, wegen Änderung des Firmensitzes oder Splits Umschreibungen bei den ADRs vornehmen muß.

Da ADRs auch nicht vom **Bezug junger Aktien** profitieren können und die Bankgebühren der ADR-Agenten happig sind, sollten Privatanleger sich statt eines ADRs auf den Bezug der **Originalaktie** konzentrieren.

Auch in Deutschland werden ADRs ausländischer Aktiengesellschaften notiert.

In den USA findet der Handel von ADR nur im **ungeregelten Freiverkehr** an den drei großen amerikanischen Börsen **New York Stock Exchange** (NYSE), **American Stock Exchange** (AMEX) und der **elektronischen Freiverkehrsbörse** (→ NASDAQ) statt.

Die ADRs sind dort entsprechend der Bonität der zugrundeliegenden Aktie in verschiedene Klassen eingeteilt:

1. offiziell gehandelte ADRs
2. ungesponserte ADRs
3. beschränkt handelbare ADRs (ausschließlich für institutionelle Anleger zum Schutz von Privatanlegern.

Die Kurse von ADRs, die – wie gesagt – im ungeregelten Freiverkehr gehandelt werden, werden in den »Rosa Blättern« **(Pink Sheets)** veröffentlicht. Das sind die **inoffiziellen Kurslisten** des ungeregelten Freiverkehrs.

American Style

Bei Optionsscheinen unterscheidet man die sogenannte amerikanische Option (**American Style**) und die Option europäischen Typs (**European Style**).

Im allgemeinen ist dem amerikanischen Typ der Vorzug einzuräumen, weil das Optionsrecht **an jedem Bankarbeitstag während der Laufzeit des Optionsscheins** ausgeübt werden kann.

Beim europäischen Typ dagegen ist eine Ausübung nur am **Ende der Laufzeit** möglich. Denkbar ist auch, daß durch die Emissionsbedingungen weitere Beschränkungen auf bestimmte Zeiträume innerhalb der Laufzeit Platz greifen.

Annuitäten-Anleihen

Bei Anleihen gibt es verschiedene Modalitäten der Rückzahlung.

Die **gesamtfälligen Anleihen** werden in einer Summe am Laufzeitende zurückgezahlt.

Ungewiß ist der Zeitpunkt der Rückzahlung bei sogenannten **Auslosungsanleihen**. Hier werden die Termine ausgelost – und zwar meist nach Endziffern, Serien oder Gruppen der Anleihen –, zu denen Rückzahlungen zu leisten sind.

Bei den **Annunitäten-Anleihen** steht von vornherein

fest, daß sie nicht in einer Summe, sondern peu à peu in mehreren gleichbleibenden Jahresraten zurückgezahlt werden.

Dies geschieht meist nach einem tilgungsfreien Zeitraum von drei bis fünf Jahren.

AS-Fonds

Das **3. Finanzmarkt-Förderungsgesetz** hat für die **private Altersvorsorge** die sogenannten **Altersvorsorge-Sondervermögen** zugelassen. Die ersten Fonds wurden im Herbst 1998 auf den Markt gebracht.

AS-Fonds müssen überwiegend in **Substanzwerte** investieren. Der **Aktienanteil** darf maximal **75 Prozent** des Fondsvermögen und minimal **21 Prozent** betragen. Der **Immobilienanteil** ist auf höchstens **30 Prozent** begrenzt.

Weitere Einzelheiten:

* **Derivative Instrumente** (Optionsscheine und Futures) dürfen nur für Absicherungszwecke eingesetzt werden.
* Bei **ungesicherten Fremdwährungsanleihen** gilt ein Limit von 30 Prozent des Fondsvermögens.
* **Sparpläne** sind vorgeschrieben. Sie müssen **mindestens 18 Jahre** laufen oder finden ihr Ende mit der Vollendung des 60. Lebensjahres des Anlegers.
* Vor Ablauf des Sparplans sind **Auszahlpläne** und **kostenlose Vermögensumschichtung** vorgeschrieben, wenn dreiviertel der vereinbarten Vertragslaufzeiten abgelaufen sind.

Asset Allocation

Die Streuung von Anlagen vermindert das Risiko.

Nach dem Prinzip »Gehen nicht Äpfel, so gehen Birnen« ist eine Aufteilung des Vermögens in Barbestände bzw. **Festgeld, Renten** und **Aktien** vorzunehmen.

Immobilien, Sammlungen und **Antiquitäten** kommen unter längerfristigen Anlagegesichtspunkten hinzu.

Auf Dauer gesehen stellt sich ein Anlageerfolg nur ein, wenn dieses Risiko (Anlagenstreuung) beachtet wird.

Asset Allocation ist also ein strategisches Verhalten der Zuordnung von Vermögen auf die einzelnen Anlagekategorien, wobei auch zusätzlich nach Ländern und Währungen zu unterscheiden ist.

Anlagestrategen gehen davon aus, daß 80 Prozent des Erfolgs von solchen mit Asset Allocation umschriebenen Überlegungen abhängen und nur 20 Prozent mit der Frage zusammenhängen, welche bestimmte Aktie im einzelnen gekauft wurde.

at the money

Der Begriff wird bei Optionsgeschäften gebraucht. Eine Option – also beispielsweise das Recht, eine bestimmte Anzahl von Aktien zu kaufen oder zu verkaufen – liegt **at the money**, wenn der aktuelle Aktienkurs und der Ausübungskurs gleich sind (siehe auch → **out of the money**).

Aussetzung des Börsenhandels

Die Kursnotierungen der traditionsreichen deutschen Baufirma Holzmann wurden im November 1999 an der Frankfurter Wertpapierbörse plötzlich ausgesetzt.

Der Grund war eine drohende Insolvenz, die sich an einem Kapitalbedarf von mehreren Milliarden Mark entfacht hatte.

Durch das seit 1. Januar 1995 in Kraft getretene **Wertpapierhandelsgesetz** sind die amtlich oder im geregelten Markt notierten Aktiengesellschaften verpflichtet, neue **kursrelevante Tatsachen** unverzüglich zu veröffentlichen.

Dies kann via Bildschirm für die sogenannte **Bereichs-**

öffentlichkeit geschehen. Veröffentlichungen sollen nach Möglichkeit außerhalb der Handelszeiten der Börse vorgenommen werden, damit Kursaussetzungen unterbleiben können.

Vor Börsenbeginn bekanntgewordene Tatsachen rechtfertigen keine Kursaussetzung, wohl aber kursrelevante Nachrichten während der Börsensitzung.

B

Backoffice

Käufe und Verkäufe an der Börse werden im **Backoffice** abgerechnet. Es ist sozusagen ein Hinterzimmer der Börse. Vom Backoffice aus werden aber auch die Börsenhändler durch qualifiziertes Personal kontrolliert.

Bärenfalle

Bei längerfristig fallendem Markt (**Baisse**), der von Pessimisten (Bären) dominiert wird, gibt es immer wieder Zwischenerholungen. Sie heißen auch Bärenfalle, weil sie falsche Hoffnungen auf einen dauerhaften Kursanstieg wecken, in Wirklichkeit aber nur eine **vorübergehende** Kursbesserung sind.

Bardividende

Die **Bardividende** einer Aktie ist die veröffentlichte Dividende. Sie wird auch **Bruttodividende** genannt.

Von der Bardividende wird die 25prozentige **Kapitalertragsteuer** in Abzug gebracht und die **Nettodividende** Ihrem Konto gutgeschrieben.

Das **Körperschaftsteuerguthaben** beträgt (seit 1994) 3/7 oder 42,86 Prozent der Bardividende.

Der Bruch errechnet sich so krumm, weil von dem ausgeschütteten Gewinn der Aktiengesellschaft 30 Prozent Körperschaftsteuer unmittelbar an das Finanzamt abgeführt werden und die verbleibenden 70 Prozent als Bardividende zur Ausschüttung gelangen.

In Ihrer Steuererklärung (**Anlage KSO**) setzen Sie jedoch nicht nur die Bardividende, sondern die **Bardividende zuzüglich** der **anrechenbaren Körperschaftsteuer** an.

Im nachfolgenden Beispiel sind dies für die Zeit ab 1. 1. 1994 70 DM Bardividende zuzüglich 30 Prozent Körperschaftsteuer. Macht 100 DM Kapitaleinkünfte.

Dividenden
für Wirtschaftsjahre mit Ende
nach 31. 12. 1993

100	Gewinn für Ausschüttung
–30	Körperschaftsteuer
70	Bardividende = veröffentlichte Dividende
– 17,50	25 % Kapitalertragsteuer
52,50	Nettodividende
30	
+ 17,50	
47,50	bei Veranlagung anrechenbare Beträge – mit Freistelldungsauftrag = zusätzliche Ausschüttung
70	Bardividende
+ 30	42,86 % anrechenbare Körperschaftsteuer
100	steuerpflichtige Kapitaleinkünfte

Baskets

Ein einziger → **Optionsschein** reicht manchmal aus, um einen ganzen Korb **(Basket)** voll Aktien zu kaufen.

Im Börsenjargon nennt man diese Optionsscheinsorte deshalb auch **Basket-Scheine.**

Sie werden als **Covered Warrants**, also gedeckte Optionsscheine, von Großbanken und Brokerhäusern ausgegeben.

Einen »Flugaktien-Korb« gab vor einigen Jahren die Goldmann Sachs International Ltd. (= Limited) aus. Im

Warrants auf Deutsche Aktienkörbe

FILM&TV	C	1300,0	30.03.2001	EURO	200/1	1,04	1,07	3,6	98,6%	0,3%	2
INTERNET	C	1300,0	30.03.2001	EURO	200/1	1,50	1,53	3,0	28,8%	0,0%	3
OUTPERFORMER	C	525,0	31.08.2000	EURO	100/1	1,24	1,27	4,4	18,9%	0,6%	4
TELEKOM	C	1300,0	30.03.2001	EURO	200/1	0,74	0,78	5,8	65,9%	0,2%	5

Warrants auf Internationale Aktienkörbe

CAR BASKET	C	6,1	31.05.2000	EURO	1/1	0,08	0,10	45,6	44,2%	17,5%	6
AM. BIOTECH	C	1300,0	30.03.2001	EURO	200/1	1,38	1,42	4,0	35,4%	0,3%	7
TECHNO	C	6,1	28.04.2000	EURO	1/1	1,48	1,54	4,8	5,6%	78,6%	8
BANK MERGER	C	1200,0	30.08.2000	EURO	100/1	1,31	1,36	8,0	24,3%	0,5%	9
INTERNET	C	1200,0	29.09.2000	EURO	200/1	1,20	1,24	3,7	49,2%	0,3%	10
INTERNET	C	1500,0	29.09.2000	EURO	200/1	0,86	0,89	5,2	72,1%	0,2%	10
BROKER	C	1200,0	30.03.2001	EURO	500/1	0,49	0,51	2,7	101%	0,1%	11
BROKER	C	1500,0	30.03.2001	EURO	500/1	0,39	0,41	3,4	136%	0,1%	11

Quelle: Sociéte Genérale

Korb befanden sich Namensaktien der Swissair, der holländischen KLM und der Austria Airlines (vgl. Seite 28).

Bearmarket

Als **bearish** bezeichnet man einen Börsianer, der mit einem Rückgang der Kurse auf breiter Front rechnet.

Das Wort für diese pessimistische Börseneinschätzung kommt von der New Yorker und Londoner Börse und hat auch in deutsche Börsensäle Eingang gefunden.

Der **Bär**, der mit seinen Tatzen die Kurse nach unten drückt, ist zusammen mit seinem Gegenstück, dem **Bullen**, lebensgroß auf dem **Frankfurter Börsenplatz** in Erz gegossen. (Vgl. → **Bullmarket**.)

Beartrap

Die pessimistischen Bären werden manchmal in einer Beartrap, einer **Bärenfalle**, gefangen.

Dies geschieht, wenn sie sich aufgrund der **technischen Aktienanalyse** (Chartanalyse) auf vorausgesagte fallende Börsenkurse eingestellt haben, aber das Gegenteil, nämlich ein Kursanstieg, eintritt.

Behavioral Finance

Diese junge Forschungsrichtung stammt aus den USA. Sie befaßt sich mit menschlichen Verhaltensweisen bei Geldgeschäften. Dabei stellte sich heraus, daß Kapitalanleger an der Börse, gleichgültig, ob sie Anfänger oder Profis sind, zu **irrationalem Handeln** neigen und immer die gleichen Fehler machen.

So hätten sie beispielsweise die Neigung, Verlustaktien nicht rechtzeitig zu verkaufen, also Verluste zu realisieren, dagegen Aktien mit nur kleinem Kursgewinn eilig zu verkaufen. Bei gefallenen Kursen seien die Aktionäre bedeutend risikofreudiger als bei höheren Kursen, weil sie ganz einfach ihren Fehler, die falschen Aktien gekauft zu haben, nicht eingestehen wollen.

Die Deutsche Bank hat eine Abteilung **Behavioral Finance** eingerichtet. Man hofft, die neuen Forschungsergebnisse nutzen zu können.

Benchmark

Ein neues Modewort in Börsenbriefen und Wirtschaftsschriften! »Benchmark« bedeutet im Englischen Abriß-, Meß- oder Bezugspunkt und dann soviel wie Norm, Standard. Wenn also jemand schreibt oder sagt, »Benchmark« für die Fonds sei der DAX, will er damit ausdrükken, daß dies die Meßlatte ist, die es zu überspringen gilt.

Best Bid/Best Ask

In der Frankfurter Wertpapierbörse sind 1995 weitere optische Neuerungen eingeführt worden. Es werden auch die Preise des **IBIS-Handels** angezeigt, damit den kleineren freien Börsenmaklern und Händlern der Banken diese Informationen schon auf dem Parkett zur Verfügung stehen. Es erspart ihnen jeweils den Gang in die Börsenbüros, wo sie früher über Computer die Ibis-Preise abfragen mußten.

Im Rahmen des Ibis-Handels werden auch die **Best-Bid- und Best-Ask-Preise** angeboten. Es handelt sich um die besten Angebots- und Nachfrageofferten, mit denen sich die Händler und Bankenvertreter jederzeit über die aktuelle Situation des Ibis-Handels informieren und diese Informationen ggf. in den Präsenzhandel einbringen können.

BIFOS

An der **Rheinisch-Westfälischen Börse Düsseldorf** wird das Kursinformationssystem BIFOS eingesetzt (**Börseninformations- und Ordersystem**).

Es ist das Gegenstück zu dem Frankfurter KISS-System (**Kurs-Informations- und Servicesystem**), das an der Frankfurter Wertpapierbörse im September 1987 in Betrieb ging.

Blow-off-Phase

In der letzten Phase der Aufwärtsbewegung einer Aktie gibt es meist hektische Umsätze. Sie deuten nicht selten eine bevorstehende Abwärtsbewegung an (s. → **Aktienumsätze**).

Blue Chips

Aktien erster Klasse in bezug auf **Bonität** und **Rendite** nennt man **Blue Chips**.

Es handelt sich um die breitgestreuten Papiere der großen **Publikumsgesellschaften** wie Siemens (583 000 Aktionäre), Bayer (375 000 Aktionäre), Deutsche Bank (256 000 Aktionäre) usw., die ertrags- und substanzmäßig für Kleinanleger empfehlenswert sind.

An deutschen Börsen werden auch fast alle **internationalen** Blue Chips gehandelt.

Bobl-Future

Die Laufzeit des → **Bund-Futures** ist mit 8,5 bis 10 Jahren recht lang.

Deshalb wurde ein weiteres Finanzinstrument geschaffen, das sich an einer **mittelfristigen Laufzeit** von 3,5 bis 5 Jahren orientiert.

Es nennt sich **Boble-Future** und ist ein Terminkontrakt auf eine idealtypische mittelfristige Schuldverschreibung des Bundes oder der Treuhandanstalt mit einem Zinssatz von 6 Prozent.

Genauso wie auf den → **DAX-Future** und den **Bund-Future** können Sie auch auf den **Bobl-Future** eine **Option zeichnen.**

Der Unterschied besteht darin, daß beim **Future** selbst die **Pflicht zur Erfüllung** für beide Seiten (Käufer und Verkäufer) zwingend ist, während bei der **Option auf den Bobl-Future** das zugrundeliegende Geschäft nicht erfüllt werden muß. Die Vertragspartner dürfen vielmehr statt des Kaufs oder Verkaufs bestimmter Bundesobligationen auch die Option unausgefüllt verfallen lassen.

Bond Research

Wörtlich übersetzt: Anleihen-Forschung. Gemeint ist die Abteilung von Großbanken, die sich mit der Prognose der Anleihenkurse beschäftigt.

Bookbuilding-Verfahren

War es bisher üblich, bei → **Neuemissionen** stets im Börsenprospekt einen festen **Emissionskurs** bekanntzugeben, so wurde im März 1995 ein neues Verfahren aus der Taufe gehoben.

Die neu an die Börse gebrachten Aktien der Konfektionsfirma **Hucke AG** und die Papiere der Pharmafirma **Schwarz** brachte die Deutsche Bank im **Bookbuilding-Verfahren** auf den Markt.

Bei dem aus den USA kommenden **Bookbuilding-Auktionsverfahren** ist zunächst nur eine **Preisspanne** vorgegeben.

Aus dem Durschnitt der **Gebote** wird dann in einem zweiten Schritt der **Plazierungspreis** ermittelt. Hierdurch soll der Emissionskurs marktgerechter werden als die bisher von den Börsengängern meist zu hoch angesetzten Kurse.

Wer als Käufer einen Preis im Rahmen des Bookbuilding-Verfahrens für die neue Aktie nennt, wird dies nur realistisch tun können, wenn er Informationen über den letzten Gewinn hat und sein Urteil aufgrund des → **Kurs-Gewinn-Verhältnisses** bilden kann. Es ist empfehlenswert, kein zu hohes Gebot abzugeben. Wenn viele danach verfahren, wird der Emissionspreis eher akzeptabel sein.

Boost

Der **Boost** ist ein in Frankreich geborenes Börsenkind. Diese Abkürzung steht für **»Banking on Overall Stability«**.

Die französische Bank Société Générale, Paris, vertreibt die Boost über ihre Frankfurter Tochtergesellschaft.

Bei der Finanzinnovation Boost ist eine **Bandbreite** im **Wechselkurs** von **D-Mark** und **Dollar** von vorneherein vereinbart. Jeder Tag, den dieser Wechselkurs innerhalb der Bandbreite verbleibt, bringt dem Boost-Anleger Geld.

Marschiert der Dollarkurs jedoch nach oben oder unten aus der Bandbreite heraus, so verfällt der Boost. Der Anleger bekommt allerdings den angesammelten Geldbetrag.

Wer einen Boost kauft, rechnet nicht mit heftigen Kursausschlägen, sondern geht davon aus, daß in nächster Zeit der Devisenmarkt so ruhig ist, daß die vereinbarte Bandbreite des Kurses nicht verlassen wird.

Nach dem gleichen Muster gestrickt sind die → **Hamster-Optionsscheine**.

BOSS

Darunter versteht man das **Börsen-Order-Service-System**. Es handelt sich um ein elektronisches **Auftrags- und Übermittlungssystem**.

Wertpapieraufträge werden damit unmittelbar und sekundenschnell (bis zu 30 Orders pro Sekunde) direkt in die Auftragsbücher der Makler im Börsensaal übermittelt.

Bottom
Nach einer starken Abwärtsbewegung kommt es irgendwann zu einem **Bottom**. Von dieser Bodenberührung aus geht es wieder aufwärts oder zumindest doch seitwärts.

Bottom-up-Ansatz
Eine abgestürzte Aktie findet irgendwann einen Boden. Wenn dann wieder eine positive Gewinnerwartung verlautbart wird, ist zu erwägen, sie auf die Kaufliste zu setzen.

BOX
Am 27. September 1999 führte die Deutsche Börse zwei neue Renten-Indizes ein.

Sie heißen **BOX** und **Euro-Box** (€ BOX).

Während der € BOX die Entwicklung festverzinslicher Papiere aus den Ländern der Euro-Zone (ohne Luxemburg) wiedergibt, ist der **BOX** die Darstellung der Anleihen im EU-Raum, einschließlich Schweiz, aber ohne Griechenland.

Brady Bonds
Nicolas Brady, ehedem US-Finanzminister, entwickelte 1989 die Idee, wie man den ärmsten Ländern bei ihren Schuldenproblemen helfen könnte. Seither beschäftigt sich die Weltbank alljährlich mit den Schuldnerländern und erläßt ihnen einen Teil der Forderungen.

Dabei werden auch **Darlehen** gegen **Anleihen** der

Schuldnerländer ausgetauscht, die man **Brady Bonds** nennt.

Brady Commission

Diese Kommission wurde von Präsident Reagan zur Untersuchung der Ursachen für den Börsencrash vom Oktober 1987 eingesetzt.

Schon nach einem knappen Vierteljahr hatte sie die Marktmechanismen erkannt, die zu den Kurszusammenbrüchen führten. Es waren nicht etwa Panikverkäufe von Kleinanlegern, sondern die **Computerprogramme** weniger großer **Institutioneller**, die den Crash verursacht hatten. So hatten die **automatischen Verkaufsprogramme** von nur drei großen Institutionellen am **Schwarzen Montag** Verkäufe in Höhe von über zwei Milliarden Dollar ausgelöst.

Portfolio-Versicherer verkauften für 2,8 Milliarden Dollar am Terminmarkt, und **Investmentfonds** tätigten Verkäufe von 900 Millionen Dollar.

Als Ausweg empfahl die Brady Commission Handelsunterbrechungen an den Märkten, wenn ein Kursverfall eine bestimmte Größenordnung erreicht hat.

Break-away-Gap

Gap ist eine »Lücke«. Es handelt sich hier um einen Begriff, den die Chartanalysten entwickelt haben.

Ändert sich eine **Trendlinie** geradezu marginal und ist eine **Trendwende** anzunehmen, erkennt man dies im Chart oft an einem **Break-away-Gap**.

Break-even-Point

Die Gewinnmarge beginnt am **Break-even-Point.** Bei einem **Optionsschein** beispielsweise ist es der Basispreis, zu dem die Aktie bezogen werden kann.

Zur Ausübung der Option gehören jedoch ein oder mehrere **Optionsscheine**. Folglich müssen deren Kosten dem Basispreis zugerechnet werden, bevor durch Ausübung der Option Geld verdient werden kann.

Beträgt der Basispreis für eine **Aktie** 400 Euro und hat der **Optionsschein** einen Kurs von 100 Euro, so liegt der Break-even-Point bei 500 Euro.

Erst wenn dieser Betrag überschritten ist, darf sich der Käufer des Optionsscheins über einen Gewinn freuen. Natürlich muß er in sein Kalkül auch noch die Spesen zum Erwerb von Aktie und Optionsschein und die Unkosten des Bezugs hinzurechnen, falls er die Option ausübt.

Bridge-Financing

Gesellschaften, die ihren Börsengang **(→ Going public)** vorbereiten, sind oft auf eine Überbrückungsfinanzierung angewiesen, die die Eigenkapitalquote verstärkt.

Bridge Financing ist mithin eine Risikokapital-Finanzierung **(Venture-Capital-Financing)**.

Bubble

Der Begriff wurde aus dem Englischen übernommen und heißt »Blase«. Von einer **Bubble** spricht man, wenn die Börsenkurse unsolide Höhen erreicht haben, die oft in einer **»Milchmädchen-Hausse«** auftreten.

Irgendwann platzt die »Blase«. Die sogenannten **zittrigen Hände** sind irritiert und verkaufen, während die Profis das Material preiswert einsammeln. Das Spiel beginnt von vorne.

Buli
1994 gab die Bundesbank eine Emission von 12 Milliarden DM Bulis heraus. Buli ist eine Abkürzung für **Bundesbank-Liquiditäts-Schätze**. Bulis wurden versteigert.

Bull & Bear Bonds
Es handelt sich um eine weitere Spielart der → **Aktienanleihen**. Ob die Rückzahlung der Anleihen zum Nominalwert oder mittels einer Abfindung in Aktien erfolgt, hängt davon ab, wie sich die **Aktienindizies** (DAX, Euro-Stoxx) entwickeln. Der Stand bei Einlösung wird vorher festgelegt.

Bull Floater
Ein Bull Floater ist ein **umgekehrter Floater**. Vgl. deshalb Stichwort → **Reverse Floater**.

Bullmarket
Bullish ist ein Anleger, der auf **steigende** Kurse setzt.

Das Wort stammt, genauso wie → **Bearmarket**, von der New Yorker und Londoner Börse.

Während beim Bearmarket von einer pessimistischen Einstellung für die gesamte Bandbreite der Börse ausgegangen wird, kann ein optimistischer Anleger entweder für den **gesamten Markt bullish** sein oder auch für eine **einzelne Aktie**.

Wenn die **Kulisse** mit steigenden Kursen rechnet, spricht man von **Bullmarket**.

Bundesaufsichtsamt für den Wertpapierhandel
Diese neue Behörde wurde zum 1. Januar 1995 geschaffen. Sie hat ihren Sitz in Frankfurt und beruht auf der Rechtsgrundlage des **Zweiten Finanzmarktförderungsgesetzes** sowie des **Wertpapierhandelsgesetzes.**

Das **Bundesaufsichtsamt für den Wertpapierhandel** übernimmt damit die Kontrolle über den Börsenhandel, die bisher bei den jeweiligen Bundesländern angesiedelt war.

Das Amt hat im wesentlichen zwei Aufgaben:

1. Aufdeckung von verbotenem **Insiderhandel**,
2. Überwachung der neuen **Publizitätspflicht** für Aktiengesellschaften.

Näheres s. → **Insider**.

Auch hat das Bundesaufsichtsamt für den Wertpapierhandel Aufgaben des Berliner **Bundesaufsichtsamtes für das Kreditwesen** übernommen, damit keine Kollision in Zuständigkeiten beider Ämter entstehen kann. Dazu gehört die Entgegennahme von Meldungen der Kreditinstitute, die ab 1. Januar 1996 für sämtliche Geschäfte in Wertpapieren und Derivaten erfolgen müssen.

Bund-Future
Der Bund-Future ist ein **Terminkontrakt** auf eine sechsprozentige **Bundesanleihe** mit einer Restlaufzeit von 8,5 bis 10 Jahren.

Es handelt sich also um ein Zinstermingeschäft mit einer fest vereinbarten Laufzeit und Verzinsung.

Wer einen Bund-Future kauft, geht die Verpflichtung ein, zu einem bestimmten Termin 100 000 Euro einer sechsprozentigen Bundesanleihe zu kaufen.

Diese Bundesanleihe ist jedoch im Kurszettel der Wirtschaftszeitungen nicht zu finden. Sie ist ganz einfach »synthetisch« oder »idealtypisch«.

Als Anleger können Sie Käufer oder Verkäufer eines Bund-Futures sein. Ihre Entscheidung wird sich nach der erwarteten Zinsentwicklung richten. Bei **steigenden** Zinsen **fallen** die Kurse der Anleihen und natürlich auch der Kurs des Bund-Futures. Umgekehrt ist bei **fallenden** Zinsen ein **Kursanstieg** der Anleihen und des Futures gegeben.

Bund-Futures sind also eine ganz einfache Spekulation auf den Kapitalmarktzins.

Beim Futuregeschäft sind Käufer und Verkäufer zur Leistung verpflichtet. Im Gegensatz dazu kann bei einer → **Option auf den Bund-Future** der Käufer wählen, ob er am Erfüllungstag seine Option ausübt oder verfallen läßt.

Der Terminpreis eines Futures wird mit zwei Dezimalstellen hinter dem Komma gehandelt. Bei einem Wert von 100 000 Euro entsprechen 0,01 Prozent einem Betrag von 10 Euro.

Die zur **Erfüllung** eines Geschäfts lieferbaren Titel veröffentlicht die DTB in einer Liste. Danach muß der Verkäufer der Option ein von ihm auszuwählendes Papier bereitstellen. Es wird mit Hilfe eines Preisfaktors (→ **Konversionsfaktor**) so umgemodelt, daß es mit einem sechsprozentigen Zinscoupon den Bedingungen des »Bunds« entspricht.

Bund-Futures und Optionen auf Bund-Futures werden auch an der **Londoner Terminbörse** (Liffe) gehandelt.

EURO-BUND-FUTURE EUREX (6%, 100000 EURO, IN %, 8,5-10,5 JAHRE)

28.10./19:16	Eröffnung	Hoch	Tief	Schluss	Settlem.	Vortag	Umsatz	Off. Kontr.
Dez.	104,29	105,03	104,22	104,96	104,97	104,29	689803	650850
März	104,01	104,70	103,92	104,70	104,70	103,97	6800	36945
Juni					103,97	103,29	996	2859

Gesamt-Umsatz: – Offene Kontrakte zur Eröffnung:

Quelle: »Handelsblatt«

Buxl-Future

Dieser **Terminkontrakt** auf **ultralang laufenden Bundesanleihen** hatte es bei seinem Start an der **Deutschen Terminbörse** schwer.

Kurz nach Einführung am 11. März 1994 wurden nur 6000 Kontrakte täglich gehandelt. In 1995 waren es nur noch 18 Stück pro Tag. Wegen des geringen Interesses wurde der Buxl-Future am 8. Juni 1995 wieder abgeschafft.

buy and hold

»Hin und her macht die Taschen leer«. Gedacht ist bei dieser Redensart an Bankprovisionen und Maklergebühren, die pro Kauf oder Verkauf mit mindestens 1,2 Prozent des Kurswerts angesetzt werden können.

Ein Ärgernis sind die **Mindestgebühren** der meisten Kreditinstitute. Erst bei rund 3000 DM Kauf- oder Verkaufswert kann man mit konstanten niedrigen Prozentsätzen rechnen.

Das die Taschen leerende »Hin und Her« wird noch ausgeprägter, wenn Sie erst in der Kundenkartei eines **Brokers** stehen. Es ist gängige Praxis, daß diese ihre Kunden viel häufiger ansprechen und Transaktionen vorschlagen, als dies bei Kreditinstituten üblich ist.

Buy and hold« ist also das Durchhalten eines Papiers, nämlich das Gegenstück von **»Picking«**; siehe auch → **»Fonds-Picking«**.

buy and sleep

Von dem im Herbst 1999 verstorbenen Börsenguru Kostolany propagierte Methode, nur gute Aktien ins Depot zu nehmen und sich dann schlafen zu legen, statt hektisch die Kurse zu verfolgen und zu »traden«. Eine sicher mit Vorbehalten aufzunehmende Strategie. Wer nämlich bei Beginn einer Baisse wach ist und schnell verkauft,

kann hohe Verluste vermeiden. Umgekehrt ist es gewinnbringend, bei Tiefstkursen einzusteigen.

buy on bad news
Diese Börsen-Redensart bedeutet, daß man zu niedrigen Kursen kaufen soll, »wenn die Kanonen donnern«, wie es einst Rothschild formulierte.

C

Call-Recht

Unter **Call-Recht** versteht man ein **Kündigungsrecht des Emittenten** bei Anleihen.

Hauptsächlich in **Hochzinsphasen** behält sich der Schuldner einer Anleihe ein **vorzeitiges** Kündigungsrecht vor.

Bei zurückgehenden Zinsen muß der Zeichner einer Anleihe deshalb damit rechnen, daß der Schuldner auf sein Kündigungsrecht zurückgreift.

Allerdings hat dieses vorzeitige Kündigungsrecht **(Call-Recht)** auch seinen Preis: Der Schuldner (Emittent) der Anleihe wird eine etwas höhere Rendite als Ausgleich für die Kündigungsunsicherheit des Käufers auswerfen müssen.

Calls

Calls sind **Kaufoptionen**. Es gibt einen **Käufer** und einen **Verkäufer** mit widerstreitenden Interessen.

Der Käufer erwirbt das Recht, während der Optionsfrist jederzeit 50 Aktien oder ein Vielfaches davon zum vereinbarten **Basispreis** vom Verkäufer (= **Stillhalter**) zu kaufen.

Der Käufer erwartet **steigende** Kurse und der Stillhalter als Verkäufer **stagnierende** oder **fallende** Kurse.

Die Absicht des Käufers ist auf Gewinnerzielung durch Kurssteigerung bei kleinem Kapitaleinsatz gerichtet. Sein Risiko ist auf den Optionspreis beschränkt.

Der Verkäufer (Stillhalter) vereinnahmt den Optionspreis. Dafür muß er während der Optionsfrist die Aktien auf Abruf zum Basispreis bereithalten.

Meist gehen die Geschäfte zugunsten des Verkäufers (Stillhalters) aus.

Calls werden nicht nur an der **Deutschen Terminbörse**, sondern auch im **traditionellen Optionshandel** der **Präsenzbörsen** gehandelt.

Die Angebotspalette an den Präsenzbörsen ist mit 46 deutschen und 13 ausländischen Titeln breiter als an der Terminbörse.

Candlestick

Der Verlauf eines Aktienkurses wird in der Chartanalyse manchmal durch einen einer Kerze mit Docht oben und unten ähnelnden **Candlestick** dargestellt.

Der **Eröffnungskurs** bildet das untere und der **Schlußkurs** das obere Ende der Kerze, wenn der Kurs gestiegen ist. Ist er dagegen gefallen, verhält es sich umgekehrt.

Der obere Docht stellt den Tageshöchstkurs und der untere Docht den Tiefstkurs dar.

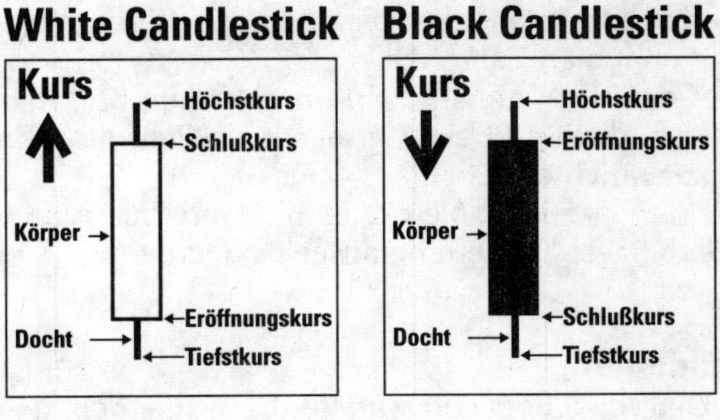

Capped Floater

Dieser Floater ist nach oben hin begrenzt, weil der variable Zins eine **bestimmte Zinsobergrenze** nicht übersteigen darf.

Capped Warrants

Genauso wie → **Range Warrants** gehören auch **Capped Warrants** zu den Finanzinnovationen. Es sind miteinander verknüpfte Kauf- oder Verkaufs-Optionsscheine, die auf einen Index abgestellt sind.

Bei Ausübung der Kauf- oder Verkaufsoption erhält der Scheininhaber vom Emittenten eine Zahlung.

Capped Warrants wurden zur Vermeidung der Zinsbesteuerung aufgelegt, denn sie ergeben meist einen vorausberechenbaren Ertrag.

Durch einen Verwaltungserlaß vom 30. April 1993 und das später nachfolgende Mißbrauchsbekämpfungsgesetz ist dieser Ertrag jedoch kein steuerfreier Kurs- oder Spielgewinn, sondern steuerpflichtiger Kapitalertrag.

Carve-out

Firmenabspaltungen, bei denen eine Tochter durch Kapitalerhöhung oder Paketverkauf an die Börse gebracht wird, nennt man **Carve-out**.

Im Gegensatz zum → **Spin-off**, wo beim Börsengang kein Geld fließt, ist beim Carve-out ein Preis für die Anteile zu entrichten.

Beispiel für ein Carve-out ist die Fotofirma Agfa, die aus dem Bayer-Konzern herausgelöst wurde.

Cascade-RS

Die Deutsche Börse investierte 22 Milliarden in ein neues Computersystem mit dem Namen **Cascade-RS**.

Es ermöglicht, → **Namensaktien** in **Giro-Sammelverwahrung** in das elektronische Aktienbuch einzutragen.

Cash Flow

Der **Cash-Flow** ist eine Orientierungsgröße für die **Ertragskraft** einer Gesellschaft.

Der Begriff kann nicht wörtlich mit »Kassenzufluß« übersetzt werden.

Das Jahresergebnis wird vielmehr noch um Abschreibungen und Wertberichtigungen auf Sach- und Finanzanlagen erhöht, und auch die Veränderungen der langfristigen Rückstellungen werden berücksichtigt.

Der Cash Flow sagt nicht nur etwas über die **Ertragskraft**, sondern auch über das **Selbstfinanzierungspotential** der Aktiengesellschaft aus.

Da die Abschreibungen ebenfalls einbezogen werden, können auch Rückschlüsse auf die **Reservenbildung** des Unternehmens gezogen werden.

Die Entwicklung des Cash Flow läßt sowohl eine Beurteilung der betriebsinternen Situation in einzelnen Jahren als auch den Vergleich mit branchenähnlichen Gesellschaften zu.

Chapter Eleven

Beim **Chapter Eleven** handelt es sich um ein in den USA übliches Verfahren, das unserem **Vergleichsverfahren** ähnlich ist. Es ermöglicht einem Unternehmen, die Geschäfte fortzuführen und den endgültigen Konkurs zu vermeiden oder hinauszuschieben.

Aktien von US-Firmen, die vom Chapter Eleven Gebrauch machen, sollten Kleinanleger möglichst bald verkaufen, weil manchmal der Handel ausgesetzt wird und sie dann nicht mehr abzusetzen sind.

Chart

Die Kurse einzelner Wertpapiere oder auch Indizes können in einem **Koordinatensystem** durch **Charts** dargestellt werden. Dabei ist die waagrechte Linie die Zeitachse, während die senkrechte Linie die Kurshöhe wiedergibt.

Als **Chartisten** bezeichnet man einen Anhänger der **»Technischen Analyse«**, die aufgrund typischer Figuren der Vergangenheit Kursprogramme für die Zukunft ermittelt.

Chooser-Optionsscheine

Zur Bundestagswahl im Herbst 1994 wurde erstmals einer breiten Öffentlichkeit von der Citibank ein Optionsschein auf den Deutschen Aktienindex DAX vorgestellt, von dem man zunächst nicht wußte, ob es sich um eine Kauf- oder Verkaufsoption handelte.

Die Festlegung in der einen oder anderen Richtung erfolgte nämlich erst am Montag nach dem Wahlsonntag durch einen Vergleich der Indexstände des DAX. War der DAX am Montag höher als am Freitag vor der Wahl, sollte es sich um einen **Kauf-Optionsschein** (Call) handeln, andernfalls um einen **Verkaufs-Optionsschein** (Put).

Das war der Vorgeschmack auf einen **Chooser-Optionsschein** (to choose = wählen), dessen endgültiger Charakter erst während der Laufzeit festgelegt wird.

Alsbald zog Bankers Trust mit einem **Chooser** nach. Wer sich nicht sicher war, ob der im Herbst 1994 stark zurückgegangene Dollar noch weiter verfallen oder sich erholen würde, konnte den Chooser zunächst sozusagen mal halb verbindlich zeichnen. Schließlich blieb ihm die Wahlmöglichkeit während der Laufzeit, sich für eine Kauf- oder Verkaufsoption zu entscheiden.

Wahltag war beim Bankers-Trust-Optionsschein aber nicht der 16. Oktober 1994, wie bei der Bundestagswahl, sondern der 24. November.

Der Dollar stand bei der Begebung des Optionsscheins bei ca. 1,50 DM, und dem Dollar-Chooser lag ein Basispreis von 1,54 DM zugrunde. Demnach war eher festzustellen, daß der Schein weit »**aus dem Geld**« lag. »Aus dem Geld«, oder **»out of the money«** (vgl. dort) liegen Scheine dann, wenn der Ausübungspreis sich weit über dem aktuellen Kursniveau bewegt (s. auch → Optionsscheine).

Churning

Unter **Churning** versteht man häufige Transaktionen, die beispielsweise von Anlagebetrügern vorgenommen werden, um Gebühren zu schneiden.

Diese Finanzhaie sind wegen der Strafbedrohung zunehmend dazu übergegangen, keine Luftgeschäfte – wie früher – mehr zu machen, sich dafür aber mit Provisionen und Gebühren durch ständige Depotumschichtungen schadlos zu halten.

Als Anleger kommen Sie durch Churning nach einiger Zeit in die Verlustzone, selbst wenn keine Luftgeschäfte, sondern eine echte Investition in Aktien getätigt wurde.

Manchmal wird Churning auch zwischen zwei befreundeten Anlagebetrügern vorgenommen, die sich die Aufträge gegenseitig zuschieben und sich dabei einen Teil der Gebühren als sogenanntes kick-back gegenseitig zukommen lassen.

Circuit Breaker

Nach dem großen Crash von 1987 installierte die New Yorker **Stock Exchange** »Stromunterbrecher«.

Stürzt der Dow-Jones-Index an einem Tag um eine bestimmte Anzahl Punkte, wird der Aktienhandel für eine halbe Stunde ausgesetzt.

Bei einem weiteren Absturz tritt erneut ein Stopp in Kraft. Die Unterbrechung beträgt dann schon eine Stunde.

Gegen diese vernünftige Regelung haben sich die Broker schon immer mit der Meinung gewandt, man solle den freien Handel nicht beschränken und die Verkaufswelle sich verstärken und auslaufen lassen. Quasi ein »Recht auf Panik«. Ein Broker formulierte es so: »Erst wenn genug Blut auf der Straße ist, kaufen die Leute wieder und treiben die Kurse nach oben.«

Clous

Clous sind in gleicher Weise wie → **Grois** aufgebaut.

Collared Floater

Bei den → **Capped Floatern** darf der **variable Zins** eine bestimmte **Zinsobergrenze** nicht übersteigen.

Bei den **Collared Floatern** gibt es – wie bei einem Kragen (collar = Kragen) – eine Begrenzung des variablen Zinses sowohl nach oben als auch nach unten.

Compliance

Darunter versteht man Leitsätze für Mitarbeitergeschäfte von Kreditinstituten. Die Geschäfte der Bankmitarbeiter in Wertpapieren, Derivaten, Devisen und Edelmetallen dürfen weder gegen die Interessen der Bank oder Sparkasse noch gegen die der Kunden verstoßen. Mit Hilfe der **Compliance-Leitsätze** soll auch schon im Vorfeld **Insiderverstößen** begegnet werden.

Composite Asset

Ein **Composite Asset** ist ein Kombinationsmodell aus einer **kurzlaufenden Festzinsanleihe** und einer **variabel verzinslichen Anleihe**.

Ein solches Composite Asset hat beispielsweise die deutsche Genossenschaftsbank herausgebracht. In den ersten beiden Jahren gibt es einen Festzinssatz von sechs Prozent.

Die Zinsen ab dem dritten Jahr bis zur Fälligkeit im Jahr 2004 sind jedoch variabel. Sie richten sich nach dem Sechs-Monats-**LIBOR** zuzüglich 0,15 Basispunkten.

Die obere Begrenzung der Zinsen ist bei dem genannten Composite Asset auf 8,9 Prozent festgelegt.

Für die in 1994 vergleichsweise hohen Zinsen von 6 Prozent in den ersten Jahren unterliegt der Anleger dem Risiko, daß er in den Folgejahren bis zum Jahr 2004 an einen Höchstzinssatz von 8,9 Prozent gebunden ist, und dies selbst dann, wenn der LIBOR wieder über 8,9 Prozent hinausgeht.

Die genannten Composite Assets werden auch → **Fixed-Maxi-Floater** genannt.

Composite DAX

Der **CDAX** wurde am 22. April 1993 bei der Deutsche Börse AG als zusätzlicher Index zum bekannten Deutschen Aktienindex (→ **DAX**) eingeführt.

CDAX

(30. 12. 87 = 100)	20.10.99	19.10.99	H 1999	T 1999
Automobile	396,28	395,36	484,59	377,50
Banks	419,51	418,51	431,27	253,41
Chemicals	424,79	429,18	497,43	422,40
Media	882,80	890,43	1178,59	380,45
Basic Recources	510,68	504,19	572,86	464,72
Food & Beverages	258,36	256,17	266,03	172,67
Technology	383,41	379,81	412,92	277,41
Insurance	497,47	501,42	510,89	405,43
Transp. & Logistics	460,11	456,74	508,74	397,50
Machinery	271,29	269,23	581,20	263,48
Industrial	1967,63	1933,20	2023,81	281,49
Construction	295,46	295,35	545,29	295,35
Pharma & Healthcare	723,18	716,43	766,21	494,48
Retail	253,35	253,65	312,73	251,14
Software	10155,84	10512,98	11580,93	478,28
Telecommunication	230,92	232,77	263,17	193,64
Utilities	494,65	487,38	562,80	477,10
Financial Services	727,39	721,70	840,57	253,41
Consumer-Cyclical	234,95	235,56	452,26	234,36

Während der DAX mit nur 30 → **Blue Chips** eine geringe, aber gewichtige Anzahl von Aktien umfaßt, enthält der CDAX alle an der Frankfurter Wertpapierbörse im **Amtlichen Handel** notierten deutschen Aktien.

Der CDAX zerfällt in **19 Unterindizes**. Er spiegelt die Kurse von über 300 wichtigen Papieren.

Außer dem **CDAX** und dem **DAX** gibt es noch den → **DAX-100.**

Seit Mitte 1999 wird der DAX im Börsensaal als **XETRA-DAX** abgebildet.

Computerprogramme

Die zunehmende Computerisierung bei Privatpersonen hat zu einem vielfältigen Angebot an **Software** für Börsianer geführt.

Die Anforderungen sind sehr individuell. Ein Einsteiger begnügt sich vielleicht schon mit einem **Chartanalyseprogramm**, während der Fortgeschrittene auch noch ein **Depotverwaltungsprogramm** hinzunimmt.

Für Profis und Privatanleger mit höheren Ansprüchen wird ein **Realtime-Informationssystem** in Frage kommen.

Ferner gibt es Informationssysteme von der **Deutschen Terminbörse**, dem Frankfurter **variablen Handel** und dem **XETRA-System** für Kursübermittlungen auch noch nach Schluß der Präsenzbörse.

Es kann empfehlenswert sein, vor Kauf von teurer Software zunächst eine **Demonstrationsdiskette zu bestellen, die für wenig Geld oder manchmal sogar kostenlos erhältlich ist.**

Shareware-Disketten enthalten oft in den Funktionen eingeschränkte Versionen von Vollprogrammen, die zum Kauf anregen sollen.

Glauben Sie nicht den Versprechungen, daß Kursgewinne durch »simplen Knopfdruck« möglich sind. »Kollege Computer« bewältigt die Vergangenheit sicher und mühelos, hat aber mit der Zukunft genau die gleichen Probleme wie der Kopf, der ihn bedient. Gleichwohl soll nicht abgestritten werden, daß mit guten Computerprogrammen überdurchschnittliche Ergebnisse erzielt werden können.

Convertible Bonds

Englischer Ausdruck für → **Wandelanleihen**.

Bei den **Convertibles** sind Anleihen-Emittent und Aktien-Emittent identisch. Begäbe also beispielsweise Schering eine Wandelanleihe, wäre die Berliner Pharmafirma Ausgeber der Anleihe. Außerdem könnte in Schering-Aktien gewandelt werden.

Dies ist bei den sogenannten **Exchangeables** anders. Ein Unternehmen begibt eine Wandelanleihe mit Bezugsrecht auf eine Aktie, diese Aktie aber ist nicht vom **eigenen** Unternehmen.

Die steuerliche Behandlung von **Convertibles** und **Exchangeables** ist unterschiedlich.

Bei Convertibles sind Kursgewinne nach Ablauf der einjährigen Spekulationsfrist steuerfrei. Die Zinserträge unterliegen der normalen Besteuerung (25 Prozent Kapitalertragsteuer), sofern der **Sparerfreibetrag** ausgeschöpft ist bzw. keine **Nichtveranlagungsbescheinigung** vorliegt.

Die Kursgewinne bei **Exchangeables** sind grundsätzlich einkommensteuerpflichtig, weil die Papiere als sogenannte **Kursdifferenzpapiere** gelten.

Convertible Floater

Diese Floater enthalten eine gewisse Zinsgarantie, weil sie dem Anleger ein **Wandlungsrecht** in eine **Festzinsanleihe** einräumen. Dies gilt für den Fall, daß der variable Zins unter einen von vornherein festgelegten **Mindestzinssatz** absinkt.

Cost-Average-Methode

Wer **gleichbleibende Geldbeträge** monatlich zum Aktienkauf oder zum Erwerb von Investmentanteilen aufwendet, wird – über einen längeren Zeitraum gesehen – einen günstigen Durchschnittseinkaufspreis erzielen.

Der Grund für diese aus den USA kommende Kaufmethode: Man bekommt mehr Aktien oder Investmentanteile in Zeiten niedriger Kurse oder einer Baisse.

Das Gegenstück von dem oben beschriebenen **DM-Averaging** ist das **Aktien-Averaging**. Dabei kaufen Sie eine gleichbleibende Stückzahl von Aktien oder Investmentanteilen, fahren aber zwangläufig im Durchschnitt schlechter mit Ihren Anschaffungskosten.

Wer bei niedrigen Kursen oder Preisen **verstärkt**, also mit höheren Beträgen, kauft, wird noch deutlich bessere Ergebnisse erzielen als beim **DM-Averaging**.

Es ist jedoch schlecht absehbar, wann die höchsten oder niedrigsten Kurse erreicht sind. Deshalb bietet sich als Kompromiß an, die regelmäßigen Raten beizubehalten und höhere Beträge in den Zeiten tiefer Kurse einzusetzen.

Covered Warrants

Covered Warrants sind **gedeckte Optionsscheine**. Es gibt sie seit August 1989. Banken oder Brokerhäuser, die sich mit den zugrundeliegenden Finanztiteln eingedeckt hatten, gaben sie aus.

Damit sind Covered Warrants **keine normalen** Optionsscheine aus einer **Optionsanleihe**, sondern speziell von den genannten Institutionen herausgebrachte.

Durch die vereinnahmte **Optionsprämie** kann sich der Einkaufspreis der bereitgehaltenen Aktie verbilligen.

Anfangs waren Covered Warrants, kurz **CWs** genannt, mit solch kurzer Laufzeit und hohem Aufgeld ausgestattet, daß die Anleger in 1991 einen geschätzten Verlust von 1000 Millionen DM erlitten. Daran war jedoch nicht nur die Überschwemmung des Marktes, sondern auch die anschließende Golfkrise schuld.

Bei einer Untersuchung von 25 CWs wurde allein für 22 Scheine eine Verlustwahrscheinlichkeit (Totalverlust!) von mehr als 97 Prozent festgestellt.

Heute halten die Emmissionshäuser keine Aktien als Grundlage der Optionsscheine mehr im Bestand. Sie sichern vielmehr das Risiko über die Terminbörsen ab. Es gibt nur noch wenige **klassische** Optionsscheine, denen echt Aktien als **Underlying** zugrunde liegen.

Crash

Beim **Schwarzen Freitag von 1929** sprach man noch vom »Börsenkrach«. Heute nennt man Kurszusammenbrüche auf neudeutsch **Crash**.

Aber zurück nach 1929. 9000 Banken brachen zusammen. Das gesamte amerikanische Wirtschaftssystem knickte ein, und das hatte negative Ausstrahlungen auf die ganze Welt.

Die Auto-Aktie von Chrysler stand 1929 noch bei 135

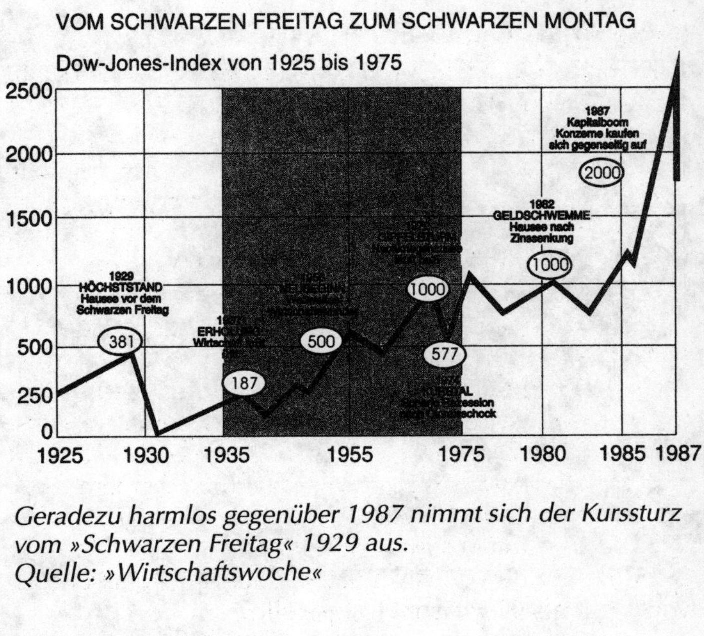

Geradezu harmlos gegenüber 1987 nimmt sich der Kurssturz vom »Schwarzen Freitag« 1929 aus.
Quelle: »Wirtschaftswoche«

Dollar. Drei Jahre später, 1932, war sie nur noch 5 Dollar wert, und der amerikanische Aktienindex Dow Jones fiel in einen Abgrund von weniger als 200 Punkten.

In schlechter Erinnerung ist der Börsencrash vom **19. Oktober 1987**. Von dem Milliardär Sam Walton wird berichtet, sein Vermögen von 8,5 Milliarden Dollar sei über Nacht auf 5,9 Milliarden geschrumpft. Gleichwohl wurde Sam Walton auch nach dem Börsensturz im »Forbes 400« als reichster Mann Amerikas geführt.

Der **Dow Jones** machte übrigens am 19. Oktober 1987 den tiefsten Fall seiner Geschichte. Er büßte 508 Punkte ein, was ein Minus von 22,6 Prozent bedeutete. Am 28. Oktober 1929 hatte er immerhin »nur« 12,82 Prozent verloren und tags darauf dann noch einmal 11,73 Prozent.

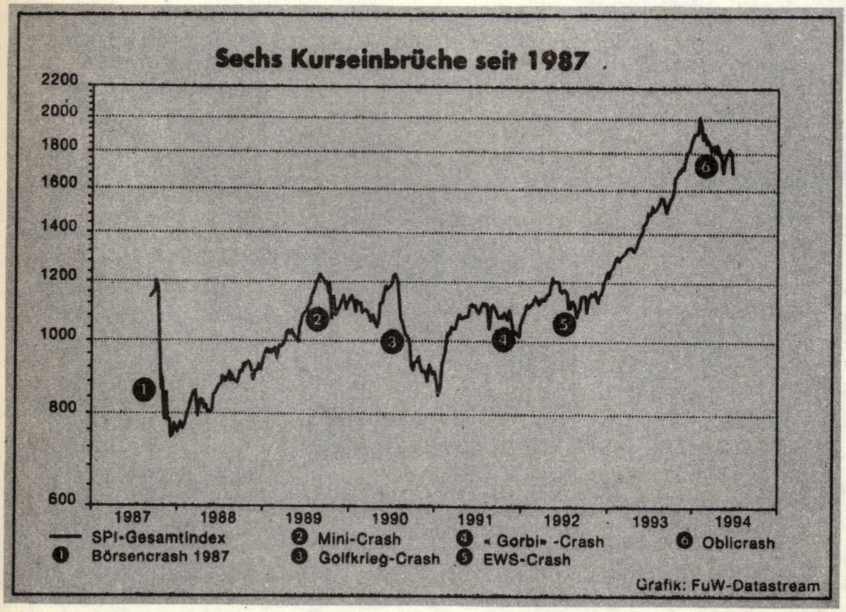

Quelle: »Das Geld abc«

Ziemlich genau zwei Jahre nach dem großen Crash von 1987 gab es im Oktober 1989 einen sogenannten Mini-Crash.

In Frankfurt fielen die Kurse vom 13. auf den 16. Oktober um 13,3 Prozent. Das war Weltrekord. Bei diesem Super-Minus konnten New York mit minus 6,9 Prozent und London mit minus 4,4 Prozent nicht mithalten.

Den Grund für den letzten Crash lieferte Saddam Hussein am 2. August 1990.

Es begann recht harmlos mit einem Kurssturz von 5 Prozent, die sich aber rasch bis 22. August auf runde 20 Prozent summierten.

Crashs wird es immer wieder geben, und sie sind meist so unvorhersehbar, daß auch die Profis keine Zeit haben, ihre Schäfchen ins trockene zu bringen.

Dennoch sind Aktien, auf Dauer gesehen, eine sehr vorteilhafte Vermögensanlage.

Das bekannteste Börsenbarometer der Welt, der Dow-Jones-Index, beweist es. Innerhalb kurzer Zeit waren die schlimmsten Crashs genauso aufgeholt wie kleinere »Kursdellen«.

Jahr	**Kursrückgang**	**Dow Jones**	**aufgeholt nach**
1977	17 %	von 900 auf 750	24 Monaten
1981	20 %	von 1000 auf 800	6 Monaten
1984	15 %	von 1300 auf 1100	3 Monaten
1987	28 %	von 2500 auf 1800	18 Monaten
1990	20 %	von 3000 auf 2400	8 Monaten
1994	13 %	von 4000 auf 3500	9 Monaten
1996	11 %	von 5800 auf 5200	6 Monaten
1998	24 %	von 5000 auf 3800	1 Monat

Quelle: »Börse-Aktuell« mit Ergänzungen des Autors

D

Dachfonds

In 1998 wurden die seit 1969 verbotenen **Dachfonds** in Deutschland wieder zugelassen (3. Finanzmarktförderungsgesetz).

Es handelt sich um Investmentfonds, die ihrerseits, sozusagen auf einer höheren Ebene, die Anteile verschiedener Investmentfonds kaufen. Auf diese Weise ist eine Mischung aus Aktien-, Renten-, Geldmarkt- und Immobilienfonds sowie in- und ausländischen Fonds und Branchenfonds möglich.

Einzelheiten:

* Dachfonds bedürfen der Genehmigung durch das **Bundesaufsichtsamt für das Kreditwesen**.
* Doppelte **Gebühren** für den Dachfonds selbst und die von ihm gehaltenen **Zielfonds** sind nicht zulässig. Dies gilt aber nur, wenn die Zielfonds nicht aus einem fremden Haus stammen.
* Der Anteil eines einzelnen Zielfonds darf nur **20 Prozent** betragen. Deshalb sind Dachfonds gehalten, in mindestens 5 verschiedene (meist mehr) Zielfonds zu investieren.
* Die Zielfonds müssen in **Deutschland** zum Vertrieb zugelassen sein.
* **Spezialfonds** dürfen von Dachfonds nicht gehalten werden, weil diese beim Bundesaufsichtsamt für das Kreditwesen nicht genehmigungspflichtig sind.
* Dachfonds ist nur erlaubt, bis zu **10 Prozent** aller ausgegebenen Anteile eines Zielfonds zu erwerben.

Konstruktionsplan

So funktioniert das Fonds-im-Fonds-Konzept

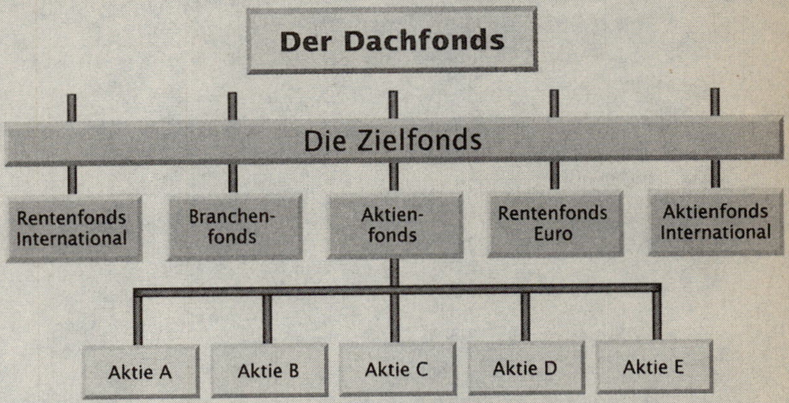

Anleger profitieren beim „Fonds im Fonds" von einer Risikostreuung auf zwei Ebenen: Das Fondsmanagement des Dachfonds wählt mindestens fünf Zielfonds aus und setzt sie optimal strukturiert zusammen. Die Fondsmanager der Zielfonds wiederum wählen Einzeltitel im jeweiligen Anlagesegment aus, auf das sie spezialisiert sind. Quelle: DGZ•DekaBank

Datex-J

siehe → T-Online.

DAX

DAX ist die Abkürzung für den **Deutschen Aktienindex**, der am 1. Juli 1988 eingeführt wurde.

Während der achteinhalbstündigen Börsenzeit in Frankfurt wird der DAX jede Minute einmal neu berechnet. Dieses Intervall ergibt für jede Börsensitzung 510 DAX-Werte.

Im DAX sind **30 Aktienwerte** enthalten, die sich einer breiten Marktstreuung ebenso wie reger Umsatztätigkeit an der Börse erfreuen.

Aktuelle DAX-Gewichtung

Im Sommer 1999 wurde der DAX neu gewichtet. Schwerpunktmäßig ist Deutsche Telekom mit 14,71 % am stärksten vertreten.

1. Deutsche Telekom	14,71 %	16. Metro	2,46 %
2. DaimlerChrysler	10,61 %	17. Dresdner Bank	2,42 %
3. Allianz	8,26 %	18. BMW	2,07 %
4. Mannesmann	7,08 %	19. Commerzbank	1,82 %
5. Siemens	5,18 %	20. VIAG	1,44 %
6. SAP	5,10 %	21. Thyssen Krupp	1,29 %
7. Deutsche Bank	4,13 %	22. Henkel	1,25 %
8. Münchner Rück	3,98 %	23. Preussag	1,19 %
9. Bayer	3,60 %	24. Schering	0,89 %
10. Volkswagen	3,37 %	25. Lufthansa	0,85 %
11. VEBA	3,35 %	26. Degussa-Hüls	0,73 %
12. BASF	3,26 %	27. MAN	0,62 %
13. Hoechst	3,11 %	28. Linde	0,59 %
14. RWE	2,84 %	29. adidas-Salomon	0,53 %
15. Hypo Vereinsbank	2,80 %	30. Karstadt	0,47 %

Durch das Kursinformationssystem → **KISS** wird der XETRA-DAX nicht nur außerhalb des Börsensaales, sondern auch an einer Kursanzeigetafel im Börsensaal publik gemacht.

Außer dem **DAX** (30 Werte) gibt es noch den **Midcap-DAX für 70 Nebenwerte, den DAX 100** für alle 100 Aktien und den **Composite DAX** für sämtliche an der Frankfurter Börse im amtlichen Handel notierten deutschen Aktien.

DAX 30 bluechips – große AGs – Einführung 1. 7. 1988	+	MDAX 70 midcaps – mittelgroße und kleine AGs – Einführung 19. 1. 1996	=	DAX 100 100 Aktien des DAX und des MDAX Einführung Mai 1994	CDAX alle amtlich gehandelten deutschen Aktien Einführung 22. 4. 1993
Basis: 30. 12. 1987 = 1000		Basis: 30. 12. 1987 = 1000		Basis: 30. 12. 1987 = 500	Basis: 30. 12. 1987 = 100

Deutscher Aktienindex

(Ultimo 1987 = 1000)

Rückwärts verknüpft mit der Zeitreihe des Index Börsen-Zeitung

	Tiefst	(am)	Höchst	(am)	Ultimo
1959			417,79	(31. 12.)	417,79
1960	391,83	(11. 3.)	603,79	(6. 9.)	534,09
1961	455,98	(6. 9.)	592,14	(6. 6.)	489,79
1962	316,62	(24. 10.)	495,70	(2. 1.)	386,32
1963	344,18	(26. 2.)	464,35	(9. 9.)	438,95
1964	441,14	(2. 1.)	527,39	(2. 9.)	477,89
1965	419,83	(29. 6.)	492,73	(8. 1.)	422,36
1966	324,92	(22. 11.)	453,60	(21. '2.)	333,36
1967	319,30	(18. 1.)	503,22	(29. 12)	503,22
1968	507,49	(4. 1.	603,23	(16. 8.)	555,62
1969	548,41	(14. 7.)	659,39	(17. 11.)	622,38
1970	441,89	(27. 5.)	630,71	(5. 1.)	443,86
1971	442,62	(8. 11.)	544,95	(2. 4.)	473,46
1972	470,49	(10. 1.)	599,06	(10. 8.)	536,36
1973	385,58	(14. 12.)	581,99	(23. 3.)	396,25
1974	371,37	(7. 10.)	436,83	(18. 1.)	401,79
1975	408,45	(2. 1.)	567,00	(29. 12.)	563,25
1976	462,22	(29. 10.)	594,86	(17. 3.)	509,02
1977	491,35	(10. 3.)	568,27	(17. 11.)	549,34
1978	525,01	(16. 5.)	611,87	(19. 10.)	575,15
1979	490,87	(7. 11)	593,71	(16. 1.)	497,79
1980	473,69	(28. 3.)	537,40	(25. 2.)	480,92
1981	467,70	(28. 1.)	551,31	(20. 8.)	490,39
1982	475,99	(17. 8.)	555,29	(28. 12.)	552,77
1983	529,51	(24. 1.)	776,99	(28. 12.)	773,95
1984	692,68	(25. 7.)	823,19	(28. 12.)	820,91
1985	820,36	(4. 2.)	1367,20	(30. 12.)	1366,23
1986	1244,28	(22. 7.)	1594,56	(17. 4.)	1432,25
1987	942,50	(10. 11)	1571,09	(17. 8.)	1000,00*)
1988	931,18	(28. 1.)	1343,82	(27. 12.)	1327,98
1989	1268,69	(27. 2.)	1805,01	(28. 12.)	1790,37
1990	1320,43	(28. 9.)	1976,43	(30. 3.)	1398,23
1991	1311,82	(16. 1.)	1728,32	(6. 6.)	1577,98
1992	1420,30	(6. 10.)	1811,57	(25. 5.)	1545,05
1993	1514,31	(13. 1.)	2284,56	(28. 12.)	2266,68
1994	1953,23	(6. 10.)	2282,60	16. 5.)	2106,58
1995	1893,63	(29. 3.)	2217,42	(13. 7.)	2253,88
1996	2271,40	(2. 1.)	2909,91	(5. 2.)	2888,69
1997	2833,78	(2. 1.)	3460,59	(11. 3.)	4249,69
1998	4069,65	(12. 1.)	6217,83	(21. 7.)	5002,39
1999	4601,07	(4. 3.)	6992,92	(27. 12.)	6958,14
2000	6388,91	(5. 1.)	7159,33	(3. 1.)	–

Stand 5. 1. 2000, 11 Uhr

*) Vor Ultimo war der Index ungewichtet (jeweils Tages-Höchst-/Tiefstkurse)

Quelle: Handelsblatt mit Ergänzungen des Autors (letzte Jahre = XETRA-Höchststand)

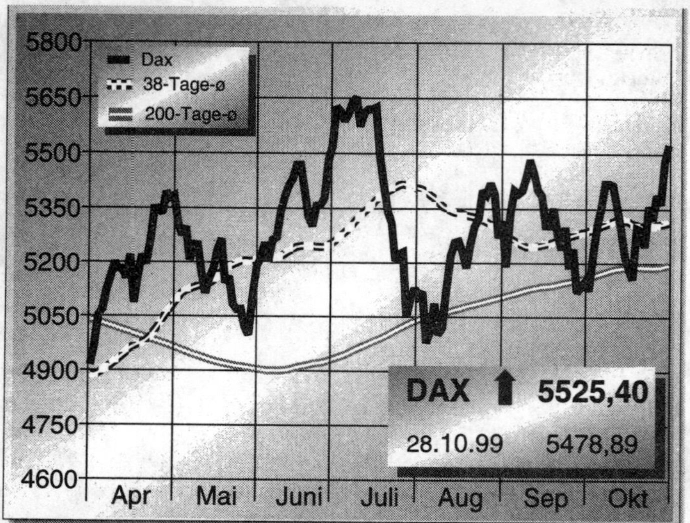

Grafik: »Rhein-Zeitung«

Nicht nur den Verlauf des DAX während der Börsensitzung können Sie an der Grafiktafel der Frankfurter Wertpapierbörse als Kurve ablesen. Auch der Tageshöchst- und -tiefststand sowie der letzte Stand werden in Zahlen angezeigt. Foto mit freundlicher Genehmigung der Frankfurter Wertpapierbörse.
Quelle: »Mehr Geld verdienen mit Aktien« vom gleichen Autor

DAX Automatic Cash in Calls

Immer abstrusere Wortgebilde erfinden die Banken bei der Ausgabe von Finanzinnovationen.

So das Bankhaus Lehman Brothers, das 1995 vier Optionsscheine auf den Deutschen Aktienindex (DAX) begab.

Einer davon funktionierte nach der Methode, daß bei einer Mindestdifferenz von 100 DAX-Punkten über dem vereinbarten Basiskurs die Optionen automatisch ausgeübt wurden.

Kam es bei Endfälligkeit nicht dazu, so sollte zumindest ein Zehntel der Differenz zwischen dem DAX-Kurs bei Endfälligkeit und dem vereinbarten Basispreis ausgezahlt werden.

Die emittierende Bank ist der Ansicht, daß es sich um ein **Differenzgeschäft** handelt, was sich bekanntlich bei der Besteuerung gut macht, weil die Erträge bei sogenannten Differenzgeschäften nicht unter die sieben Einkunftsarten des Einkommensteuergesetzes fallen.

Hier sollte jedoch zur Vorsicht geraten werden. Auch die Finanzderivate der Vorjahre sind alsbald vom Bundesfinanzministerium durch den Erlaß vom 30. April 1994 und das Mißbrauchsbekämpfungsgesetz mit ihrer vorgeblichen Steuerfreiheit gekippt worden.

DAX-Future

Hier handelt es sich um einen Terminkontrakt auf den Deutschen Aktienindex (**DAX**), den Sie an der Deutschen Terminbörse (**EUREX**) kaufen.

Dabei wird jeder DAX-Punkt jeweils mit 25 Euro multipliziert. 5100 im DAX-Stand ergeben mithin einen theoretischen Kurswert von 127 500 Euro. Fällt der DAX am Folgetag um 30 Punkte auf 5070, so sind beim DAX-Future schon 750 Euro (127 500–126 750) verloren, oder bei einem DAX-Anstieg auf 5130 auch gewonnen.

Dies richtet sich danach, ob Sie mit dem Verkauf eines

DAX-FUTURE EUREX (INDEX x 25 EURO)

21.10./19:15	Eröffnung	Hoch	Tief	Schluss	Settlem.	Vortag	Umsatz	Off. Kontr.
Dez.	5300,00	5315,50	5230,00	5272,00	5272,00	5324,00	42292	145901
März	5347,50	5355,00	5282,00	5316,50	5318,00	5370,50	64	9086
Juni					5356,50	5409,50		1288

Gesamt-Umsatz: – Offene Kontrakte zur Eröffnung:

MDAX-FUTURE EUREX (INDEX x 5 EURO)

21.10./19:15	Eröffnung	Hoch	Tief	Schluss	Settlem.	Vortag	Umsatz	Off. Kontr.
Dez.					3967,00	4000,00		47
März					3999,00	4032,00		
Juni					4031,00	4064,00		

Gesamt-Umsatz: – Offene Kontrakte zur Eröffnung:

STOXX-50-FUTURE EUREX (INDEX x 10 EURO)

21.10./19:15	Eröffnung	Hoch	Tief	Schluss	Settlem.	Vortag	Umsatz	Off. Kontr.
Dez.	3680,00	3688,00	3632,00	3670,00	3670,00	3665,00	1183	27264
März	3710,00	3710,00	3667,00	3690,00	3694,00	3688,00	132	381
Juni					3696,00	3695,00	50	

Gesamt-Umsatz: – Offene Kontrakte zur Eröffnung:

EURO-STOXX-50-FUTURE EUREX (INDEX x 10 EURO)

21.10./19:15	Eröffnung	Hoch	Tief	Schluss	Settlem.	Vortag	Umsatz	Off. Kontr.
Dez.	3717,00	3723,00	3671,00	3705,00	3705,00	3720,00	19131	210731
März	3749,00	3749,00	3711,00	3725,00	3736,00	3750,00	934	10146
Juni					3733,00	3747,00		5514

Gesamt-Umsatz: – Offene Kontrakte zur Eröffnung:

1-M-EURIBOR-FUTURE EUREX (100-ZINSSATZ, 3 MIO. EURO)

21.10./19:15	Eröffnung	Hoch	Tief	Schluss	Settlem.	Vortag	Umsatz	Off. Kontr.
Okt.						97,22		
Nov. 99	97,03	97,03	97,03	97,03	96,99	97,01	50	6271
Dez. 99	96,14	96,14	96,10	96,11	96,12	96,10	380	1025
Jan. 00					96,65	96,59		

Gesamt-Umsatz: – Offene Kontrakte zur Eröffnung:

3-M-EURIBOR-FUTURE EUREX (100-ZINSSATZ, 1 MIO. EURO)

21.10./19:15	Eröffnung	Hoch	Tief	Schluss	Settlem.	Vortag	Umsatz	Off. Kontr.
Dez. 99	96,37	96,43	96,37	96,40	96,39	96,37	8874	43797
März 00	96,28	96,32	96,27	96,30	96,30	96,26	1638	35066
Juni 00	95,96	96,02	95,96	96,01	95,99	95,94	1512	15255
Sep. 00	95,69	95,75	95,68	95,75	95,73	95,67	1201	9984

Gesamt-Umsatz: – Offene Kontrakte zur Eröffnung:

Quelle: »Handelsblatt«

3-M-EURO-LIBOR-FUTURE EUREX (100-ZINSSATZ, 1 MIO. EURO)

21.10./19:15	Eröffnung	Hoch	Tief	Schluss	Settlem.	Vortag	Umsatz	Off. Kontr.
Dez.						0,00		
März						0,00		
Juni						0,00		
Sep.						0,00		

Gesamt-Umsatz: – Offene Kontrakte zur Eröffnung:

EURO-BUXL-FUTURE EUREX (6%, 100000 EURO, IN %, 20-30,5 JAHRE)

21.10./19:15	Eröffnung	Hoch	Tief	Schluss	Settlem.	Vortag	Umsatz	Off. Kontr.
Dez.					98,11	97,51		
März					97,56	96,971		
Juni					96,98	96,331		

Gesamt-Umsatz: – Offene Kontrakte zur Eröffnung:

EURO-BUND-FUTURE EUREX (6%, 100000 EURO, IN %, 8,5-10,5 JAHRE)

21.10./19:15	Eröffnung	Hoch	Tief	Schluss	Settlem.	Vortag	Umsatz	Off. Kontr.
Dez.	103,42	103,93	103,31	103,63	103,65	103,29	594195	638034
März	103,09	103,53	103,09	103,45	103,32	102,96	5641	27610
Juni					102,63	102,27	4453	

Gesamt-Umsatz: – Offene Kontrakte zur Eröffnung:

EURO-BOBL-FUTURE EUREX (6%, 100000 EURO, IN %, 3,5-5 JAHRE)

21.10./19:15	Eröffnung	Hoch	Tief	Schluss	Settlem.	Vortag	Umsatz	Off. Kontr.
Dez.	103,34	103,65	103,28	103,49	103,49	103,28	250205	341251
März	102,66	102,94	102,66	102,94	102,88	102,64	2588	10206
Juni					102,31	102,10	34	

Gesamt-Umsatz: – Offene Kontrakte zur Eröffnung:

EURO-SCHATZ-FUTURE EUREX (6%, 100000 EURO, IN %, 1,75-2,25 JAHRE)

21.10./19:15	Eröffnung	Hoch	Tief	Schluss	Settlem.	Vortag	Umsatz	Off. Kontr.
Dez.	102,84	102,99	102,81	102,92	102,92	102,82	138279	264894
März	102,61	102,61	102,61	102,61	102,61	102,47	1048	9160
Juni					102,28	102,14		

Gesamt-Umsatz: – Offene Kontrakte zur Eröffnung:

Quelle: »Handelsblatt«

Futures auf einen fallenden DAX oder mit dem Kauf eines Futures auf einen Anstieg gesetzt haben.

Außer dem **DAX-Future** (Einführung: 23. 11. 1990) werden an der **DTB** noch gehandelt:

MDAX-Future (Einführung: 23. 9. 1996),
→ **Bund-Future** (Einführung: 23. 11. 1990),
→ **Bobl-Future** (Einführung: 4. 10. 1991),
→ **Buxl-Future** (Einführung: 11. 3. 1994, eingestellt 8. 6. 1995),
→ **Fibor-Future** (3 Monate; Einführung: 18. 3. 1994)
Libor-Future (1 Monat).
Euromark-Future
Schatz-Future
Future auf → Volatilitätsindex

Auch können **Optionen** auf die Futures abgeschlossen werden. Optionen sind das Recht, aus der Optionsposition heraus einen Future zu kaufen. Sie stellen jedoch – anders als beim Future selbst – nicht schon eine Verpflichtung auf Einlösung dar, weil eine Option auch unausgeübt verfallen darf.

DAX-100

Der **DAX-100** wurde als neuer Aktienindex am 11. 4. 1994 eingeführt.

Er liegt, was die Zahl der enthaltenen Werte betrifft, zwischen dem → **DAX** (= 30 wichtigste Standardwerte) und dem → **Composite DAX** (= 19 Unterindizes mit zusammen über 300 Aktien).

Hundert **variabel** gehandelte Titel des **Amtlichen Marktes** sind im DAX-100 enthalten. Er wird, genauso wie der DAX, minütlich neu berechnet.

Ebenfalls wie im DAX sind auch im DAX-100 die Aktien **unterschiedlich gewichtet**. Allianz, Daimler, Deutsche Telekom und Deutsche Bank sind die Schwergewichte des Index. Andere Papiere, zum Beispiel Didier, Jungheinrich, Moksel und Villeroy & Boch, ergeben zusammengerechnet nur einen Anteil von unter 1 Prozent.

Delta

Ein **Delta** zeigt an, wie groß die Wertveränderung eines **Währungsoptionsscheins** gegenüber der Währungsbewegung (z. B. Dollarkurs) ist.

Wenn ein **Dollar-Call** (Kaufoption) ein Delta von 50 hat, bedeutet dies, daß der Call um 50 Pfennig steigt, wenn der Dollarkurs einen Pfennig zulegt.

Auch bei **Aktien-Optionsscheinen** ist das Delta ein wichtiger Parameter.

Es zeigt an, in welchem Verhältnis sich der Kurs des Optionsscheines voraussichtlich ändern wird, wenn der Kurs der Aktie um eine Mark nach oben oder nach unten abweicht.

Bei **Kaufoptionsscheinen (Calls)** bewegt sich das Delta zwischen 0 und 1, während es bei **Verkaufoptionsscheinen (Puts)** zwischen 0 und minus 1 schwankt. Beträgt das Delta 0,5, wird der Optionsschein um 0,50

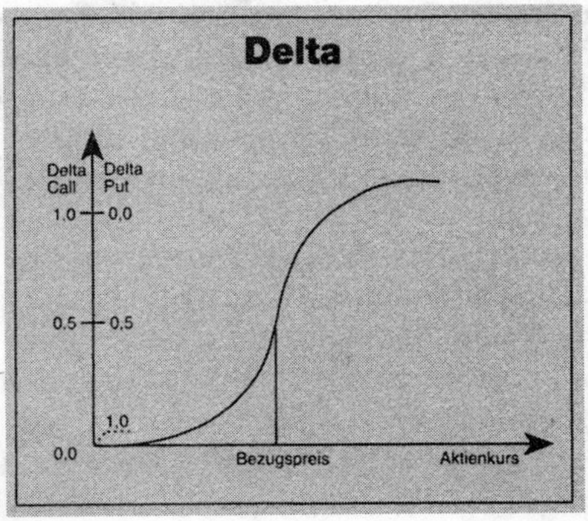

Quelle: »Börsenberater«

Euro steigen, wenn der Kurs der zugrundeliegenden Aktie um 1 Euro angezogen hat.

Ein Delta in der Nähe von 0 bedeutet, daß selbst kräftige Kurssteigerungen der Aktie den Kurs des Optionsscheins kaum in Fahrt bringen werden. Andersherum: Bei einem hohen Delta fahren Aktienkurs und Optionsscheinkurs fast parallel.

Derivate

Derivate sind **abgeleitete** Anlageinstrumente. Sie sind aus den bekannten traditionellen Anlageformen weiterentwickelt worden.

Es handelt sich um **moderne Finanzinstrumente**, die in immer größerer Zahl auf den Markt gekommen sind, wie **Optionen, Futures, Swaps, gedeckte Optionsscheine, Megas, Grois, Range Warrants** und dergleichen mehr.

Ganz am Anfang dieser unendlichen Kette standen **gedeckte Optionsscheine**. Sie wurden zunächst auf Aktien, dann auch auf Anleihen, Währungen und wiederum auf Optionsscheine ausgegeben. Daher heißen sie **Aktienscheine, Anleihescheine, Währungsscheine** und **»Turbos«**.

Termingeschäfte dieser Art werden zwischen den ausführenden Geschäftsbanken und der **Deutschen Bundesbank** konträr diskutiert. Die ersteren verweisen auf die Absicherung gegen Risiken, während die Bundesbank Bedenken gegen die ausufernde Anzahl und Unüberschaubarkeit äußerte.

Auch die **Landeszentralbank Hessen** warnte vor den **erhöhten Risiken** des Handels mit Derivaten. Dies rief Kritik bei den Geschäftsbanken hervor, die den Handel mit Derivaten nicht in die Nähe von Spielbankgewinnen gerückt sehen möchten.

Die Bedenken gegen Derivate teilt offensichtlich auch der **amerikanische Kongreß**. Er veranstaltete ein Hearing über strengere Kontrollen der Finanzmärkte. Der uneingeschränkten Emission von derivativen Anlageformen sollen Zügel angelegt werden.

Mittlerweile beschäftigen sich auch internationale Aufsichtsbehörden mit dem Marktrisiko der Derivate. Man ist sich einig, daß die Banken für eventuelle Verluste aus Derivaten »angemessenes zusätzliches Eigenkapitel« halten sollten.

In Deutschland sind Derivate durch eine Änderung des **Kreditwesengesetzes** mit in die **Meldepflicht** über Großkredite hineingenommen worden. Ab Januar 1996 haben die Banken in ihren Meldungen an die Bundesbank auch Aussagen über ihr Geschäft mit Derivaten zu machen.

Bei den Derivaten wettet jeder gegen jeden. Man schätzt, daß das Volumen der Derivate mehr als doppelt so hoch ist wie die echte Börsenkapitalisierung.

Vor einigen Jahren machte eine Kommune in den USA wegen eines Überengagements in Derivaten Pleite. Der Bankrott von **Orange County** in Kalifornien führte zum Verlust von 8000 Arbeitsplätzen.

Noch spektakulärer war der Zusammenbruch der englischen Baring's Bank im Februar 1995. Er sorgte für weltweites Aufsehen. Die über 200 Jahre alte Traditionsbank, bei der auch die Queen Konten unterhielt, mußte ihre Pforten schließen. Ein 28jähriger Angestellter in Singapur hatte ohne Augenmaß Futures auf japanische Aktien gesetzt und infolge der zurückgehenden Futures-Kurse einen Supercrash gelandet. Er erhielt eine Gefängnisstrafe, ist aber mittlerweile auf freiem Fuß.

Designated Sponsor

Es handelt sich um einen Betreuer an der Börse, der Kauf- und Verkaufsangebote für eine bestimmte Aktie in das Orderbuch stellt, um auf diese Weise »Markt« zu machen.

Deutsche Terminbörse (Eurex)

Die Deutsche Terminbörse (**DTB**), die jetzt den Namen **Eurex Deutschland** hat, residiert im sechsten Stock eines Hochhauses im Frankfurter Westend.

Sie ist, anders als die acht deutschen **Präsenzbörsen**, eine vollelektronische Börse ohne Besucher. Es gibt keinen zentralen Handelsort, sondern ein bundesweites elektronisches Netz, das über 400 Computer miteinander verbindet. Außerdem kooperiert sie mit der Schweizer Terminbörse.

Die DTB startete im Januar 1990 mit Optionen auf 14 Aktien. Im Herbst des gleichen Jahres kam der Handel mit Finanz-Termin-Kontrakten (**Financial Futures**) hinzu.

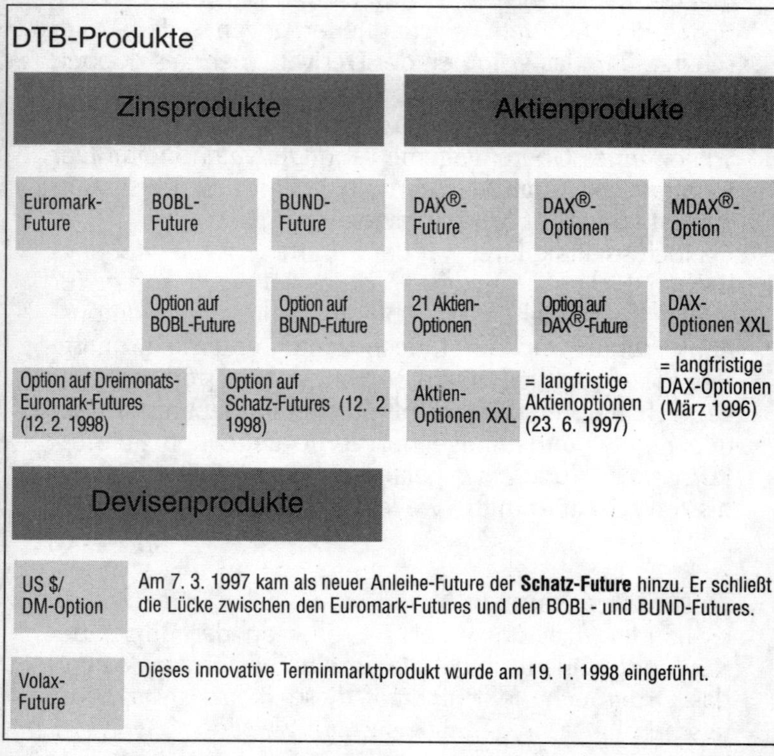

Drei große Produktgruppen werden an der Eurex gehandelt (s. Kasten S. 68).

Die Geschäfte an der DTB werden nach vier Grundformen abgewickelt:

a) Kauf einer Kaufoption (**Long Call**)
b) Kauf einer Verkaufsoption (**Long Put**)
c) Verkauf einer Kaufoption (**Short Call**)
d) Verkauf einer Verkaufsoption (**Short Put**)

Ein Handel von Aktien- und Indexprodukten ist von 9 bis 17 Uhr möglich. Diese Zeitspanne bringt eine Überschneidung mit der ersten Handelsstunde in Amerika, von der man sich Vorteile bei der Vermarktung des DAX-Futures in den USA verspricht.

Neue Optionen auf Aktien sind hinzugekommen, nachdem der **herkömmliche Optionshandel** seit April 1997 an der Wertpapier-**Präsenzbörse** Frankfurt abgeschafft und (zum größten Teil, aber nicht vollständig) der Computerbörse **DTB** zugeordnet wurde. Der Parketthandel von Aktienoptionen endete somit nach 25jähriger Geschäftstätigkeit.

Differenzgeschäfte

Bei manchen Wertpapiergeschäften kommt es nicht auf die Erfüllung an, weil sie schlicht unmöglich ist.

So ist es beispielsweise beim **DAX-Future**, denn er ist körperlich nicht lieferbar. Auch beim **Bund-Future, Bobl-Future** und **Buxl-Future** trifft dies zu. Der Käufer ist nur an der Differenz zwischen **Einstandskurs** und **Glattstellung** bzw. an der Zinsdifferenz interessiert.

Da die **effektive Lieferung** unterbleibt, gehen Steuerexperten davon aus, daß die Gewinne aus Differenzgeschäften nicht zu versteuern sind. Dies könnte sich jedoch durch eine Änderung der Rechtsprechung oder gesetzliche Neuregelung als irrig erweisen.

Digitaler Optionsschein

Die digitalen Optionsscheine gehören zu den neueren Finanzderivaten. Der Käufer des Scheins erhält einen **festen Geldbetrag**, wenn sich der Dollarkurs zu einem bestimmten vorher festgelegten Zeitpunkt im Falle einer **Kaufoption oberhalb** und einer **Verkaufsoption unterhalb** des vereinbarten Kurses bewegt.

Bei einer im April 1995 ausgelaufenen Option gab es beispielsweise 10 DM je Optionsschein für den Fall, daß der Dollarkurs 1,75 DM erreichte oder überschritt. Bei Unterschreiten dieses Kurses gab es nichts.

Für eine Kombination von digitalen Kauf- und Verkaufsoptionen wurde der Name **Korridor-Optionsschein** geprägt.

Zum Begriff »Optionsschein« allgemein können Sie sich unter diesem Stichwort ausführlicher informieren (→ Optionsscheine).

Directional-Movement-Indikator

Der genannte Indikator ist ein Instrument der **Chartanalyse**. Er soll es ermöglichen, die **Stärke und Dauer eines Trends** vorauszusagen. Der 1978 von Wilder konzipierte Indikator basiert auf **variablen** Kursen.

Aus zwei Zahlenreihen wird ein sogenannter positiver und negativer **Directional-Movement-Indikator** (+ **DM** und – **DM**) ermittelt. Plus und minus stehen hier für positive und negative Marktkräfte.

Bei einem Wert von über 25 spricht man von einem vorherrschenden Trend.

Fällt der beschriebene Indikator, so neigen die Chartisten zu der Annahme, daß ein Trend abnimmt und in eine Seitwärtsbewegung einmündet.

Discount-Broker

Vielleicht wurde den normalerweise wenig beachteten Gebührentafeln in den Kreditinstituten ein wenig mehr Aufmerksamkeit zuteil, als am 16. Mai 1994 die **»Direkt Anlage Bank«** ihren Geschäftsbetrieb aufnahm.

Es handelt sich um eine hundertprozentige Tochter der HypoVereinsbank. Sie ist ebenfalls in München ansässig. Damit begann das Zeitalter der Discount-Broker.

Die Dienstleistungen der Discount-Broker bestehen in der Verwaltung von **Wertpapierdepots**, wobei bis zu 75 Prozent niedrigere Kauf- und Verkaufsspesen berechnet werden als üblich.

Für **Aktien-Transaktionen** werden Gebühren von ca. 0,1 bis 0,5 Prozent berechnet. Hinzu kommen die unterschiedlichsten **Mindestgebühren** (ca. 9–60 DM).

Wer mit einem Discount-Broker Geschäfte machen will, muß dort ein **Konto** unterhalten. Seine Legitimation wird durch die Kontonummer und ein **Kennwort** überprüft und kann etwa bei Überweisungen durch persönliche Fragen aus dem Familienbereich erweitert werden.

Auch Anteile von rund 3000 **Investmentfonds** bieten Deutschlands Discount-Broker billiger an, wobei die Fondsgesellschaften dazu gebracht wurden, **keine Ausgabeaufschläge** mehr zu berechnen. Mitte 1994 gab es die ersten drei → **»No-Load-Fonds«**.

Aktienempfehlungen und Marktinformationen hat der Anleger beim Discount-Broker nicht zu erwarten. Dafür wird er aber von **»Tele-Tradern«** manchmal rund um die Uhr telefonisch betreut.

Hier einige Namen:

* Advance Bank
* Augsburger Aktienbank
* Bank 24
* comdirekt bank
* Consors

* Direkt Anlage Bank
* Fimatex
* Quelle Bank
* 1822 direkt

Discount Reverse Convertibles

Eine Unterart von → **Aktienanleihen**. Bei dem genannten Finanzinstrument erhält der Anleger zunächst von der Emissionsbank keine Zinsen. Dafür werden ihm die Anleihen zu einem Kurs offeriert, der weit unter dem **Nennwert** liegt. Bei Tilgung zum Nominalwert gilt der Kursabschlag als Zinsertrag.

Discount-Zertifikate

Dieses moderne Produkt der Finanzdesigner stammt aus dem Jahr 1995.

Aktien und Indizes können mit einem **Rabatt** gekauft werden. Als Gegenleistung muß der Käufer eine Deckelung (Höchstbetrag = **Cap**) hinnehmen.

Am Ende der Laufzeit eines Zertifikats wird höchstens der **Cap** ausgezahlt. Beträgt er beispielweise bei einem DAX-Zertifikat 6000 Punkte, bliebe es bei diesem Betrag, selbst wenn der DAX bis auf 6200 gestiegen wäre.

Umgekehrt beginnt bei einem Absinken des DAX irgendwo die Verlustzone.

Distribution

Wörtlich bedeutet **Distribution** »Verteilung«. Gemeint ist eine Verkaufstaktik von Aktien.

Nehmen wir an, ein Großanleger, wie zum Beispiel ein Investmentfonds oder eine Bank, hat allmählich Aktien zu günstigen Kursen angesammelt, und das vorausgesehene Kursziel ist nun erreicht.

Dies wird insbesondere dadurch erreicht, daß andere

Marktteilnehmer aufmerksam geworden sind und die betreffende Aktie in Erwartung einer Sonderentwicklung ebenfalls gekauft haben. Für den Großinvestor geht es nun darum, die Aktie so geschickt zu »verteilen«, daß die Verkäufe nicht als beabsichtigte **Großverkäufe** auffallen und andere Besitzer ebenfalls zu kursdrückenden Verkäufen veranlassen. **Distribution** ist also das geschickte Manövrieren beim Verkauf einer Aktie, von der man größere Bestände angesammelt hat.

Dividenden-Stripping

Die von Gesellschaften abgeführte Körperschaftsteuer (30 Prozent seit 1994) kann nur von **unbeschränkt** steuerpflichtigen Personen oder Institutionen auf die eigene Steuerschuld angerechnet werden.

Diesen steuerlichen Vorteil können sich Ausländer (= **beschränkt** steuerpflichtige Personen) jedoch durch einen Trick ebenfalls verschaffen.

Sie trennen die Dividendenscheine oder Gewinnrecht von den Stammrechten los (to strip = abstreifen).

Veräußern Sie diese Scheine oder Rechte vor einem Dividendentermin an einen unbeschränkt steuerpflichtigen Inländer, kann dieser die sonst verlorene Körperschaftsteuer von 30 Prozent steuerlich anrechnen.

Gängige Praxis ist auch, die Anteile **zusammen** mit den Dividendenscheinen zu veräußern und dann die Anteile selbst nach der Ausschüttung **ohne** die Dividendenscheine zurückzukaufen.

Durch das **Standortsicherungsgesetz** und das **Mißbrauchsbekämpfungsgesetz** werden neuerdings Veräußerungserlöse für abgetrennte Dividendenscheine als Kapitaleinkünfte beim Inhaber des Stammrechts erfaßt. Die Zurechnung erfolgt im Zeitpunkt des Gewinnverteilungsbeschlusses der Gesellschaft. Es gilt eine Frist zwischen Erwerb und Veräußerung (Behaltefrist) von mindestens 10 Tagen. Sie war ursprünglich auf 30 Tage vorgesehen und ist aus Praktikabilitätsgründen auf 10 Tage verkürzt worden.

Kurze Zeit nach Inkrafttreten der genannten Gesetze und der Aufdeckung von Dividenden-Stripping berichtete eine Börsenzeitschrift, daß vielen **Freimaklern** in Frankfurt das Aus drohe.

Sie hätten in ihrer Existenzangst mit der Preisgabe beteiligter Großbanken gedroht. Hessens Finanzminister habe zur Abwendung des Schadens vom Finanzplatz Deutschlands die Bildung eines Pools angeregt, aus dem nachzufordernde Steuern beglichen werden sollten.

Später wurde verlautet, am Dividenden-Stripping seien 14 Freimakler, 27 Banken und 4 zwischengeschaltete Freimakler beteiligt gewesen. Sie hätten Dividenden-Stripping mit fast 6 Millionen Aktien im Wert von mehr als zwei Milliarden Mark betrieben. Es habe einen regelrechten Markt gegeben, wobei die Kursdifferenz jeweils 75 bis 80 Prozent der Brutto-Dividende ausgemacht habe.

Domestic Products

Darunter versteht man die **nationale** Produktpalette der Deutschen Börse AG, während **Benchmark Products** die vornehmlich **international** nachgefragten Wertpapiere und Derivate sind.

Doppel-Aktienanleihen

Es handelt sich um eine Spielart der **Aktienanleihen**. Die Emissionsbank hat die Möglichkeit, statt **einer zwei** oder **mehr** verschiedene Aktien dem Anleger statt der Anleiherückzahlung anzudienen.

Schon wenn eine einzelne Aktie bei Fälligkeit unter dem vereinbarten Basispreis liegt, erfolgt die Aktienandienung. So gesehen, ist das Risiko des Anlegers größer.

Doppelbesteuerungsabkommen

Unter den Stichworten → **fiktive Quellensteuer** und → **Quellensteuer** ist bereits auf die **Doppelbesteuerungsabkommen** hingewiesen. Sie regeln den Steueranspruch der einzelnen Staaten untereinander.

In Deutschland gilt das **Welteinkommensprinzip**. Damit jedoch nicht eine Besteuerung einerseits im **Wohnsitzstaat** und andererseits im **Quellenstaat** und mithin doppelt erfolgt, finden die Doppelbesteuerungsabkommen meist eine Regelung dahingehend, daß die Besteuerung im Quellenstaat der Höhe nach begrenzt wird. Bei Dividenden sind es im Normalfall 15 Prozent.

So auch beispielsweise im **deutsch-amerikanischen** Doppelbesteuerungsabkommen.

Es sieht vor, daß die Ausschüttungen aus einer amerikanischen **Regulated Investment Company** stets einer Quellensteuer von 15 Prozent unterliegen. Bei Ausschüttungen eines amerikanischen **Real Estate Investment Trust** besteht zwar im Grundsatz eine US-Quellensteuer von 30 Prozent, sie wird jedoch für in Deutschland ansässige **natürliche Personen** auf 15 Prozent zurückgeführt. Dafür ist – im Gegensatz zu den meisten anderen Ländern – ein besonderer Antrag des deutschen Aktionärs, der amerikanische Papiere hält, nicht erforderlich.

Wie Sie bei Papieren anderer ausländischer Staaten verfahren, können Sie unter → **Quellensteuer** nachlesen.

Doppelwährungsanleihen

Wie der Name schon sagt, sind bei dieser Sonderform der Anleihen gleich **mehrere Währungen** im Spiel.

Kapital und Zinsen können in **verschiedenen** Währungen zurückgezahlt bzw. gezahlt werden. Dabei ist unterschiedlich geregelt, wer (Emittent oder Anleger) ein Wahlrecht hat.

Um es noch komplizierter zu machen: Manchmal

wird Doppelwährungsanleihen noch eine **Kaufoption** oder eine **Verkaufsoption** beigefügt. Diese Instrumente dienen der **Begrenzung des Währungsrisikos** und können entweder den Ermittenten der Anleihe oder den Zeichner zu einer vorzeitigen Rückzahlung berechtigen.

Dow Jones

siehe → Aktienindizes.

Down-Trend

Es handelt sich um einen Begriff aus der **Chart-Analyse**, nämlich um den **Abwärtstrend**.

Die Chartisten legen eine Linie oberhalb der Kurszacken an und verlängern sie. Erst wenn die Linie nach oben durchbrochen wird, gilt der Abwärtstrend als beendet.

Drop-Lock-Floater

Dieser Floater zeichnet sich dadurch aus, daß der variable Zins eine Festschreibung erfährt, wenn er tiefer als der vereinbarte **Mindestzinssatz** gesunken ist. Zu Floater allgemein vgl. die entsprechenden Stichwörter.

Duration

Der Begriff **Duration** wird bei **Anleihen** gebraucht. Er umschreibt den **Kursanstieg** dieser Papiere bei **fallenden Zinsen**.

Machen wir uns dies an einem vereinfachten Beispiel klar: Sie haben eine Anleihe mit Nennwert 100 Mark gekauft, die Ihnen bei zwei Jahren Laufzeit 10 Prozent Zinsen einbringt.

Fällt die Marktrendite für zweijährige Papiere nun auf 5 Prozent, dürfen Sie sich gratulieren. Ihre Anleihe muß zwangsläufig im Kurs steigen, denn ein Käufer würde zwei Jahre lang den doppelten Zins von 10 Prozent einstecken dürfen, obwohl der Marktzins nur noch 5 Prozent ausmacht. Er wäre deshalb bereit, einen höheren Preis zu zahlen. Ihre Anleihe würde von 100 Prozent Kaufkurs auf ungefähr 110 Prozent ansteigen, weil sie dem Käufer zwei Jahre lang je 5 Prozent mehr Zinsen einbringt als eine soeben zur aktuellen Marktrendite von 5 Prozent ausgegebene neue Anleihe.

Der Kursanstieg bei Anleihen ist um so ausgeprägter, je niedriger der Nominalzins ist, mit dem sie ausgestattet sind, und je länger ihre Restlaufzeit noch dauert. Für diese kursbeeinflussenden Kennzahlen steht die Bezeichnung **Duration**.

DVFA

Unter dieser Abkürzung versteht man die »**Deutsche Vereinigung für Finanzanalyse und Anlageberatung**«, ein Konsortium von Bank- und Wirtschaftsexperten sowie Publizisten.

Die **DVFA** ermittelt das Ergebnis je Aktie von Aktiengesellschaften. Ausgehend vom ausgewiesenen Jahresüberschuß, wird durch Zu- bzw. Abrechnung von außerordentlichen, aperiodischen und dispositionsbedingten Aufwendungen und Erträgen versucht, zu einem »wirklichen« Ergebnis zu kommen.

Folgende vereinfachte Formel gilt für die Berechnung des DVFA-Ergebnisses:

Jahresüberschuß
./. außerordentliche und aperiodische Erträge
\+ außerordentliche und aperiodische Aufwendungen
+/– sonstige Bereinigungsposten

= Ergebnis nach DVFA

$$\text{Ergebnis je Aktie} = \frac{\text{Ergebnis nach DVFA}}{\text{Anzahl der dividendenberechtigten Aktien}}$$

Ihre Erkenntnisse sammeln die DVFA-Analysten in regelmäßigen Besuchen bei börsennotierten Aktiengesellschaften. Dort gibt ihnen der Vorstand Auskünfte, die in die Analyse einfließen.

Dennoch ist das DVFA-Ergebnis nur ein Teilaspekt bei der Ermittlung des Werts einer Aktie. Die Branchensituation, der Kapitalmarktzins und eventuell eine »verschlankte« Verwaltung oder Produktion oder auch neuentwickelte eigene Patente spielen ebenfalls eine Rolle.

Als Grobfaktor für den Wert einer Aktie wird das DVFA-Ergebnis mit 14 multipliziert.

Die Zahl der in Deutschland insgesamt zugelassenen DVFA-Analysten wird auf weniger als 1000 geschätzt.

E

EASDAQ

Bekannt ist die US-Börse für Hochtechnologieaktien mit dem Namen **Nasdaq**. Sie hat seit November 1996 ein Gegenstück in **Brüssel**, das sich **EASDAQ** nennt. Durch die Konkurrenz des **Neuen Marktes**, des Hochtechnologie-Segments der Deutschen Börse in Frankfurt, wird der EASDAQ zunehmend das Wasser abgegraben. Experten schätzen, daß Frankfurt mit seinem Neuen Markt den Löwenanteil von 80 Prozent aller europäischen Wachstumsmärkte einfährt und für die Brüsseler EASDAQ nur noch 6 Prozent übrigbleiben. Da sich diese Situation erdrutschartig fortsetzt, wird die Frage gestellt, ob die EASDAQ überhaupt noch überlebensfähig ist.

Getragen wird die EASDAQ von 100 Banken und Brokern, bei denen aber vorerst die großen deutschen Kreditinstitute fehlen. Den **Kurszettel** der EASDAQ finden Sie auch in verschiedenen deutschen Publikationen, wie zum Beispiel im »**Handelsblatt**« und auf der Wirtschaftsseite der »**Welt**«.

EASDAQ

Titel	Währung	20.10.1999	19.10.1999	52 Wochen Hoch/Tief	
ActivCard	USD	5,110 b	5,130 b	6,000	1,600
Algo Vision	USD	4,125 b	4,125 b	8,250	4,150
Algol ♣	EUR	4,225 b	4,225 b	70,000	3,000
Antisoma ♣	GBP	0,505 b	0,505 b	0,610	0,350
Artwork Systems Group	EUR	12,975 b	12,950 b	19,750	12,600
Autonomy Corporation	USD	15,875 b	15,850 b	18,350	2,000
BricsNet	EUR	7,475 b	7,525 b	10,250	7,200
Chemunex ♣	EUR	0,625 b	0,620 b	1,800	0,530
City Bird Holding	USD	5,150 b	5,145 b	8,250	4,650
Debonair Holdings	GBP			7,750	0,620
Dialog Semiconductor	EUR	22,500 b	22,325 b	22,560	
Edap TMS	USD	1,725 b	1,725 b	2,813	1,300
Epiq	EUR	1,900 b	1,900 b	4,300	1,800
Esat Telecom Group	USD	39,625 b	40,000 b	53,150	29,875
Espace Production Internationale	EUR	22,950 b	22,950 b	23,400	11,900
Eybl International ♣	EUR	26,900 b	26,900 b	30,000	18,168
Flanders Language Valley Fund	USD	11,400 b	11,400 b	15,850	10,000
4Front Technologies ♣	USD	13,625 b	13,050 b	16,500	6,625
Global Graphics	EUR	76,250 b	75,575 b	96,000	27,746
Global TeleSystems Group	USD	21,750 b	21,625 b	45,500	14,130
Granger Telecom	USD	3,750 b	3,675 b	13,375	3,100
Gruppo Formula	EUR	7,250 b	7,275 b	14,977	3,780
Icos Vision Syst. Corp.	USD	17,325 b	16,350 b	17,500	11,650
Impath	USD	28,200 b	26,675 b	29,000	26,900
Innogenetics	EUR	22,885 b	22,925 b	05,000	19,600
Integrated Surgical Systems	EUR	2,400 b	2,350 b	4,390	1,350
IQE	USD	14,050 b	14,050 b	16,300	12,250
IT International Theatres	USD	8,750 b	8,625 b	35,100	8,700
Lernout & Hauspie Speech Products	USD	33,560 b	33,875 b	45,500	27,200
MBA Michael Bailey Associates	EUR	15,225 b	15,225 b	15,600	14,750
Melexis	EUR	9,775 b	9,625 b	12,635	8,600
Memory Corpation	USD	18,750 b	18,600 b	28,800	8,750
Mercer International ♣	USD	4,450 b	4,625 b	7,750	3,750
Meta4	EUR	10,250 b	10,650 b	17,250	10,300
NTL	USD	67,375 b	65,450 b	04,750	44,063
Option International	USD	10,150 b	9,875 b	80,875	7,950
Orthovita ♣	USD	5,400 b	5,350 b	8,750	3,450
Pankl Racing Systems	EUR	34,200 b	34,200 b	48,380	26,800
Pharming Group	EUR	7,775 b	7,725 b	10,750	5,800
PixTech ♣	USD	1,660 b	1,550 b	20,250	1,450
Royal Olympic Cruise Lines	EUR	3,650 b	3,525 b	5,250	2,040
Schoeller-Bleckmann Oilfield Equipment ♣	EUR	6,675 b	6,675 b	40,985	6,550
S&T System Integration&Technology Distribution ♣	EUR	69,000 b	69,000 b	45,346	35,000
Supercom Ltd.	USD	5,125 b	5,250 b	8,700	3,760
Swan	EUR	7,925 b	7,925 b	8,500	7,150
TelDaFax	EUR	16,525 b	16,800 b	63,000	15,660
Topcall International ♣	EUR	15,175 b	15,250 b	41,670	14,600
Turbodyne Technologies ♣	USD	1,260 b	1,315 b	29,000	1,050
Ubizen	EUR	35,750 b	35,800 b	37,000	35,600
Uproar Limited	EUR	20,500 b	20,500 b	27,300	17,500
Xoom.com Incorporated	USD	53,625 b	52,750 b	99,000	31,500

Mitgeteilt von der EASDAQ, der paneuropäischen Aktienbörse (069 - 97544504)

Quelle: »Handelsblatt«

ECU

ECU steht für **European Currency Unit**, also die europäische Währungseinheit.

Noch aber ist der **ECU** kein gesetzliches Zahlungsmittel, sondern eine **Kunstwährung**.

Die einzelnen europäischen Währungen sind im **Währungskorb** des ECU mit einem bestimmten Prozentsatz enthalten. Die D-Mark spielt dabei eine gewichtige Rolle, so daß Schwankungen im Verhältnis des ECU zur D-Mark ziemlich selten sind. Deshalb ist bei ECU-Anleihen das **Währungsrisiko** begrenzt.

Emerging Markets

In vielen Schwellenländern der Dritten Welt gibt es keine Tarifverträge und Gewerkschaften. Die Arbeiter sind froh, daß überhaupt Arbeit vorhanden ist, und gehen manchmal einer sechstägigen Beschäftigung nach.

In solchen Schwellenländern können sich aufstrebende Märkte entwickeln, in denen Aktiengesellschaften mit überdurchschnittlichen Gewinnen aufwarten.

Emerging Markets sind also aufstrebende Märkte in Schwellenländern.

Eine Anlage im **Emerging Markets** ist risikoreich und nichts für schwache Nerven. Bekannt ist beispielsweise eine 60prozentige Wertsteigerung einer Staatsanleihe aus Equador, die in nur zwei Wochen 12 Prozent einbüßte, als der Kongreß des südamerikanischen Landes unerwartet den Präsidenten wegen »geistiger Unfähigkeit« absetzte.

Zur Risikominderung kann es empfehlenswert sein, statt eines Direkteinstiegs in Emerging Markets eine risikoärmere **Fondsanlage** zu wählen, denn es gibt spezielle Emerging-Markets-Fonds.

Emissionsdisagio

Bei der Emission eines **festverzinslichen Wertpapiers** wird manchmal ein Disagio eingeräumt. Es stellt einen Abschlag auf den Nennwert dar, mit dem die Feineinstellung des Zinses bewirkt wird. Damit sind Zinsänderungen in der Zeit zwischen dem Antrag auf Genehmigung der Emission und der Ausgabe der Emission abgedeckt.

Der Bundesfinanzminister hat mit Erlaß vom 24. November 1986 (BStBl, Teil I, Seite 593) verfügt, daß ein **Emissionsdisagio** und ein **Emissionsdiskont** aus Vereinfachungsgründen steuerlich nicht erfaßt werden, wenn folgende Prozentsätze des Nennwerts in Abhängigkeit von der Laufzeit nicht überstiegen sind:

Laufzeit	Disagio in %
bis unter 2 Jahren	1
2 bis 4 Jahre	2
4 bis 6 Jahre	3
6 bis 8 Jahre	4
8 bis 10 Jahre	5
ab 10 Jahre	6

Werden die genannten Prozentsätze überschritten, liegen Einkünfte aus **Kapitalvermögen** vor. Sie berechnen sich nach der **Emissionsrendite** oder **Marktrendite**. Vergleichen Sie hierzu im einzelnen → **Zerobonds** bzw. → **Finanzinnovationen**.

Equity-linked Bonds

Die im Sommer 1998 neu eingeführten **Aktienanleihen** werden von manchen Emittenten auch unter der Bezeichnung **Equity-linked Bonds** (mit Anleihen verbundene Aktien) gehandelt.

Erbfall

Als Erbe müssen Sie für die **Steuerschulden** des Erblassers einstehen. Auch haben Sie seine **Erklärungspflichten** gegenüber dem Finanzamt wahrzunehmen.

Nicht selten werden **Nachzahlungen** an **Einkommensteuer** und → **Vermögensteuer** auf Sie zukommen. Diese können nicht nur das Todesjahr und das vorhergehende Jahr, sondern auch weiter **zurückliegende Jahre** betreffen.

Kreditinstitute, Notare und Versicherungen haben bei Todesfällen den **Erbschaftsteuerstellen** der Finanzämter Mitteilung über die vorhandenen Geld- und Wertpapierbestände zu machen.

Ab einem bestimmten Reinwert des vererbten Vermögens bzw. Kapitalvermögens fertigen die Erbschaftsteuerstellen Kontrollmitteilungen für die **Veranlagungsstellen**.

Auf diese Weise kann überprüft werden, ob der Erblasser in seinen Steuererklärungen zutreffende Angaben über die Höhe der **Kapitaleinkünfte** gemacht hat bzw. ob er überhaupt Steuererklärungen abgegeben hat.

Bei **leichtfertiger Steuerverkürzung** rollt das Finanzamt die letzten fünf Jahre auf. **Steuerhinterziehung** führt zu einer Änderung gleich für die letzten zehn Jahre. Außerdem kommen bei Steuerhinterziehung pro Hinterziehungsjahr **6 Prozent Hinterziehungszinsen** (monatlich 0,5 Prozent) hinzu.

Auf diese Weise kann zum Nachzahlungsbetrag noch einmal rund die Hälfte an Zinsen dazukommen.

Sind **mehrere Erben** vorhanden, kann es empfehlenswert sein, Bargeld und Wertpapierbestände erst dann endgültig zu verteilen, wenn feststeht, was von seiten des Fiskus an Nachforderungen auf die Erben zukommen könnte.

Durch Erlaß vom 25. März 1998 (BStBl 1998, Teil I, Seite 357) hat der Bundesminister der Finanzen festgelegt, daß ab einem **Reinwert von mehr als 500 000 DM** oder einem zum Nachlaß gehörenden **Kapitalvermögen von mehr als 100 000 DM** Kontrollmitteilungen für die Steuerakten des Erblassers zu fertigen sind.

Nach einer Verfügung der OFD Köln vom 6. Mai 1994 (S 2004 – 8 – St 122 a) ist eine rechnerische Aufteilung von Zinsen zwischen dem Erblasser und den Erben im Todesjahr nicht vorzunehmen.

Häufig werden Wertpapierdepots liquidiert, um die Miterben auszahlen zu können. Dann stellt sich die Frage nach der **Spekulationssteuer**.

Für die Berechnung der **Jahresfrist** ist nicht der Tag des Erbanfalls maßgebend, sondern der **Zeitpunkt des Erwerbs durch den Rechtsvorgänger**.

Folgerung: Hat der Erblasser Aktien vor mehr als einem Jahr gekauft, können sie nach seinem Tod jederzeit veräußert werden, ohne daß Spekulationssteuer anfällt. Erfolgte die Anschaffung dagegen beispielsweise erst zwei Monate vor dem Tod, gelten die Grundsätze, die Sie in den Ausführungen zur Spekulationssteuer nachlesen können.

Der **persönliche Freibetrag** beim Erbübergang von Eltern auf Kinder (oder auch bei Schenkung) ist rückwirkend ab 1. Januar 1996 von 90 000 DM auf 400 000 DM angehoben worden. Er gilt für jedes Kind. Bei vier Kindern kann **jeder** Elternteil mithin 1,6 Millionen DM schenkung- bzw. erbschaftsteuerfrei an die Kinder weitergeben.

Aktien und andere Wertpapiere sind mit dem **Kurswert** am Todestag in der Erbschaftsteuererklärung anzugeben.

Über die Steuerklassen und Freibeträge informiert Sie die **Tabelle** auf den folgenden Seiten. Sind die Freibeträge überschritten, können Sie die Höhe von Erbschaftsteuer und Schenkungssteuer der **Grafik** auf Seite 87 entnehmen. Erbschaftsteuer und Schenkungsteuer sind steuerlich übrigens identisch.

Steuerklassen und Freibeträge

Steuerklasse	Personenkreis	Persönliche Freibeträge	Versorgungsfreibeträge	Freibeträge für besondere Vermögensgegenstände
I	1. der Ehegatte	600 000 DM	500 000 DM[1]	Hausrat einschließlich Wäsche und Kleidungsstücke, soweit der Wert 80 000 DM nicht übersteigt. andere bewegliche körperliche Gegenstände, wie z. B. Schmuck, soweit der Wert insgesamt 20 000 DM nicht übersteigt. Diese Freibeträge werden nicht für Gegenstände gewährt, die zum land- und forstwirtschaftlichen Grund- oder Betriebsvermögen gehören. Ferner nicht für Zahlungsmittel, Wertpapiere, Münzen, Edelmetalle, Edelsteine und Perlen. Dies gilt auch für die Steuerklassen II und III.
	2. die Kinder und Stiefkinder	400 000 DM	100 000 DM bei einem Alter bis zu 5 Jahren 80 000 DM bei einem Alter von 5 bis 10 Jahren 60 000 DM bei einem Alter von 10 bis 15 Jahren 40 000 DM bei einem Alter von 15 bis 20 Jahren 20 000 DM bei einem Alter von 20 bis 27 Jahren	
	3. die Enkel, die anstelle **bereits vorverstorbener** Eltern Vermögen von Großeltern erwerben			
	4. übrige Enkel, Urenkel und weitere Abkömmlinge in gerader Linie	100 000 DM	–	
	5. die Eltern und Voreltern bei **Erwerben von Todes wegen**			

Steuerklasse	Personenkreis	Persönliche Freibeträge	Versorgungsfreibeträge	Freibeträge für besondere Vermögensgegenstände
II	1. die Eltern und Voreltern **bei Schenkungen** 2. die Geschwister 3. die Neffen und Nichten 4. die Stiefeltern 5. die Schwiegereltern 6. die Schwiegerkinder 7. der geschiedene Ehegatte	20 000 DM	–	Hausrat einschließlich Wäsche und Kleidungsstücke und andere körperliche Gegenstände, soweit der Wert insgesamt 20 000 DM nicht übersteigt.
III	1. alle übrigen Erwerber 2. Zweckzuwendungen 3. auch der Partner einer eheähnlichen Lebensgemeinschaft	10 000 DM	–	Hausrat einschließlich Wäsche und Kleidungsstücke und andere bewegliche Gegenstände, soweit der Wert insgesamt 20 000 DM nicht übersteigt.

1) Der zusätzliche Versorgungsfreibetrag bei Erwerb von Todes wegen wird gekürzt, wenn dem Ehegatten aus Anlaß des Todes des Erblassers nicht der Erbschaftsteuer unterliegende Versorgungsbezüge zustehen. Kürzungsbetrag ist der Kapitalwert der Versorgungsbezüge.
Als solche Versorgungsbezüge bzw. vertraglich vereinbarte Hinterbliebenenbezüge aus dem Arbeitsverhältnis des Erblassers gelten: Bezüge aus Sozialversicherung, Beamtenrecht, berufsständischer Pflichtversicherung; Betriebsrente und andere privatrechtliche Versorgungsbezüge.

Beispiel:
Ein Ehepaar besitzt ein Haus mit einem Steuerwert von 300 000 DM und außerdem 500 000 DM an Wertpapieren und Sparguthaben. Unterstellen wir ferner, daß die Ehepartner ein Berliner Testament auf den Längstlebenden

Wert des Erbes bis einschl. ... (in Mill. DM)	Vomhundertsatz in der Steuerklasse		
	I	II	III
0,1	7	12	17
0,5	11	17	23
1,0	15	22	29
10,0	19	27	35
25,0	23	32	41
50,0	28	37	47
> 50,0	30	40	50

© Handelsblatt-Grafik

verfaßt haben und zwei erbberechtigte Kinder aus der Ehe hervorgegangen sind. Das Vermögen gehört jedem Ehegatten zur Hälfte. Bei diesen Familienverhältnissen und dieser Gestaltung der Erbfolge würden die Freibeträge nach dem neuen, ab 1. Januar 1996 (rückwirkend) geltenden Erbschaftsteuerrecht optimal ausgenutzt.

Verstirbt ein Ehepartner und hat das Gesamtvermögen von **800 000 DM** jedem der Ehegatten je zur Hälfte gehört, so fällt dem Überlebenden die Hälfte von **400 000 DM** steuerfrei zu. Der für Ehegatten gültige Freibetrag von **600 000 DM** ist nicht überstiegen. Verstirbt nun auch der überlebende Elternteil und ist das Familienvermögen in bisheriger Höhe von **800 000 DM** noch vorhanden, so erbt jedes der beiden Kinder **400 000 DM.** Dies ist genau der Freibetrag, der bei Vermögensübergängen von Eltern auf Kinder steuerfrei bleibt.

Unser Beispiel zeigt, daß auch nach neuem Erbschaftsteuerrecht ein relativ hohes Vermögen durch zwei Generationen hindurch vererbt werden kann, ohne daß nur eine einzige Mark Erbschaftsteuer fällig wird. Wegen der deutlich erhöhten Freibeträge werden durch das neue Recht **Aktionäre** sogar bessergestellt. Aktien sind, wie bereits gesagt, mit dem Kurswert anzusetzen, während **Eigentümer von Immobilien** nicht mehr – wie bisher – nur 140 Prozent des Einheitswerts anzusetzen haben, sondern einen Wert, der dem Verkehrswert angenähert ist.

ESAEG

Hierbei handelt es sich um das **Einlagensicherungs- und Anlegerentschädigungsgesetz** vom 16. Juli 1998.

Durch das Gesetz können geschädigte Anleger von offizieller Stelle zumindest teilweise entschädigt werden. Die maximale Entschädigung beträgt 90 Prozent und 20 000 Euro. Als weitere Voraussetzung kommt hinzu, daß die verlorengegangenen Einlagen auf die Währung eines Staates des europäischen Wirtschaftsraums oder auf ECU oder Euro lauten müssen. Einlagen auf US-Dollar, Franken oder Yen werden im Verlustfall nicht ersetzt.

Ein weiteres Handicap: Nur wenn die Kapitalfirmen in den Feuerwehrfonds eingezahlt haben, ist eine Entschädigung zu erwarten. Einzahlungen können nur dann erfolgen, wenn eine Lizenz des **Bundesaufsichtsamts Finanzdienstleistungen** erteilt war. Es kommt vor, daß auch unseriöse Finanzdienstleister in den Topf einzahlen, so daß im Insolvenzfall eine Anfrage an die Berliner **Entschädigungsstelle** der **Wertpapierhandelsunternehmen** (EdW) ratsam sein kann (Berliner Aufsichtsamt für das Kreditwesen).

EURIBOR

Die nationalen Referenzzinssätze sind zum 1. Januar 1999 durch den **EURIBOR** (Euro Interbank Offered Rate) abgelöst worden. Somit ist auch der deutsche **FIBOR** (Frankfurt Interbank Offered Rate) weggefallen. 57 europäische Banken – darunter 12 deutsche – stellen den EURIBOR europaweit fest.

Eurobonds

Im Euro-Kapitalmarkt werden längerfristige Anlagewerte gehandelt. **Eurobonds** sind Euro-Anleihen, also internationale Anleihen. Sie lauten auf verschiedene internationale Währungen.

Es handelt sich um **Währungsanleihen**, die nicht in D-Mark, sondern in fremden Währungen notieren. Eurobonds werden auf dem **Euro-Kapitalmarkt** gehandelt, der, genauso wie der **Euro-Geldmarkt**, zum **Euromarkt** gehört.

Bei Eurobonds handelt es sich um langfristige **Ausleihungen**, die meist mit gestaffelten Rückzahlungen zwischen 8 und 15 Jahren laufen. Für Bonds ist auch der Ausdruck **Debentures** gebräuchlich.

European Style

Der Begriff wird bei der Ausstattung von Optionsscheinen verwendet (vgl. → **American Style**).

Euro STOXX 50

Dieser Index ist das europäische Gegenstück zum deutschen Aktienindex **DAX**. Vgl. auch Schema → **STOXX**. Genauso wie der DAX ist auch der Euro STOXX ein sogenannter **Performance-Index**. Dies bedeutet, daß bei der Berechnung unterstellt ist, daß alle Dividenden und Bezugsrechte wieder in die betreffende Aktie investiert werden.

DOW JONES EURO STOXX 50

52 Wochen Hoch	52 Wochen Tief	Börsenwert in Mrd. Euro	Gewicht im Euro Stoxx 50 (Prozent)	Gewinn je Aktie in Euro 1998	1999 s	2000 s	Kurs/Gewinn-Verhältnis 1999	2000	Name	Land	Branche	Kurse in Euro am 27.09.99	Kursänderung in Prozent seit Vortag	31.12.98 Basis: 13 bis 14.30 h	Dividendenrendite
23,45	12,61	31,18	1,63	1,18	1,75	2,02	12,26	10,58	**ABN-Amro**	NL	Bank	**21,40**	-0,70	19,39	2,69
110,95	59,85	53,13	2,78	2,16	2,49	3,08	32,45	26,23	**Aegon**	NL	Versicherung	**80,80**	0,44	-22,79	1,25
38,55	23,85	20,25	1,06	0,93	1,16	1,39	27,81	23,23	**Ahold**	NL	Nicht-zykl. Konsumgüter	**32,20**	-0,31	2,25	1,13
160,00	120,61	12,05	0,63	6,24	6,61	7,08	22,09	20,64	**Air Liquide**	F	Chemie	**146,10**	-0,81	-6,51	1,63
149,40	68,16	25,73	1,35	13,14	4,47	6,18	28,97	20,95	**Alcatel**	F	Technologie	**129,50**	-0,77	24,18	1,76
349,40	217,04	66,13	3,46	7,58	8,32	9,11	32,45	29,64	**Allianz**	D	Versicherung	**270,00**	-0,92	-14,83	0,41
40,17	25,22	32,37	1,69	0,64	0,78	0,94	40,45	33,56	**Assicurazioni Generali**	I	Versicherung	**31,55**	0,64	-11,46	0,70
134,60	65,92	41,23	2,16	4,20	4,90	5,70	23,86	20,51	**Axa Uap**	F	Versicherung	**116,90**	0,78	-5,34	1,45
14,85	8,03	26,52	1,39	0,77	0,86	1,04	14,56	12,02	**Banco Bilbao Vizcaya**	E	Bank	**12,55**	1,62	-6,15	1,79
10,75	5,42	36,31	1,90	0,42	0,58	0,68	17,09	14,54	**Banco Santander**	E	Bank	**9,90**	1,02	16,82	1,91
45,00	29,81	26,66	1,39	2,72	2,10	2,96	19,93	14,11	**BASF**	D	Chemie	**41,80**	0,72	28,64	2,69
43,55	30,17	27,21	1,42	2,21	2,10	2,31	17,72	16,10	**Bayer**	D	Chemie	**37,25**	0,81	4,15	2,74
77,97	48,10	22,65	1,18	4,47	1,70	2,41	33,82	23,86	**Bayr. Hypo-Vereinsbank**	D	Bank	**57,40**	0,17	-14,82	1,42
160,00	85,66	33,98	1,78	2,91	3,29	3,83	44,33	38,11	**Carrefour**	F	Einzelhandel	**145,80**	2,17	35,98	0,90
5,83	2,90	22,49	1,18	0,17	0,21	0,30	22,15	15,46	**Unicredito Italiano**	I	Bank	**4,63**	0,00	-8,15	1,29
94,75	55,73	67,46	3,53	5,57	6,17	6,46	10,78	10,31	**Daimler-Chrysler**	D	Automobile	**66,55**	2,78	-21,35	3,53
67,42	39,11	37,61	1,97	3,10	3,22	3,64	19,06	16,85	**Deutsche Bank**	D	Bank	**61,41**	0,20	25,09	1,78
44,90	21,99	119,06	6,22	0,82	0,84	1,10	47,05	35,68	**Deutsche Telekom**	D	Telekommunikation	**39,30**	-0,51	40,39	1,56
46,90	26,59	24,93	1,30	1,19	1,71	2,25	26,62	20,30	**Dresdner Bank**	D	Bank	**45,59**	-1,68	27,75	1,74
415,60	283,90	18,57	0,97	14,40	15,30	16,18	22,28	21,07	**Electrabel**	B	Versorger	**340,90**	0,98	-8,93	3,13
188,40	91,30	46,48	2,43	2,12	6,02	6,84	27,88	24,55	**Elf Aquitaine**	F	Energie	**167,90**	1,02	70,48	1,46
25,21	17,83	19,05	1,00	0,82	1,11	1,38	16,21	13,04	**Endesa**	E	Versorger	**17,99**	0,73	-20,39	3,06
6,27	4,61	47,04	2,46	0,36	0,32	0,41	18,13	14,23	**Eni**	I	Energie	**5,88**	-1,01	4,96	2,64
38,25	19,56	22,35	1,17	1,50	1,60	2,00	19,48	15,59	**Fortis**	B	Finanzdienstleister	**31,17**	-0,10	-9,10	1,92
86,80	50,55	81,41	4,26	2,30	2,68	3,09	29,69	25,74	**France Télécom**	F	Telekommunikation	**79,45**	-0,19	17,37	1,26

59,05	31,39	48,06	2,51	2,80	3,10	3,20	16,39	15,88	**ING Groep**	NL	Finanzdienstleister	**50,80**	0,69	-2,23	2,36
53,80	25,21	20,33	1,06	1,95	1,95	2,23	21,81	19,08	**Kon. PTT Nederland**	NL	Telekommunikation	**42,50**	-1,28	-0,37	2,40
691,00	361,43	40,60	2,12	10,33	11,49	13,38	52,27	44,87	**L'Oréal**	F	Nicht-zykl. Konsumgüter	**600,50**	-0,50	-2,50	0,47
297,00	100,49	27,91	1,46	5,48	7,08	8,30	40,25	34,34	**LVMH Moët Hennessy**	F	Konglomerate	**285,00**	0,04	85,94	1,19
159,40	57,88	57,39	3,00	1,90	2,05	2,37	71,73	62,14	**Mannesmann**	D	Investitionsgüter	**147,20**	-0,20	49,36	0,42
76,70	49,01	15,37	0,80	1,69	1,83	1,98	27,61	25,58	**Metro**	D	Einzelhandel	**50,60**	1,00	-24,45	2,02
229,90	158,90	34,63	1,81	2,63	2,88	3,22	66,84	59,78	**Münchner Rück**	D	Versicherung	**192,50**	-1,03	-7,61	0,48
95,39	25,27	103,07	5,39	1,49	1,94	2,29	43,81	37,12	**Nokia**	FIN	Technologie	**85,00**	0,79	63,03	0,10
118,00	41,48	17,42	0,91	5,48	10,82	10,03	9,95	10,74	**Paribas**	F	Finanzdienstleister	**107,70**	0,65	45,45	2,29
108,05	38,61	30,09	1,57	1,90	4,41	6,81	21,39	13,85	**Philips Electronics**	NL	Technologie	**94,35**	-0,42	59,81	1,06
20,75	11,67	22,64	1,18	0,97	1,24	1,31	15,31	14,53	**Repsol**	E	Energie	**19,06**	0,21	25,69	2,30
50,45	30,21	16,93	0,89	1,75	2,72	3,14	16,76	14,48	**Rhône-Poulenc**	F	Pharma	**45,50**	-0,28	3,77	1,19
63,40	35,35	119,87	6,27	1,30	1,84	2,19	30,36	25,49	**Royal Dutch Petroleum**	NL	Energie	**55,90**	0,54	31,75	1,98
50,20	36,00	19,39	1,01	1,84	1,98	2,33	20,73	17,60	**RWE**	D	Versorger	**41,00**	0,00	-12,84	2,24
189,50	99,72	14,70	0,77	9,93	11,59	13,50	14,57	12,51	**Saint-Gobain**	F	Bau	**168,90**	-0,06	40,41	1,89
45,15	28,78	29,06	1,52	0,68	0,83	1,01	47,81	39,47	**Sanofi-Synthelabo**	F	Pharma	**39,76**	-0,60	13,39	0,63
85,60	40,14	47,89	2,50	2,24	3,25	3,32	24,77	24,26	**Siemens**	D	Technologie	**80,50**	0,00	43,78	0,95
200,50	81,73	19,77	1,03	8,89	19,49	17,12	9,75	11,10	**Société Générale**	F	Bank	**190,10**	-0,21	37,78	1,97
193,90	129,02	23,68	1,24	7,90	7,99	8,88	19,58	17,61	**Suez Lyonnaise des Eaux**	F	Versorger	**156,40**	-0,45	-10,64	1,73
11,21	4,56	47,09	2,46	0,28	0,29	0,37	31,06	24,34	**Telecom Italia**	I	Telekommunikation	**8,96**	-2,61	23,05	1,30
16,28	9,68	47,95	2,51	0,42	0,64	0,71	23,42	21,19	**Telefonica de España**	E	Telekommunikation	**14,99**	-0,79	18,58	1,33
134,50	83,09	41,06	2,15	k.a.	4,64	4,94	25,32	23,77	**Total-Fina**	F	Energie	**117,50**	1,29	k.a.	k.a.
74,00	50,48	38,18	2,00	2,58	2,67	3,07	25,02	21,75	**Unilever**	NL	Nahrungsmittel	**66,80**	1,21	-8,28	1,71
62,95	41,26	28,03	1,47	2,44	2,52	2,93	22,12	19,04	**Veba**	D	Konglomerate	**55,75**	7,63	10,47	1,93
85,92	50,55	40,17	2,10	2,96	3,07	3,53	22,19	19,33	**Vivendi**	F	Versorger	**68,20**	0,74	-5,74	4,03
3971,84	2419,23	1913,12	100,00						**Dow Jones EURO STOXX 50 (Preisindex)**			**3702,94**	0,09	10,79	
4956,04	2985,74	1913,12	100,00	166,79	191,31	221,59	24,12	20,82	**Dow Jones EURO STOXX 50 (Performanceindex)**			**4613,61**	-1,64	11,75	1,62

Quelle: Deutsche Bank/»FAZ«

Euwax
An der Stuttgarter Börse ist im **Freiverkehrsmarkt** Mitte 1999 ein neues Marktsegment eröffnet worden.

Es handelt sich um die **European Warrant Exchange**. Dies ist der englische Ausdruck für die neue **Optionsscheinbörse**.

Bundesweit werden über 9000 Optionsscheine **(Warrants)** gehandelt. Mehr als 8000 davon sind in Stuttgart notiert.

Exoten
Dieser Ausdruck war früher generell für die Anleihen ausländischer Emittenten gebräuchlich.

Heute versteht man darunter die Anleihen kapitalschwacher Länder, deren Bonität nicht immer als gesichert gelten kann.

Expiration-Termin
Optionsscheine (s. dort) haben von vornherein festgelegte **Verfallstermine**. Bei **Indexoptionsscheinen** nennt man sie **Expiration-Termin**.

F

Fait accompli

Die Börsenkurse werden von einem Ereignis, das man erwartet, beispielsweise einer Diskontsatzsenkung oder einer kriegerischen Auseinandersetzung, meist nur im Vorfeld berührt.

Ist das Ereignis erst eingetreten (**Fait accompli**), ziehen, wie es insbesondere beim Golfkrieg zu beobachten war, die vorher gedrückten Kurse wieder an.

Umgekehrt geht die Kursphantasie oft verloren, wenn der Zentralbankrat tatsächlich die erwartete Rücknahme des Diskontsatzes beschlossen hat.

Fed Funds

Darunter versteht man Titel der **amerikanischen Notenbank**. Es handelt sich um kurzfristiges Geld, dessen Zins die US-Notenbank festlegt. Dabei bedient sie sich der Geldzuflüsse und -abflüsse.

Im Gegensatz zum deutschen Diskontsatz ist der Zins für **Fed Funds** nicht starr. Er kann sich täglich ändern, aber die US-Notenbank sorgt dafür, daß er sich auf einem bestimmten Level hält.

Fed Funds sind das kurzfristige Geld, mit dem sich die Banken »über Nacht« versorgen.

Hebt die US-Notenbank den Zins für Fed Funds an, so hat dies meist gravierende Auswirkungen nicht nur auf die Anlagemärkte, sondern auch auf die Kurse der Aktien. Daher stammt der Spruch **»Do not fight the Fed«**: Man soll sich nicht gegen die Notenbank-Politik stellen. Dies wäre meist unklug. Klüger ist es, seine Entscheidungen auf dem Kapitalmarkt analog zu den Entscheidungen der Notenbank zu treffen.

Fibor-Future

Im März 1994 wurde an der **Deutschen Terminbörse** ein neues Finanzprodukt eingeführt, das sich **Fibor-Future** nennt.

Es handelt sich um einen **Terminkontrakt**, der auf den **Dreimonatsgeldern** basiert, die unter Frankfurter Banken gehandelt werden (Fibor = **F**rankfurt **i**nter**b**ank **o**ffered **r**ate).

Fiktive Quellensteuer

Die Gelegenheiten, bei denen man vom Finanzamt etwas geschenkt bekommt, sind bekanntermaßen selten. Dennoch: es gibt sie.

Ich spreche von der **anrechenbaren Quellensteuer**, die manchen Anleihen von **entwicklungsbedürftigen Ländern** beigegeben ist. Unser Natopartner Griechenland gehört genauso dazu wie das EU-Mitglied Portugal.

Die Quellensteuer auf solche begünstigten Anleihen brauchen Sie im Anleihe-Land überhaupt nicht hintenzulassen. Dennoch wird sie Ihnen bei der Einkommensteuerveranlagung wie bezahlte Lohnsteuer oder Kapitalertragsteuer angerechnet.

Am besten verdeutlichen wir uns dies an der unter der Wertpapier-Kennummer 410910 in 1993 ausgegebenen Portugal-Anleihe, die bis zum Jahr 2003 läuft. In 1995, als ich sie erstmals zum Kauf empfahl, notierte sie zu einem Kurs von ungefähr 96 Prozent, Ende 1996 schon zu 108,50 Prozent. Sie ist mit einem Zinssatz von 7,125 Prozent ausgestattet.

Aber zu der ansehnlichen Rendite kommt eben noch jene **fiktive Quellensteuer** hinzu. Sie beträgt bei **Portugal** exakt **15 Prozent**.

Wenn Sie 100000 DM der besagten Anleihe zeichnen, dürfen Sie sich zunächst einmal über 7125 DM jährliche Zinsen freuen. 15 Prozent fiktive Quellensteuer davon machen genau 1069 DM aus, so daß der Staat

Portugal und Ihr deutsches Finanzamt zunächst schon mal für 8194 DM gut sind.

Ein steuerfreier Kursgewinn von rund 4 Prozent kam bei einem Kauf in 1995 noch hinzu, denn im Jahr 2003 wird die Anleihe natürlich zu 100 Prozent eingelöst.

Durch das Mißbrauchsbekämpfungsgesetz von 1994 ist zwar der Abzug bezahlter fiktiver Quellensteuer beim **Gesamtbetrag der Einkünfte** abgeschafft worden. Nach wie vor besteht jedoch die für den Durchschnittsanleger vorteilhafte Möglichkeit, auf die **Einkommensteuerschuld** direkt die fiktive Quellensteuer anzurechnen.

Auch bei weiteren Ländern haben es **Doppelbesteuerungsabkommen** möglich gemacht, fiktive Quellensteuer anzurechnen. Beispielsweise bei **Indien** und **China**.

Die internationale Bonität, das sogenannte **rating**, von Indien ist bei weitem nicht so gut wie die des Nato-Partners Portugal. Noch schlechter steht es in dieser Beziehung mit den Anleihen mancher südamerikanischer Staaten. Obgleich diese Anleihen auf D-Mark lauten (**DM-Auslandsanleihen**), ist das Risiko zum Beispiel nach dem Währungsverfall in Mexiko nicht mehr ganz überschaubar. Darüber können auch manche zweistellige **Bruttovergleichsrenditen** nicht hinwegtäuschen. Vor einigen Jahren hatte Brasilien sogar Probleme, seine Zinsen auf Staatsanleihen zu bezahlen.

Auch die **Türkei** sowie **Korea, China, Malaysia** und **Griechenland** haben aufgrund von Doppelbesteuerungsabkommen mit Deutschland Anleihen herausgebracht, die eine Anrechnung fiktiver Quellensteuer erlauben.

Bitte beachten: Bei den beschriebenen anrechenbaren Quellensteuern handelt es sich nicht um die **deutsche Quellensteuer** von 1989 und auch nicht um die **deutsche Zinsabschlagsteuer**, die seit 1993 erhoben wird, sondern um **ausländische** Quellensteuern (s. auch → **Quellensteuer, ausländische**; vgl. hierzu auch die Tabellen auf den Seiten 96f. und 196.

Bei welchen Ländern gibt es eine Anrechnung fiktiver Quellensteuer?

(Prozentsatz der Anrechnung vom Bruttobetrag)

Land	Dividenden	Zinsen
Ägypten	(5), (7)	(5)
Argentinien	20%	15%
Brasilien	20% (7)	20%
China	10%	15%
Ecuador	–	20% (7)
Elfenbeinküste	15% (7)	15%
Griechenland	–	10%
Indien	15% (1)	15% (1)
Indonesien	–	10%
Iran	(2)	–
Irland	18%	–
Israel	25% (7)	15%
Jamaika	15% (6)	12,5% (6)
Kenia	15%	15%
Korea	20% (7)	20%
Liberia	–	10%
Malaysia	18%	15%
Malta	20% (3)	10%
Marokko	15%	10% (4)
Mauritius	(5), (7)	–
Pakistan	–	(5)
Philippinen	20%	15%
Portugal	15% (7)	15%
Singapur	–	10%
Sri Lanka	20%	15% (5)
Trinidad und Tobago	20% (6)	15% (6)
Türkei	10%	10%
Tunesien	15%	10%
Uruguay	–	20%
Zypern	15%	10%

Anmerkungen:

Die fiktive Quellensteueranrechnung ist i. d. R. nur möglich, wenn die Dividenden oder Zinsen in dem jeweiligen Staat aufgrund besonderer Vorschriften – oft zwecks Förderung der Wirtschaft – steuerbefreit oder begünstigt sind.

① Mindestens 50% der deutschen Steuer.

② Anrechenbar ist die normale iranische Steuer, die ohne die gewährte Steuervergünstigung zu zahlen wäre, höchstens 20%.

③ In Jahren, in denen die ausschüttende Gesellschaft Vergünstigungen zur Unterstützung der Industrie erhält: Differenzbetrag zwischen normaler maltesischer Steuer (35%) und 15%.

④ 16%, wenn Zinsen von bestimmten, im Schlußprotokoll zum DBA genannten marokkanischen Einrichtungen gezahlt werden.

⑤ Anrechenbar ist die normale Steuer des Quellenstaates, die ohne die im Quellenstaat gewährte Steuerbefreiung zu zahlen wäre, bis zur Höhe des nach DBA maximal zulässigen Satzes.

⑥ Maximal die Quellensteuer, die ohne die im Quellenstaat gewährte Steuervergünstigung zu zahlen wäre.

⑦ Es besteht ein Aktivitätsvorbehalt.

Profitables Angebot

Konditionen ausgewählter DM-Anleihen mit Quellensteuergutschrift

Zins (Prozent)	Schuldner	Rating[1]	Quellensteuer[2]	Fälligkeit	Kurs	Rendite (Prozent)	Nettorendite[3]	Wertpapier-Kenn-Nummer
8,00	**Brasilien**	BB–	**20**	26. 2. 2007	96,50	8,56	**6,11**	189750
7,50	**Samsung**	–[4]	**20**	24. 3. 2000	96,00	9,58	**7,25**	128010
5,375	**Samsung**	–[4]	**20**	16. 12. 2001	87,00	9,49	**7,72**	135303
9,00	**Argentinien**	BB	**15**	19. 9. 2003	106,00	7,64	**4,62**	134090
7,00	**Argentinien**	BB	**15**	18. 3. 2004	96, 70	7,68	**5,18**	190430
8,50	**Argentinien**	BB	**15**	23. 3. 2005	101,50	8,21	**5,26**	135475
5,00	**China**	BBB+	**15**	26. 6. 2002	97,00	5,77	**3,99**	193430
7,125	**Portugal**	AA–	**15**	2. 7. 2003	110,50	4,88	**2,55**	410910
8,00	**Türkei**	B	**10**	4. 9. 2000	103,75	6,39	**3,28**	133865
7,50	**Türkei**	B	**10**	14. 2. 2001	102,90	6,43	**3,49**	131210
7,625	**Türkei**	B	**10**	5. 12. 2001	102,90	6,75	**3,76**	135175
8,75	**Türkei**	B	**10**	9. 7. 2003	104,50	7,70	**4,30**	411160
7,75	**Türkei**	B	**10**	17. 2. 2004	100,60	7,62	**4,53**	189670
Zum Vergleich:								
6,00	**Deutschland II**	AAA	**0**	4. 7. 2007	106,63	5,0910	**2,28**	133503

[1]Quelle: Standard & Poor's; [2]fiktiver Quellensteuersatz in Prozent;
[3]nach 50 Prozent Einkommensteuer; [4]Neubewertung steht an, derzeit meiden

Bei der rot-grünen Bundesregierung gibt es Bestrebungen, die **Doppelbesteuerungsabkommen** dahingehend zu ändern, daß die fiktiven Quellensteuern entfallen.

Die Bundesregierung verhandelt seit einiger Zeit z. B. mit Südkorea und Portugal, um über neue **Doppelbesteuerungsabkommen** die fiktive Quellensteuer generell abzuschaffen.

Fill-or-Kill

Hier handelt es sich um die Komplettausführung oder Streichung eines Auftrags im **XETRA-Handel**.

Financial Future

Finanz-Termin-Kontrakte, wie sie seit Herbst 1990 an der **Deutschen Terminbörse** gehandelt werden, bezeichnet man als Financial Futures.

Dazu gehören der **Index-Future** auf den → **DAX** und die **Zins-Futures** → **Bund-Future**, → **Bobl-Future**, → **Buxl-Future** sowie der → **Fibor-Future**.

Vgl. auch Schema → **Futures**.

Finanzinnovationen

Das **Zinsabschlagsteuergesetz** brachte nicht nur 1993 einen 30prozentigen Zinsabschlag für Kapitalerträge, sondern in seinem Schlepptau auch eine Reihe von **Finanzinnovationen**, mit denen die Kreditinstitute ihren Kunden einen Weg am Zinsabschlag vorbei zeigen wollten.

Es ist kaum möglich, alle Produkte der Finanz-Designer erschöpfend aufzuzählen. Die wesentlichsten sollen hier genannt sein. Unter dem jeweiligen Stichwort können Sie nachlesen, wie sie funktionieren:

Kombizinsanleihen
Gleitzinsanleihen
Festzinsanleihen mit getrennt handelbaren Zinsscheinen
Capped warrants
Range warrants
Grois
Giros
Saros
Mega-Zertifikate
Iglus
Clous

Der Bundesfinanzminister hat mit Schreiben vom 30. April 1993 (IV B4 – S 2252 – 480/93; BStBl, Teil I, S. 343) den ersten Versuch gestartet, die wie auch immer gearteten Erträge aus den genannten Finanzinnovationen steuerlich in den Griff zu kriegen.

Nach dem genannten Erlaß gehören Zinsen, Entgelte und Vorteile unabhängig von ihrer Bezeichnung und zivilrechtlichen Gestaltung wirtschaftlich zu den **Einkünften aus Kapitalvermögen**.

Diese bundeseinheitliche Regelung galt schon 1993. Mit Gültigkeit ab 1994 kam dann das **Mißbrauchsbekämpfungs- und Steuerbereinigungsgesetz (StMBG)** hinzu. Es ist im Bundessteuerblatt 1994 veröffentlicht (Teil I, S. 50).

Das neugeschaffene Gesetz befaßt sich insbesondere mit den Finanzinnovationen, die meistens den **abgezinsten Papieren** oder **Zerobonds** ähnlich sind.

Wie bei den Zerobonds wird bei vorzeitiger Veräußerung im Normalfall die zeitanteilige **Emissionsrendite** erfaßt.

Auch die Veräußerungen und Einlösungen **getrennt handelbarer Zinsscheine** führen zu Kapitalerträgen.

An die Stelle der anteiligen **Emissionsrendite**, bei der Kursgewinne und Kursverluste wegen Änderung des

Wie wird die Zinsabschlagsteuer bei Finanzinnovationen und konventionellen Anlagen berechnet?

Anlageform	Ausprägung	ESt-Erfassung	ZASt auf
1. Konventionelle Anleihen mit – gleich hohen Zinskupons – steuerfreiem Emissionsdisagio – gesonderter Stückzinsberechnung	Festzinsanleihen mit laufender Zinszahlung	1–4 Zinskupons und ggf. Stückzinsen (besitzzeitanteilig)	1–3 Zinskupons und ggf. Stückzinsen nach modifiziertem Nettoprinzip 1) 2)
2. Optionsanleihen nach der Aufgeldvariante – unter den gleichen Voraussetzungen wie 1		1–4 Steuerpflichtige Spekulationsgeschäfte (auch bei inländischen Wertpapieren) – Kauf und Verkauf innerhalb von 6 Monaten – Leerverkäufe	
3. einfache Floater mit – steuerfreiem Emissionsdisagio – gesonderter Stückzinsberechnung	Verzinsung mit Libor oder Fibor identisch (andere s. unter 8)		
4. Klassische Wandelanleihen, Genußscheine und Gewinnobligationen			4 Steuerabzug nur auf Kupons – inl. 25% KESt – ausl. 30/35% ZASt

5. Anleihen (einschl. Optionsanleihen nach der Abgeldvariante) und Kapitalforderungen mit – steuerpflichtigem Emissionsdisagio bzw. – diesen wirtschaftlich gleichgestellten Anlageformen	Zerobonds, Deep-Discount Bonds, aufgezinste Anleihen u. dgl. ungetrennte capped warrants	5–9 a) Emissionsrendite besitzzeitanteilig (soweit bekannt oder existent) oder wahlweise b) Marktrendite (Differenzmethode) 3) bei Zwischenerwerb und Veräußerung bzw. Einlösung	5–8 a) Marktrendite 1) 3) aa) wenn von veräußernder depotführender Stelle ab 1994 erworben einschl. der Depotüberträge (Erbfälle, Schenkungen usw.) innerhalb der gleichen Stelle
6. Marktseitig abgezinste Anleihen	Stripped-Bonds – isoliertes Stammrecht – isolierter Zinsschein beim Zweit- oder Folgeerwerber 4) getrennter range warrant (aus dem Geld)	Etwa vereinnahmte Zinskupons und Stückzinsen sind bei a) enthalten und deshalb von der Emissionsrendite abzuziehen, bei b) zusätzlich zu erfassen	ab) Wahlrecht der Bank, wenn vor 1994 erworben – unter den gleichen Voraussetzungen und – Kaufdaten verfügbar
7. Anleihen mit – flat-Notierung oder Erträgen, die von einem ungewissen Ereignis abhängen bzw. – letzteren wirtschaftlich gleichgestellten Anlageformen	diverse DM- bzw. Fremdwährungsanleihen, Indexanleihen MEGA, GROI, GIRO usw., ungetrennte range warrants, getrennter range warrant (im Geld)	5–9 Steuerpflichtige Spekulationsgeschäfte sind bei a) zusätzlich zu erfassen (s. o.1–4), bei b) gegenstandslos	b) Pauschalbemessungsgrundlage (30% der Einnahmen aus der Veräußerung oder Einlösung) 1) – in allen anderen Fällen

Anlageform	Ausprägung	ESt-Erfassung	ZASt auf
8. Anleihen mit Zinskupons – in unterschiedlicher Höhe oder – für unterschiedlich lange Zeiträume	Kombizinsanleihen, Gleitzinsanleihen, Floater mit festen Zu-/Abschlägen, Reverse Floater, Collared (Mini-Max) Floater, Floater mit Cap u. dgl.		5–8 Zusätzlich ZASt auf Zinskupons und vereinnahmte Stückzinsen nach modifiziertem Nettoprinzip 1)
9. Schuldbuchfähige Wertpapiere des Bundes und der Länder, die nicht für einen marktmäßigen Handel bestimmt sind, auf- oder abgezinste Spareinlagen (Sparbriefe) sowie Schuldscheindarlehen inl. Banken	Bundesschatzbriefe A und B, Finanzierungsschätze u. dgl.		9 vollen Kapitalertrag (Agio, Disagio, »Zinskupon«) bei Fälligkeit oder ggf. vorzeitiger Rückgabe ohne Rücksicht auf Besitzzeit 5) 1)
10. In- und ausländische ausschüttende und thesaurierende Investmentfonds	Investmentfonds, offene Immobilienfonds einschließlich Geldmarkt- und Cash-Fonds	10. – Zwischengewinne aus Veräußerungen (steuerlich noch nicht erfaßte Zinsen, Zinssurrogate und Ansprüche auf derartige Einnahmen) – steuerpflichtige Ausschüttungsbestandteile	10. – Zwischengewinne und ZASt-pfl. Anteil der Ausschüttung nach modifiziertem Nettoprinzip 1) – ZASt-pfl. Anteil aus thesaurierten Einnahmen durch inländische Kapitalanlagegesellschaft

		– thesaurierte Einnahmen zum Geschäftsjahresende jeweils per Saldo besitzzeitanteilig (d. h. nach Abzug der beim Kauf gezahlten Zwischengewinne)	**Besonderheit bei ausländischen thesaurierenden Fonds:** Bei Veräußerung oder Rückgabe ZASt-Pflicht der ab 1994 während der Besitzzeit thesaurierten Erträge, sofern Depotsteile unverändert. Anderenfalls (auch Tafelgeschäft) ZASt-Pflicht unabhängig von Besitzzeit für alle ab 1994 thesaurierten Erträge
11. Sonderfall: – Ausländische Investmentfonds ohne Veröffentlichung der Besteuerungsgrundlagen		10.–11. Steuerpflichtige Spekulationsgeschäfte, ausgenommen Zwischengewinne	
		11. Ausschüttung zzgl. 90% des Wertzuwachses (zwischen 1. und letztem im Kalenderjahr festgesetzten Rücknahmepreis), mindestens 10% des letzten Rücknahmepreises und pauschalierter Zwischengewinn (20% des Rückgabe- oder Veräußerungsentgelts)	11. wie bei ESt

Anlageform	Ausprägung	ESt-Erfassung	ZASt auf
12. Optionsscheine, Warrants, Covered Warrants **Zinsausgleichszertifikate**	auf Aktien, Währungen, Zinsen, Index, Gold u. dgl. getrennte Capped Warrants, Floors, Caps	12. Steuerpflichtige Spekulationsgeschäfte	12. gegenstandslos

Anmerkungen:

1) Modifiziertes Nettoprinzip bedeutet: Die vom Kunden gezahlten Stückzinsen und Zwischengewinne aus Investmentanteilen werden – bezogen auf das jeweilige Kalenderjahr und die depotführende Stelle – ohne konkrete Zuordnung zu den betreffenden Einnahmen mit sämtlichen ZASt-pfl. Wertpapiererträgen (auch solchen aus einer Auf- oder Abzinsung und Finanzinnovationen, ausgenommen Tafelgeschäfte) des Kunden verrechnet und erst danach – ggf. unter Berücksichtigung eines Freistellungslimits – mit ZASt belegt (Topfmodell).
2) Sonderfall **supranationale Organisationen:** Zinsen aus DM- und Währungsanleihen der Weltbank, der Asiatischen Entwicklungsbank, der Internationalen Finanzkorporation (Weltbank-Tochter) sowie Währungsanleihen der Interamerikanischen Entwicklungsbank, die vor dem 24. 9. 1992 gegeben wurden, und DM-Anleihen der Interamerikanischen Entwicklungsbank, die vor dem 4. 11. 1992 emittiert wurden, sind im **Tafelgeschäft** vom Zinsabschlag befreit, sofern die Kupons bei einer Zahlstelle (lt. Anleihebedingungen) der betreffenden Emittentin eingelöst werden. Die Befreiung von der ZASt gilt nicht für Stückzinsen.
3) **Marktrendite** ist der Unterschied zwischen dem Entgelt für den Erwerb und den Einnahmen aus der Veräußerung bzw. Einlösung der Wertpapiere einschließlich eines etwaigen Währungsgewinns/-verlusts. Ist die Marktrendite negativ, entsteht also ein Veräußerungs- oder Einlösungsverlust, ist dieser steuerlich als negative Einnahme einschränkungslos abzugsfähig.
4) Wird der **isolierte Zinsschein** durch den Stammrechtsinhaber (Ersterwerber) veräußert, ist der volle Veräußerungspreis für den Zinsschein einkommen- und ggf. zinsabschlagsteuerpflichtig.
5) Dies gilt grundsätzlich auch für vor 1994 emittierte **marktgängige schuldbuchfähige Titel** des Bundes und der Länder, mit der Abweichung, daß lfd. Zinsen (Kupons) besitzanteilig, also unter Berücksichtigung von Stückzinsen, ZASt-pflichtig sind. Für Emissionen ab 1994 gelten die allgemeinen ZASt-Regeln.

Zinsniveaus außer Betracht bleiben, kann die Versteuerung der **Marktrendite** treten.

Für diesen Fall darf ich auf das ausführliche Berechnungsbeispiel bei → **Zerobonds** verweisen.

Einzelheiten zur Besteuerung der einzelnen Finanzinnovationen können Sie der vorstehenden Tabelle entnehmen (vgl. die Seiten 100–104).

Fixed Maxi Floater

siehe → **Composite Asset.**

Fixed Reverse Floater

Fixed Reverse Floater unterscheiden sich von → **Reverse Floatern** dadurch, daß eine ein- oder zweijährige **Fixzinsphase** vorgeschaltet ist.

Flat-Notierung

Eine **Flat-Notierung** haben Papiere, bei denen die **Stückzinsen** nicht gesondert vom Käufer bezahlt und dem Verkäufer – nach Abzug der Zinsabschlagsteuer – ausgezahlt werden. Die aufgelaufenen Stückzinsen sammeln sich vielmehr im Kurs an, wie das beispielsweise bei **Genußscheinen** der Fall ist.

Floater (Free rate notes)

Anleihen mit **regelmäßiger Zinsanpassung** statt eines starren Zinssatzes während der gesamten Laufzeit sind aus dem angelsächsischen Raum zu uns gekommen. Sie heißen **Floater** bzw. **Free rate notes**.

Ein Börsenrisiko besteht bei den **FRNs** nicht, denn wegen der laufenden Zinsanpassung notieren sie um die 100 Prozent Nominalwert, zu dem sie auch eingelöst werden.

VARIABLER ZINSSATZ

Zins	Laufzeit	Zins-termin	26.10. Kassa	27.10. Kassa	Ratings	
3,1975	ABN Amro Bk. 90/05	22.3.	98,40G	98,40G	Aa3	
2,98038	ABN Amro Bk. 95	3.11.	100,20-T	100,20-T	Aa2	AA
4,625	Air Canada 87UNB.	11.3.	54,60bB	54,60B		
4,5	Argentinien 93/23	30.11.	63,00-T	63,00-T	Ba3	BB
8	Argentinien 98/10I	6.7.	84,15T	84,50T	Ba3	BB
11	Argentinien 98/08II	26.2.	90,50T	90,00T	Ba3	BB
14	Argentinien 98/08	19.11.	101,00-T	101,00-T	Ba3	BB
15	Argentinien 99/08	26.2.	96,75T	96,00T		
14	Argentinien 99/08	26.2.	94,00B	94,00T		
10,5	Arg.Rep.Bds. 96/05	31.3.	91,00	91,00T		
2,90625	Asfinag 90/05	17.12.	100,00-T	100,00-T	Aaa	
3,93188	ASLK-CGER 92/07	25.4.	97,95G	97,95G	A1	
3,57	B-W L-Fin. 89/99II	30.11.	100,00-T	100,00-T	Aaa	
2,82688	Barclays 96/06	17.1.	99,80-T	99,80-T	Aa3	AA
3,09984	Bay. LB 94/99	28.12.	100,00G	100,00G		
10,155	Bay. Verbk. 93/03	17.2.	115,00TG	115,00TG	Aa2	
10,56125	Bay. Verbk. 95/03	16.12.	116,50-T	116,50-T		
9,085	BMW Capital 93/03	7.4.	105,00T	105,00G	A1	
3,37969	BMW Finance 93/03	10.3.	97,50-T	97,00bG	A1	
10	Brasilien 98/08	23.4.	79,60	78,50	B2	B+
3,04275	C.C.C.I. 96/03	11.1.	100,00-T	100,00-T	A1	A+
2,64875	Citibank 96/03	16.11.	100,00-T	100,00-T	Aaa	AAA
	CommerzB.Int.95/00	29.6.	102,20T	102,32T	Aa2	
3,1875	CommerzB.Int.97/01	31.1.	104,00G	104,15	Aa2	
3,39	Commerz.B. 95/00	28.2.	99,85G	99,85G	Aa3	
3,15	Commerz.B. 95/05	28.2.	98,90G	98,85G	Aa3	
3,215	Comp. Banc. 97/02	6.12.	99,70-T	99,70-T	A2	A
2,76113	Comp. Banc. 97/04	17.1.	99,65-T	99,65-T	A2	A
3,59875	CIC Union Eur.96/02	24.1.	99,85G	99,85G	A2	
3,19375	Cred. Agr. 90/00	6.1.	99,35G	99,35G	Aa3	AA-
2,94225	Dänemark 97/01	10.12.	99,75G	99,75G	Aaa	AA+
12,09862	DaimlerChr.Int. 90/00	29.2.	105,50G	105,50	A1	A+
9,95062	DaimlerChr. N.A. 93/03	14.2.	109,00G	109,00G	A1	A+r
3,23563	Dapo Int.Fin. 96/06	7.12.	99,00G	99,00G		
2,6775	Dapo Int.Fin. 98/03	22.11.	99,80G	99,80G	A2	
12,09862	Dt. Bank Fin. 90/00	29.2.	105,40G	105,40G		AA
9,9575	Dt. Finance 93/03 I	18.2.	109,00G	109,00G	Aa3	AA
9,5925	Dt. Finance 93/03 II	16.4.	107,25G	107,25G	Aa3	AA
2,7465	Dt. Finance 94/04	25.11.	99,70G	99,70G		
4,219	Dt. Finance 99/19	4.6.	100,00G	100,00G		
4,65	Dt. Finance 99/29	3.7.	100,00G	100,00G		

In der »F.A.Z.« sind die »Variablen« in einer besonderen Rubrik aufgeführt.

Die Zinsanpassung erfolgt alle drei oder sechs Monate nach dem **LIBOR**. Das ist der in London unter Banken für kurzfristige Forderungen festgesetzte Zinssatz (**London interbank offered rate**). Auch der in Frankfurt unter Banken vereinbarte Zinssatz **(Fibor = Frankfurt interbank offered rate)** kommt für die Zinsanpassung in Frage.

ÖFFENTLICHE ANLEIHEN

Zins		Zinst.	28.10.99	27.10.99	Rend.
Bundesrepublik Deutschland (F)					
6	v. 86II/16	20.06.	104,23 b	103,65 bG	5,595
5,625	v. 86I/16	20.09.	99,60 b	98,95 b	5,659
7,125	v. 89/99	20.12.	100,53 b	100,55 b	3,113
7,25	v. 90/00	20.01.	100,90 b	100,91 b	3,051
7,75	v. 90/00	21.02.	101,37 b	101,39 b	3,135
(FRN)	v. 90/00	06.01.	99,94 b	99,93 b	
8,75	v. 90/00	22.05.	102,88 b	102,88 b	3,414
8,5	v. 90/00	21.08.	103,82 b	103,81 b	3,595
9	v. 90/00	20.10.	105,02 b	105,00 b	3,659
8,875	v. 90/00	20.12.	105,65 b	105,65 b	3,703
9	v. 91/01	22.01.	106,10 b	106,10 b	3,795
8,375	v. 91/01	21.05.	106,45 G	106,43 bG	3,987
8,25	v. 91/01	20.09.	107,39 b	107,29 b	4,094
8	v. 92/02	22.07.	108,97 b	108,82 b	4,419
7,25	v. 92/02	21.10.	107,42 b	107,26 b	4,526
7,125	v. 92/02	20.12.	107,28 b	107,12 b	4,571
6,75	v. 93/03	22.04.	106,60 b	106,48 b	4,632
6,5	v. 93/03	15.07.	105,96 b	105,63 b	4,696
6	v. 93/03	15.09.	104,55 b	104,20 b	4,682
6,25	v. 94/24	04.01.	103,33 b	102,55 b	5,981
6,25	v. 94/24 ex		23,75 -T	23,75 -T	6,124
6,75	v. 94/04	15.07.	107,78 b	107,48 b	4,849
(FRN)	v. 94/04	20.03.	99,37 b	99,39 bB	
7,5	v. 94/04	11.11.	111,10 b	110,82 b	4,952
7,375	v. 95/05	03.01.	110,72 b	110,26 b	4,965
6,875	v. 95/05	12.05.	108,74 b	108,27 b	5,012
6,5	v. 95/05	14.10.	107,43 b	106,88 b	5,023
6	v. 96I/06	05.01.	104,65 b	104,12 b	5,096
6	v. 96II/06	16.02.	104,72 b	104,19 b	5,093

SPEZIAL-INSTITUTE

KfW (F)					
8,75	90/00	15.05.	102,67 G	102,67 G	3,605
8,5	91I/01	30.04.	106,30 b	106,30 b	4,049
8,5	91II/01	01.10.	107,62 G	107,58 b	4,275
8	92/12cum	01.06.	118,00 G	118,00 G	5,919
8	92/12ex		47,50 G	47,50 G	6,086
8	Zsbg93-12		3780,00 G	3780,00 G	
8	92/02	10.06.	108,30 b	108,17 G	4,533
(FRN)	94/04	16.02.	99,20 G	99,10 b	
(FRN)	95/00	06.03.	99,95 G	99,95 G	
6	96/06	09.02.	103,86 b	103,42 G	5,250
5,5	96/03	17.10.	101,95 b	101,70 b	4,944
5,5	97/07	12.03.	100,60 b	99,95 b	5,387
(FRN)	97/02	23.09.	99,65 G	99,65 G	
4	98/00	02.02.	100,05 G	100,03 G	3,692
5	98/09	04.01.	95,95 G	95,20 G	5,569
5,125	98/13	17.06.	92,80 -T	92,80 -T	5,900
4,75	98/10	11.08.	91,50 T	91,50 G	5,827
(FRN)	99/09	29.01.	91,00 G	91,00 G	
(FRN)	99/14	18.06.	91,80 G	91,80 G	
3,875	99/05	28.06.	94,00 -T	94,00 -T	5,111
3,125	99/01	16.07.	98,35 G	98,50 G	4,123
4,5	99/06	03.08.	95,50 b	95,05 b	5,301
4	99/02	03.09.	98,70 G	98,75 b	4,487
5,25	99/10	04.01.	97,00 G	96,58 b	5,639
4,5	99/04	30.9.	97,80 G	97,65 G	5,011

Im »Handelsblatt« tragen sie die Bezeichnung FRN (Free Rate Notes).
Die Kurse und die Zinssätze der »Variablen« sind nicht aktuell. Sie dienen Demonstrationszwecken. Das gilt für die Renditen.

Ursprünglich gab es FRNs kaum in D-Mark, so daß Anleger zwar kein **Kursrisiko**, aber ein **Währungsrisiko** in Kauf nehmen mußten.

In 1990 emittierten jedoch auch die **Bundespost** und der **Bund** selbst erstmalig eine FRN-Anleihe.

Der ständig angepaßte (floatende) Zins ist wegen der laufenden Anpassung etwas geringer als bei anderen festverzinslichen Papieren.

Der Vergleich lohnt, inwieweit ein Floater hinter dem

FIBOR- oder dem LIBOR-Zinssatz zurückbleibt. Auch sollte ein Blick auf das **Ausgabevolumen** geworfen werden, weil die Marktpflege der Emittenten durch An- und Verkäufe manchmal wenig ausgeprägt ist.

Als **steuerlicher Nachteil** darf vermerkt werden, daß wegen der Notierung nahe 100 Prozent **steuerfreie Kursgewinne** nicht anfallen können.

Die entsprechend den Anpassungszeiträumen viertel- oder halbjährlich erfolgenden **Zinszahlungen** sind als Einkünfte aus **Kapitalvermögen** in der Steuererklärung zu deklarieren.

Vgl. auch → **Reverse Floater**, → **Fixed Reverse Floater**, → **Convertible Floater**, → **Drop-Lock-Floater**, → **Capped Floater** und → **Collared Floater** (vgl. Seite 48).

Floorfonds

Diese Bezeichnung tauchte erstmals auf, als der Schweizerische Bankverein einen neustrukturierten Investmentfonds auflegte. Er hat sozusagen ein Netz, also eine eingebaute **Kurssicherung**, die größere Verluste auffangen soll. Der Traum eines jeden Börsianers also, um an der Baisse vorbeizukommen, aber von der Hausse voll zu profitieren?

Die Initiatoren des Fonds haben eine **Wertuntergrenze (Floor)** festgelegt. Sie beträgt 90 Prozent des Anteilswerts. Ein Anleger nimmt es so in Kauf, daß sein Anteil bis zu 10 Prozent weniger wert ist.

Größere Kursverluste jedoch will das Management des Fonds dadurch vermeiden, daß es bei **fallenden Kursen** mehr **festverzinsliche Anteile** anstelle von Aktien ins Depot nimmt.

Bei **steigenden Kursen** dagegen wird von den **festverzinslichen Papieren** auf **Aktien** umgeschichtet.

Gleichzeitig setzt man die Wertuntergrenze (Floor) nach oben. Bei fallenden Kursen dagegen wird selbstverständlich keine Anpassung des Floors nach unten vorgenommen. Er bleibt vielmehr konstant.

Beim **Floorfonds** handelt es sich somit um ein **Kurssicherungssystem**. Man hat es übrigens in einem »Trokkenkurs« einmal auf die Vergangenheit projiziert und in der Zeit von 1983 bis 1992 durchschnittliche Erträge von 11 Prozent jährlich theoretisch erwirtschaftet. Die Rendite am Rentenmarkt betrug in diesem Zeitraum durchschnittlich nur 7 Prozent jährlich.

Wer an einem Investment des genannten Floorfonds des Schweizerischen Bankvereins interessiert ist, sollte sich die mittlerweile vorliegenden realen Ergebnisse anschauen, um zu prüfen, ob die Simulation sich ohne weiteres auf die Zukunft übertragen läßt.

Follow-up Market

In 1998 wurde an der Börse Hamburg von Mitgliedsinstituten und der Börsengeschäftsführung ein **Zweitmarkt** für Anteile **geschlossener Immobilienfonds, Schiffsbeteiligungen** und **Leasingfonds** gegründet.

Er erhielt die Bezeichnung **Follow-up Market** und kann im Internet unter httb://www.hwag.de erreicht werden.

Fonds-Picking

Unter dem Stichwort → »buy and hold« ist nachzulesen, daß das »Hin und Her« die Taschen leermacht.

Wer also öfter die Pferde wechselt, muß jedesmal An- und Verkaufsspesen bezahlen.

Im Gegensatz zum **buy and hold** ist das **Fonds-Picking** geradezu darauf ausgerichtet, durch gezielten Einstieg in die ertragreichsten Investmentfonds höhere Gewinne zu erzielen als bei einem Durchhalten der Anteile.

Das **Geld abc** (WRS-Verlag, Planegg) untersuchte Banken bzw. Vermögensverwaltungen, die sich auf Fonds-

Picking spezialisiert haben. Es kam zu dem Schluß, daß Fonds-Picking-Konzeptionen mittel- und langfristig den Buy-and-hold-Strategien überlegen sein können.

Forward P/E
siehe → **Trailing-P/E**

Freefloat
Darunter versteht man den Anteil **frei handelbarer** Aktien. Er muß beispielsweise im Marktsegment → **SMAX** mindestens 20 Prozent betragen.

Free rate notes
siehe → **Floater**

Freistellungsauftrag
Seit 1993 gilt bei den Kapitaleinkünften ein **Sparerfreibetrag** für Unverheiratete von 6000 und für Verheiratete von 12 000 DM. Es kommt noch eine Werbungskostenpauschale von 100 bzw. 200 DM bei der Einkunftsart **»Kapitalvermögen«** hinzu, so daß Ihre Zinsen und Dividenden bis zu 6100/12 200 DM steuerfrei bleiben.

Den Sparerfreibetrag sichern Sie sich durch einen sogenannten **Freistellungsauftrag** bei Ihrem Kreditinstitut, bei dem Sie auch den Vordruck erhalten.

Ist der Freistellungsauftrag ausgefüllt und abgegeben – ggf. auch bei verschiedenen Kreditinstituten –, bleiben Ihre Kapitalerträge bis zu 6100/12 200 DM (Unverheiratete/Verheiratete) von **30 Prozent Zinsabschlagsteuer** und vom **Solidaritätszuschlag** verschont.

Die meisten Kreditinstitute richten es so ein, daß **Dividenden** bevorzugt freigestellt werden.

Inländische Aktiengesellschaften haben (seit 1994)

Mal **ohne**, mal **mit** Freistellungsauftrag	Wirtschaftsjahre **ab 1. 1. 1994**
Dividendengutschrift **ohne** Freistellungsauftrag brutto	10,–
Bardividende = veröffentlichte Dividende bzw. Bruttodividende	10,–
./. 25 % Kapitalertragsteuer	2,50
Gutschrift (Nettodividende) auf Ihrem Konto	7,50
Körperschaftsteuerguthaben für Veranlagung 9/16 (= 56,25 %) bzw. 3/7 (= 42,86 %) der Bardividende	4,29
Dividendengutschrift **mit** Freistellungsauftrag	
Bardividende = veröffentlichte Dividende	10,–
+ Körperschaftsteuerguthaben 9/16 (= 56,25 %) bzw. 3/7 (= 42,86 %) der Bardividende	4,29
Gutschrift auf Ihrem Konto	14,29

hierauf bereits 30 Prozent **Körperschaftsteuer** abgeführt. Sind Sie im Besitz eines Freistellungsauftrages, unterbleibt sowohl der Abzug der Körperschaftsteuer als auch der Kapitalertragsteuer. Sie bekommen Ihre Dividenden brutto für netto.

Von einer Bardividende von 10 DM bleiben Ihnen nur 4,29 DM netto übrig, wenn Sie Ihrem Kreditinstitut **keinen Freistellungsauftrag** erteilt haben. **Mit Freistellungs-**

auftrag sind es bei 10 DM Bardividende aber 14,29 DM Gutschrift. Warum dies so ist, können Sie aus nachfolgendem Schema entnehmen.

Näheres zu der – bei Vorliegen eines Freistellungsauftrags – miterstatteten Körperschaftsteuer finden Sie auch unter dem Stichwort → **Körperschaftsteuer, anrechenbare**. Seit 2000 ist der Sparerfreibetrag auf 3100/6200 DM halbiert.

Friends-and-Family Program

Zu den 1999 in Kraft gesetzten strengeren **Börsenregeln** gehört auch, daß bei künftigen Börsengängen Aktien aus einer bevorrechtigten Zuteilung nicht mehr zum **Streubesitz** gezählt werden. Durch diese Neuregelung, die mindestens 20 Prozent der Neuemission (→ **Freefloat**) dem freien Handel zuweist, steht von Anfang an dieser Anteil dem Markt in voller Höhe zur Verfügung.

Front-running

Im Sommer 1994 ermittelte die Frankfurter Staatsanwaltschaft gegen fünf freie Börsenmakler wegen **Frontrunning**.

Es handelt sich um die Verwertung von Insiderkenntnissen, die risikolose Börsengewinne erlauben.

Ausländische Investmentfonds hatten größere Kauforders gegeben. Noch vor deren Ausführung kauften die Börsenmakler – so der Vorwurf – die Aktien zum niedrigen Kurs, um sie mit risikolosem Gewinn wieder zu verkaufen, nachdem die Kurse durch den Großauftrag in die Höhe gepusht waren.

Da **Insidergeschäfte** nach dem Zweiten Finanzmarktförderungsgesetz erst ab August 1994 mit Strafe belegt waren, ermittelten die Staatsanwälte wegen **Steuerhinterziehung**.

Der Vorgang wirbelte viel »Pressestaub«, auf, weil angeblich jahrelang große Kursgewinne risikolos eingefahren worden waren.

Insider-Prüfungskommission geht Vorwürfen nach

Wird aus „Front-Running“ eine neue Börsen-Affäre?

Angeblich jahrelang risikolos dicke Kurs-Gewinne eingestrichen

Ermittlungen gegen fünf Börsenmakler in Frankfurt

Fünfzig-Prozent-Regel

Die **Fünfzig-Prozent-Regel** besagt, daß die Hälfte der in einer **Hausse** gutgemachten Indexpunkte in der nachfolgenden **Baisse** meist wieder verlorengeht.

Steigt beispielsweise der **DAX** von 2000 auf 2400 Punkte, so könnte beim nächsten Rückschlag mit einem Absinken bis auf 2200 gerechnet werden.

Fundamentalanalyse

Es gibt zwei Methoden, den Wert einer Aktie zu vermitteln:

a) die **Fundamentalanalyse**
b) die **technische Analyse**

Bei der Fundamentalanalyse wird die Ertragssituation und Bilanz der Aktiengesellschaft genauso unter die Lupe genommen wie die allgemeine **Konjunkturlage**, der aktuelle **Kapitalmarkt** und die **Branchensituation**.

Der Ertragssituation nähern sich die Analysten mit der → **Price-Earnings-Ratio** (Kurs-Gewinn-Verhältnis).

Die → DVFA hat hierzu einen Berechnungsmodus entwickelt.

Futures

(= standardisierte Termingeschäfte, die an einer Börse gehandelt werden). Mit **Termingeschäften** werden Gegenstände zu **festen Konditionen** auf **Termin** gehandelt.

1. *Finanzkontrakte* (Financial Futures)
   - 1.1 *Aktienindex-terminkontrakte* (Stock Index Futures)
     - 1.1.1 Dax-Future
     - 1.1.2 MDAX-Future
   - 1.2 *Zinstermin-kontrakte* (Interest Rate Futures)
     - 1.2.1 Bund-Future
     - 1.2.2 Bobl-Future
     - 1.2.3 Buxl-Future (eingestellt 8. 6. 95)
     - 1.2.4 Fibor-Future
2. *Devisenkontrakte* (Currency Futures)
3. *Warenkontrakte* (Commodity Futures)

Futures-Fonds

Privaten Anlegern, die das Risiko nicht scheuen, eröffnet sich in **Futures-Fonds** eine neue Anlageform. Bereits 25 Milliarden US-Dollar sind bisher in den USA in Futures-Fonds angelegt worden.

Im wesentlichen investieren dort Pensionskassen, Versicherungen und Großanleger. Aber auch Privatanleger mit kleinerem Portefeuille, die die Fachkenntnisse für die Teilnahme an den Terminmärkten selbst nicht besitzen, lassen die Manager von Futures-Fonds für sich arbeiten.

DAX-FUTURE EUREX (INDEX x 25 EURO)

28.10./19:16	Eröffnung	Hoch	Tief	Schluss	Settlem.	Vortag	Umsatz	Off. Kont
Dez.	5385,00	5517,50	5361,00	5488,00	5488,00	5373,00	55248	146692
März	5444,00	5551,00	5414,00	5540,50	5536,50	5421,00	423	9533
Juni	5476,00	5577,50	5456,00	5577,50	5577,00	5461,00	28	1748

Gesamt-Umsatz: – Offene Kontrakte zur Eröffnung:

MDAX-FUTURE EUREX (INDEX x 5 EURO)

28.10./19:16	Eröffnung	Hoch	Tief	Schluss	Settlem.	Vortag	Umsatz	Off. Kontr.
Dez.					4000,00	4000,00		47
März					4032,00	4032,00		
Juni					4064,00	4064,00		

Gesamt-Umsatz: – Offene Kontrakte zur Eröffnung:

STOXX-50-FUTURE EUREX (INDEX x 10 EURO)

28.10./19:16	Eröffnung	Hoch	Tief	Schluss	Settlem.	Vortag	Umsatz	Off. Kontr.
Dez.	3775,00	3880,00	3754,00	3860,00	3860,00	3780,00	1867	26583
März	3795,00	3905,00	3790,00	3905,00	3886,00	3806,00	130	971
Juni	3848,00	3848,00	3848,00	3848,00	3891,00	3811,00	50	172

Gesamt-Umsatz: – Offene Kontrakte zur Eröffnung:

EURO-STOXX-50-FUTURE EUREX (INDEX x 10 EURO)

28.10./19:16	Eröffnung	Hoch	Tief	Schluss	Settlem.	Vortag	Umsatz	Off. Kontr.
Dez.	3802,00	3907,00	3781,00	3905,00	3905,00	3795,00	21716	217520
März	3821,00	3937,00	3821,00	3937,00	3938,00	3828,00	150	13974
Juni	3832,00	3919,00	3821,00	3919,00	3933,00	3824,00	885	6003

Gesamt-Umsatz: – Offene Kontrakte zur Eröffnung:

1-M-EURIBOR-FUTURE EUREX (100-ZINSSATZ, 3 MIO. EURO)

28.10./19:16	Eröffnung	Hoch	Tief	Schluss	Settlem.	Vortag	Umsatz	Off. Kontr.
Okt.						97,22		
Nov. 99					97,00	96,95		5271
Dez. 99	96,19	96,19	96,19	96,19	96,18	96,18	50	1405
Jan. 00					96,72	96,65		6

Gesamt-Umsatz: – Offene Kontrakte zur Eröffnung:

3-M-EURIBOR-FUTURE EUREX (100-ZINSSATZ, 1 MIO. EURO)

28.10./19:16	Eröffnung	Hoch	Tief	Schluss	Settlem.	Vortag	Umsatz	Off. Kontr.
Dez. 99	96,43	96,45	96,43	96,45	96,45	96,41	4275	44126
März 00	96,31	96,37	96,30	96,36	96,36	96,29	4366	36040
Juni 00	96,02	96,08	96,02	96,08	96,08	96,00	929	14555
Sep. 00	95,78	95,84	95,78	95,84	95,84	95,76	595	9696

Gesamt-Umsatz: – Offene Kontrakte zur Eröffnung:

Quelle: »Handelsblatt«

3-M-EURO-LIBOR-FUTURE LIFFE (100-ZINSSATZ, 1 MIO EURO)

28.10.99/19:16	Eröffnung	Hoch	Tief	Settlem.	Vortag	Umsatz	O. Kontr.
Dez.				96,45			73707
März					96,29		
Juni					95,99		

3-M-EURIBOR-FUTURE LIFFE (100-ZINSSATZ, 1 MIO EURO)

28.10.99/19:16	Eröffnung	Hoch	Tief	Settlem.	Vortag	Umsatz	O. Kontr.
Dez.	96,42	96,46	96,42	96,45	96,41	37471	260379
März	96,30	96,37	96,30	96,37	96,29	60388	314878
Juni	96,00	96,10	96,00	96,09	95,99	27194	166226

3-M-YEN-LIBOR-FUTURE LIFFE (100-ZINSSATZ, 1 MIO YEN)

28.10.99/19:16	Eröffnung	Hoch	Tief	Settlem.	Vortag	Umsatz	O. Kontr.
Dez.				99,76	99,76		
März				99,84	99,84		
Juni					99,77		

Quelle: »Handelsblatt«

Es handelt sich um ein riskantes Geschäft, in das der Privatanleger nur einen kleinen Prozentsatz seines Kapitals investieren sollte. Ohnehin sind 20000 DM als Mindestbeteiligung erforderlich.

Wo investieren Futures-Fonds? Wie der Name schon sagt, vornehmlich in den **Terminmärkten**. Es werden Terminkontrakte auf **Indizes, Optionen, Devisen**, auch auf **Waren**, wie Getreide und Nahrungsmittel, und Edelmetalle abgeschlossen. Die Kontrakte laufen außer an den US-Terminbörsen **COMEX** und **CBOT** auch an der → **Deutschen Terminbörse**.

Die Verwaltung von Futures-Fonds erfolgt durch sogenannte **Commodity Trading Advisors**, die sogenannten **CTAs**.

CTAs sind Vermögensverwalter mit Spezialkenntnissen an den **Terminbörsen**, aber selbst **ohne direkte Kundenkontakte**.

Sie müssen sich bei der amerikanischen **Commodity Futures Trading Commission** (CFTC) registrieren lassen und werden von der **US-Börsenaufsicht** kontrolliert. Vierteljährlich haben sie ihre Ergebnisse zu bilanzieren, wobei ein Wirtschaftsprüfer eine Bestätigung dazu geben muß.

Der »BörsenBerater« hat vier Futures-Fonds verglichen. Die Flaute 1994 war auch mit Futures-Fonds nicht zu meistern. Drei schlossen mit Verlust ab.

G

Gamma

Den → **Delta**-Faktor bei → **Optionsscheinen** haben Sie bereits kennengelernt.

Optionsscheine, die weit »aus dem Geld« sind (→ **out of the money**), weisen einen nur geringen Delta-Faktor auf.

Auch der **Gamma-Faktor**, der für die Steigerung des Delta-Faktors steht, ist dann sehr niedrig.

Steigt nun der Optionsschein und kommt näher »ans Geld«, steigt natürlich der Gamma-Faktor mit. Ist der Optionsschein »am Geld« angelangt, so hat der Gamma-Faktor seinen höchsten Wert. Er beträgt 1.

Garantiefonds

Diese Fonds bezeichnet man volkstümlich als **Investmentfonds mit Airbag**.

Wer aber am Ende der Laufzeit sein eingesetztes Kapital hundertprozentig zurückhaben will, muß dafür eine Art Versicherungsprämie bezahlen. Investmentgesellschaften geben zur Finanzierung ihrer **Absicherungsinstrumente** nicht alle Gewinne an die Anleger weiter. Man kann grob davon ausgehen, daß 20 bis 50 Prozent der Börsengewinne auf diese Weise bei den Investmentfonds einbehalten werden.

Als Absicherungsinstrumente der Fonds werden unter anderem **Call-** und **Put-Optionsscheine** benutzt. Garantiefonds haben meist nur **kurze Laufzeiten**. Manche Garantiefonds sind so konzipiert, daß den Anlegern nicht 100 Prozent des eingesetzten Kapitals, sondern etwas weniger garantiert werden.

Geldmarktfonds

Dabei handelt es sich um Fonds, die seit dem 1. August 1994 auch in Deutschland zugelassen sind. Sie investieren in **Geldmarktpapieren** und **Termingeld**. Vorher waren nur sogenannte **geldmarktnahe Fonds** zugelassen, die hinsichtlich der Anlage in kurzfristigen Geldmarkttiteln Beschränkungen unterworfen waren. Näheres siehe → **Investmentfonds**.

GIROS

GIROS sind in ähnlicher Weise wie → **GROIS** aufgebaut. Vergleichen Sie deshalb dort.

Gleitzinsanleihen

Genauso wie die → **Kombizinsanleihen** wurden auch **Gleitzinsanleihen** zu dem Zweck geschaffen, eigentlich steuerpflichtige Zinsen in steuerfreie Kursgewinne umzumünzen.

So läuft beispielsweise die Gleitzinsanleihe der Trinkaus-Bank mit der Wertpapiernummer 377 633 von 1993 bis zum Jahr 2002.

Der Zinssatz beginnt mit einem Prozent und geht schließlich gleitend hoch bis 28 Prozent im Jahr 2002.

Steuerbürgern in hoher Steuerprogression verhalfen die Gleitzinsanleihen zunächst zu einer sehr niedrigen Versteuerung. Geht der Zinssatz und damit die Versteuerung in nennenswerte Höhe, so konnten Sie sich von Ihren Gleitzinsanleihen trennen und einen steuerfreien Kursgewinn einstecken.

Bonn hat gegengesteuert. Durch einen Verwaltungserlaß vom 30. April 1993, das Mißbrauchsbekämpfungsgesetz und das Zweite Finanzmarktförderungsgesetz wurde die Besteuerung der Gleitzinsanleihen reglementiert.

Danach ist nicht grundsätzlich die **rechnerische Emis-**

Neue Finanzierungsinstrumente: Kombi- und ***Gleitzinsanleihen*** (Auswahl)

a) *Kombizinsanleihen*

Ausgeber	Wertpapier-Kennnummer	Laufzeit	Zeit *ohne* Zinsen	Zeit *mit* Zinsen	Zinssatz
Berliner Landesbank	229281	2002	1992–98	1999–2002	jährl. 24,75%
DSL-Bank	243205	2002	1992–98	1999–2002	jährl. 24,50%
Hamburgische LB	263165	2002	1992–96	1997–2002	jährl. 19,00%
Hamburgische LB	263166	2002	1992–98	1999–2002	jährl. 24,75%
Landesbank Rheinl.-Pfalz	292729	2000	1992–97	1998–2000	jährl. 24,44%
West LB	310953	2001	1992–98	1999–2001	jährl. 28,63%

b) *Gleitzinsanleihen* (Auswahl)

Trinkaus-Bank	377633	2002	1993 = 1% gleitend bis 28% in 2002

sionsrendite bei der Steuer anzusetzen. Statt dessen kann sich der Anleger auch für die **Marktrendite** entscheiden. Das ist der Unterschied zwischen Erwerbs- und Veräußerungskosten.

Bei der Einbehaltung des **Zinsabschlages** muß das Kreditinstitut jedoch grundsätzlich auf die **Marktrendite** abstellen. Hier hat die Emissionsrendite, die schwer zu berechnen ist, keine Bedeutung. Gleichwohl kann sich der Anleger später bei der Veranlagung für die Emissionsrendite entscheiden, wenn sie im Ansatz günstiger ist (vgl. Stichwort → Zerobonds).

Globale Investmentstrategie

Bei der → **Asset Allocation** kommt es nicht nur auf die Auswahl der einzelnen Finanzinstrumente an, sondern auch auf deren **internationale Gewichtung**.

Dabei wird sich das Auge des Anlegers vornehmlich auf die drei Anlagegebiete Europa, USA und Japan richten.

Bei der **globalen Investmentstrategie** haben die **Tigerbörsen** der aufstrebenden Industrienationen Südostasiens vorerst ausgespielt. Zunehmende Zurückhaltung ist nach den Mexiko-Problemen auch gegenüber den lateinamerikanischen Börsen zu beobachten.

Nicht nur das Erdbeben von Kobe, auch die generell schlechtere wirtschaftliche Entwicklung in Japan führte dazu, daß sich die Anlagemärkte Europa und USA weiterhin als Favoriten in der Anlegergunst darstellen werden.

Going public

Going public ist der englische Fachausdruck für den Gang einer Aktiengesellschaft an die Börse.

Es handelt sich bei diesem »Schritt in die Öffentlichkeit« um eine Form der Wachstumsfinanzierung.

Die Festlegung des **Emissionskurses** scheint in den letzten Jahren zu einer Art gordischem Knoten zwischen den begleitenden **Emissionsbanken** und den Börsenkandidaten geworden zu sein.

Die Ausgabepreise waren häufig überhöht und brachten den Anlegern Verluste. Hart formuliert, ist sogar von »Anlegerausbeutung« gesprochen worden.

Tatsache scheint zu sein, daß die Banken sich einem geforderten hohen Ausgabekurs nur schwer entziehen können, weil das Going public für die Banken gewinnträchtig und daher die Konkurrenz groß ist.

Zumindest theoretisch ist die Festlegung des **Emissionskurses** nicht allzu schwer. Da der Kurs sich in etwa an den Kursen vergleichbarer börsennotierter Gesellschaften der gleichen Branche orientieren muß, kann man zunächst von der **Ertragslage** des Newcomers ausgehen.

Hierfür bietet sich die → **DVFA-Methode** an, die aus dem ausgewiesenen Jahresüberschuß außerordentliche und periodenfremde Erträge und Ausgaben sowie bewertungsbedingte Unterschiede herausnimmt.

Steht das Ergebnis nach DVFA erst fest, kann man es durch die Anzahl der neu herauszugebenden Aktien teilen. Das Resultat ist das **Ergebnis je Aktie**.

Nun braucht man nur noch das → **Kurs-Gewinn-Verhältnis (KGV)** von vergleichbaren Aktien herauszusuchen.

Das KGV verrät, wie oft das Ergebnis je Aktie pro Jahr im Kurs der Aktie drinsteckt. Eine Gesellschaft, die mit einem KGV von 20 bewertet ist, muß 20 Jahre lang den zugrunde gelegten Gewinn eines Jahres erwirtschaften, bis sie bezahlt ist.

Der neue Börsenkurs, also der **Einführungskurs**, ist das DVFA-Ergebnis je Aktie des Newcomers, das mit dem branchenüblichen KGV multipliziert wird.

Nach der Körperschaftsteuerreform 1977 wurden in Deutschland nur wenige Neuemissionen herausgebracht. Dies änderte sich ab 1983. Gleich ein knappes Dutzend Firmen probierte das Going public. Rekordjahre waren 1984 mit 22 und 1986 mit sogar 25 neuen an der Börse notierten Aktiengesellschaften.

Aus verständlichen Gründen wurden nach dem **Börsenkrach von 1987** zunächst keine weiteren Neuemissionen riskiert. Dies geschah erst wieder im Frühjahr 1988.

Das Mitspracherecht der Neuaktionäre wird durch die Begebung von **Vorzugsaktien** ohne Stimmrecht meist kleingehalten.

Als das Going public der Aktiengesellschaften so richtig in Mode kam, waren zunächst sehr hohe **Kursgewinne** schon am **ersten Börsentag** zu erzielen.

Hier eine kleine Auswahl:

VDO	+ 59,5 %
Springer	+ 52,5 %
Escada	+ 42,8 %
Henkel	+ 36,8 %
Porsche	+ 30,8 %
Nixdorf	+ 28,9 %
Kugelfischer	+ 24,2 %

Seit 1991 sind fast alle Neuemissionen kursmäßig lahme Enten geblieben. Die Anleger mußten häufig harsche Kursverluste in Kauf nehmen. Das Interesse am Erwerb der Börsen-Benjamine ging schlagartig zurück, während in der »Goldgräberzeit« sogar Depots bei mehreren Banken und auf mehrere Familienangehörige eingerichtet wurden, um die »schnelle Mark« mit dem meist üppigen Unterschied zwischen dem Ausgabepreis und der ersten Börsennotiz zu machen.

Als im März 1997 das Marktsegment → **Neuer Markt** an der Börse eingeführt wurde, begann eine neue Goldgräberzeit. In der Anfangszeit des Neuen Marktes waren **Auslosungen** erforderlich. Wer Losglück hatte – oder wem ein Kreditinstitut wohl wollte – konnte meist sagenhafte Kursgewinne einfahren. Manchmal waren es mehr als 1000 Prozent.

Highflyer **Mobilcom** stieg von 62,50 DM Ausgabepreis bis auf 1900 DM und **EM.TV** von 34,50 DM auf über 1300 DM. Der Höchstkurs 1999 von EM.TV lag 15 000 Prozent (!) über dem Emissionskurs.

In 1999 ließ der Rausch nach. Die Erstzeichner waren so zögerlich, daß manche Neuemission zurückgezogen oder am unteren Ende der Bookbuildingspanne ausgegeben wurde.

Trotzdem war bei vielen Kandidaten der erste Börsenkurs niedriger als der Ausgabepreis.

Im ersten Halbjahr 1999 gab es insgesamt 84 Bör-

Neuemissionen 1997 und 1998			
	Stückzahl	Niedriger als Ausgabepreis	Höher als Ausgabepreis
Amtlicher Handel und Geregelter Markt	42	10	32
Freiverkehr	25	15	10
Neuer Markt	56	29	27

sengänge. In beliebig herausgegriffenen Fällen wurde nicht mehr – wie früher üblich – der oberste Preis der Bookbuildingspanne erreicht, und in 4 Fällen waren die Aktien nur am unteren Ende der Spanne abzusetzen.

Neuemissionen 1999 (1. Halbjahr)

Amtlicher Handel	= 20
Geregelter Markt	= 4
Neuer Markt	= 60

Dennoch ist der → **Neue Markt** eine Erfolgsgeschichte, die sogar noch die Story der US-Computerbörse **NASDAQ** übertrifft.

Die Indizes des Neuen Marktes → **NEMAX 50** und → **Nemax All Share** beweisen es eindrucksvoll.

Näheres zu der größten Neuemission der Nachkriegszeit, der 15-Milliarden-Emission der **Telekom**, erfahren Sie unter dem Stichwort → **Volksaktien**.

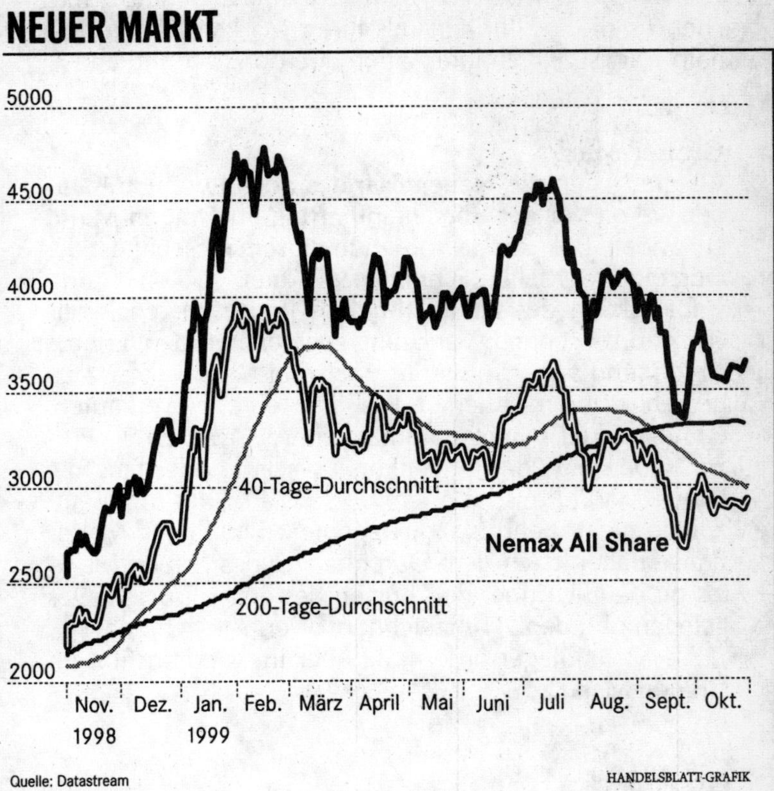

Gorilla-Aktien
Diese Bezeichnung wurde von amerikanischen Finanzexperten für den Markt dominierende Gesellschaften erfunden.

Beispielsweise für **Gillette** mit 50 Prozent Beherrschung des Welt-Rasiermarktes, für **Coca-Cola** mit 47 Prozent weltweitem Anteil an der einschlägigen Getränkesparte oder **McDonald's** und **American Express**.

Dominante Gorillas vergrößern ständig ihr Urwaldrevier auf Kosten der schwächeren Affen. Genauso machen es die Weltfirmen mit ihren Marktanteilen. Deshalb wachsen auch ihre Aktien überdurchschnittlich.

Grauer Markt

Als die Aktien des **Neuen Marktes** noch boomten, wurden sie oft vor der Börseneinführung im **Grauen Markt** gehandelt. Bekannt geworden in diesem Geschäft ist der Düsseldorfer Makler Schnigge & Partner.

Da Aktien des Neuen Marktes früher wegen Überzeichnung oft durch Verlosung zugeteilt wurden, konnte es lohnend sein, sie vorher über den Grauen Markt zu beziehen und nachher an der Börse teurer zu verkaufen. Graue Makler machten damals die Aussage, zu 90 Prozent übersteige der Börsenkurs über kurz oder lang die Graue-Markt-Preise vor dem Börsenstart. Dies trifft heutzutage nicht mehr zu. Im Gegenteil: Die Graue-Markt-Preise haben nach dem Durchhänger des Neuen Marktes oft deutlich über den Kursen des ersten Börsentages gelegen und den »Frühzeichnern« Verluste gebracht.

Als Kleinanleger ordern Sie über Ihr Kreditinstitut im Grauen Markt.

Greenback

Der Dollar hatte einst nur einen grünen Aufdruck auf der Rückseite und wird seither volkstümlich auch **Greenback** genannt. Er ist die wichtigste Währung der Welt.

Greenshoe

Bei der Emission neuer Aktien behalten die Konsortialbanken manchmal eine Emissionsreserve zurück. Sie wird Greenshoe genannt.

Wegen der sechsfachen Überzeichnung der → **Telekom-Aktie** wurden beispielsweise statt ursprünglich geplanter 500 Millionen Aktien durch Greenshoe-Vereinbarung weitere 100 Millionen bereitgestellt. Auch bei Adidas und der Leica AG gab es Greenshoe-Nachschüsse aus dem Besitz der Gründerfamilien.

Grenzsteuersatz

Auf Ihre **Einkommensteuerschuld** wird sowohl → **Körperschaftsteuer** als auch **Kapitalertragsteuer** angerechnet.

Seit 1994 beträgt die anrechenbare Körperschaftsteuer 30 Prozent und die Kapitalertragsteuer 25 Prozent von den verbleibenden 70 Prozent, nachdem 30 Prozent Körperschaftsteuer in Abzug gebracht sind, also 17,5 Prozent.

Geht man einmal davon aus, daß Ihnen eine Bardividende von 100 DM zufließt, so haben Sie stets ein Guthaben beim Finanzamt von 47,50 DM, wie Sie aus der nachfolgenden Tabelle ersehen können.

Nun kann es aber sein, daß Ihr persönlicher Steuersatz, den wir hier **Grenzsteuersatz** nennen, niedriger liegt als die anrechenbaren 47,5 Prozent. Je nach Fallgestaltung kann sich dabei eine Steuererstattung oder eine Nachzahlung ergeben.

Im nachfolgenden Beispiel erkennen Sie, daß Sie bei einem persönlichen Grenzsteuersatz von 30 Prozent und 40 Prozent buchstäblich Geld verschenken würden, wenn Sie Ihre Dividenden aus inländischen Aktien dem Finanzamt nicht deklarieren und Ihnen auf diese Weise anrechenbare Körperschaftsteuer und Kapitalertragsteuer verlorengehen.

Nehmen Sie also Ihren letzten Steuerbescheid und addieren Sie **Einkommensteuer, Kirchensteuer** und **Solidaritätszuschlag**. Setzen Sie die Summe sodann ins Verhältnis zum **zu versteuernden Einkommen**. Die Rechnung zeigt Ihnen, ob Sie vom Finanzamt Geld zurückerhalten oder ob Sie noch etwas bringen müssen (vgl. hierzu nachfolgendes Schema).

Nachzahlung oder Erstattung?
(für Wirtschaftsjahre, die nach 1993 enden)

Persönlicher Grenzsteuersatz		30%	40%	50%	53%
Einkommensteuer auf Dividende von	100,00 DM	30,–	40,–	50,–	53,–
anrechenbare Körperschaftsteuer	= 30,00 DM				
anrechenbare Kapitalertragsteuer = 25% v. 70,– DM	= 17,50 DM				
anrechenbar insgesamt	47,50 DM	47,50	47,50	47,50	47,50
Steuernachzahlung		–	–	2,50	2,50
Steuererstattung		17,50	7,50	–	–

GROIS

GROIS ist die Abkürzung für »**g**uaranteed **r**eturn **o**n **i**nvestment«. Die Rückgabe des investierten Betrags wird also garantiert.

Bei GROIS handelt es sich um eine verbriefte Kombination von **Geldmarktanlagen**, die Zinsen bringen, und **Kauf-** oder **Verkaufsoptionen**.

Werden beispielsweise von einer Investition von 100000 DM 80000 DM in einer Geldmarktanlage angelegt, kann davon ausgegangen werden, daß nach einer gewissen Zeit die Einlage von 100000 DM durch die aus den Geldmarktanlagen erzielten Zinsen wieder erreicht wird. Es verbleiben dann 20000 DM, die man in Kauf- oder Verkaufsoptionen investieren kann.

Somit besteht die Möglichkeit, hierdurch zusätzliche

Gewinne zu erzielen. Tritt dies nicht ein bzw. muß ein Totalverlust verbucht werden, ist dennoch wegen der verzinslichen Geldmarktanlage eine Rückzahlung des investierten Anfangskapitals möglich.

H

Hamster-Optionsscheine

Der von der Société Générale in Paris herausgebrachte → **Boost** ließ den Schweizerischen Bankverein nicht ruhen. Er kam mit dem aus gleichem Garn gewirkten **Hamster-Optionsschein** auf den deutschen Markt.

Hamster bedeutet **»Hoffnung auf Marktstabilität in einer Range«.**

Es handelt sich um einen Optionsschein, bei dem der Anleger nur bei »ruhigen Märkten« Gewinne machen kann. Ein Schein ist so konstruiert, daß der Anleger innerhalb der einjährigen Laufzeit an jedem der 50 Dienstage 0,20 DM unter der Voraussetzung erhält, daß der Dollarkurs zwischen 1,65 und 1,75 liegt.

Im Gegensatz zum → **Boost** ist bei Hamster-Optionsscheinen der Optionsschein nicht verloren, wenn der Kurs die Bandbreite (range) verläßt. Es wird bis zum Laufzeitende weitergerechnet und dann ausgezahlt.

Hedgefonds

Engl. *to hedge* heißt eigentlich »(mit einer Hecke) absichern, schützen«. **Hedgefonds** sind jedoch keine Absicherungsfonds, sondern hochspekulative Fonds in **Offshore-Gebieten**, wie beispielsweise den niederländischen Antillen oder Curaçao.

Der Einsatz ist sehr hoch und beginnt bei ungefähr einer Million Dollar. Spekuliert wird an den Terminmärkten mit Aktien, Rohstoffen und Devisen, wobei auch **Leergeschäfte** möglich sind, also Geschäfte, bei denen keine reellen Werte zugrunde liegen.

Es wird nicht nur mit **Kredit** spekuliert, sondern auch mit **Derivativa** wie Optionen, Futures und Swaps.

Fachleute schätzen die Anzahl der Hedgefonds auf

runde 2000. Sie sollen insgesamt über etwa 150 Milliarden Dollar Einsatz verfügen und zu einem großen Teil die amerikanischen Wertpapierkredite von geschätzten 270 Milliarden Dollar beanspruchen.

Angesichtes dieser Beträge und des risikoreichen Verhaltens von Hedgefonds werden sie als Unsicherheitsfaktor für den Kapitalmarkt angesehen.

Weltweites Aufsehen erregte im Herbst 1998 die Schieflage des Hedgefonds LTCM. Er hatte mit einem Eigenkapital von nur 4,8 Milliarden Dollar ein Portfolio – rechnet man die Derivate einmal dazu – von 1,25 Billionen Dollar bewegt. Bei seiner gigantischen Spekulation setzte LTCM offensichtlich nicht nur auf Absicherung und Spekulation, sondern im wesentlichen auch auf Arbitrage, also die Ausnutzung großer Unterschiede zwischen Kassa- und Terminpreisen, sowie einzelne Währungen. Ein Grund für das Desaster lag darin, daß die Fondsmanager D-Mark mit dem niedrigen japanischen Yen finanziert hatten und bei einem plötzlichen Anstieg des Yen-Kurses glattstellen mußten.

Hedger

Ein **Hedgegeschäft** ist ein Termingeschäft, das ursprünglich nur im **Warenterminhandel** gebräuchlich war.

Mit einem Hedgegeschäft wird ein Preisverfall oder eine Preissteigerung bei realen Rohstoffgeschäften durch ein Gegengeschäft finanziell abgesichert.

Ein Fabrikant kauft beispielsweise Rohstoffe ein, schließt aber vorsorglich über die Menge des eingekauften Rohstoffs auch ein Termingeschäft ab. Es gilt für den Veräußerungstermin der aus den Rohstoffen hergestellten Waren. Ein eventueller Preisverfall der Rohstoffe während der Produktionszeit kann damit ausgeglichen werden, um bei konkurrenzfähigen billigeren Preisen des Fertigprodukts keine Verluste zu erleiden.

Ein **Hedger** an der Deutschen Terminbörse (DTB) ist

mithin jemand, der sich gegen das Verlustrisiko absichert. Er kauft beispielsweise eine Verkaufsoption für die Eventualität fallender Aktienpreise.

Der **Optionspreis** für die Kursabsicherung bei Kursrückgang ist die **Versicherungsprämie.** Tritt der Kursrückgang nicht ein, ist höchstens der Optionspreis verloren.

Hexensabbat

Viermal im Jahr ist **Hexensabbat!** Es ist jeweils der dritte Freitag im März, Juni, September und Dezember. Dann laufen an der Terminbörse

1. **Aktienoptionen**
2. **Terminkontrakte**
3. **Optionen auf Terminkontrakte**

gleichzeitig aus.

Es ist sozusagen ein dreifacher Hexensabbat. Manchmal müssen sich Händler, die »leer« verkauft haben, ganz schnell mit Aktien eindecken.

Historische Wertpapiere

Sammlern hat sich mit **historischen Wertpapieren** ein neues Sammelgebiet erschlossen.

1975 fand die erste deutsche Auktion für historische Wertpapiere statt.

Papiere aus der deutschen Gründerzeit werden zu ständig steigenden Preisen gehandelt, insbesondere wenn sie einen berühmten Namen wie Siemens, Edison, Rothschild oder Nobel tragen.

Wertsteigerungen sind unter drei Voraussetzungen zu erwarten:

a) **guter Erhaltungszustand**
b) **niedrige Auflage**
c) **Ausgabedatum möglichst vor 1900**

Zu warnen ist vor dem Erwerb historischer Wertpapiere

auf Flohmärkten. Oft werden Fälschungen angeboten. Auch ein Nichtfachmann kann sie am Aufdruck **»Display«** auf der Rückseite erkennen, was soviel wie Schaustück heißt.

Aktie der Mannesmann-Röhrenwerke von 1912, die für weniger als 300 DM wohlfeil ist.

I

IAS siehe → US-GAAP

IBIS

Ein computergesteuertes **Handelssystem** war das **Integrierte Börsenhandel- und Informationssystem.**

IBIS ermöglichte den ganztägigen Börsenhandel per Bildschirm und lief auch außerhalb der **Präsenzbörse** von 8.30 bis 17.00 Uhr.

An das IBIS-System waren rund 200 Kreditinstitute und Makler angeschlossen.

IBIS wurde durch das leistungsfähigere → **XETRA-System** abgelöst.

Iglus

Iglus sind in gleicher Weise wie **Grois** aufgebaut. Vergleichen Sie deshalb dort.

Immediate-or-Cancel

Ein Begriff aus dem → **XETRA-Handel**, der bedeutet, daß der Auftrag mit höchstmöglicher Stückzahl ausgeführt werden soll, während der Restauftrag zu löschen ist.

Indexanleihen

Bei **Indexanleihen** sind der **Rückzahlungsbetrag** und/oder die **Zinszahlungen** nicht festgelegt. Sie werden vielmehr an Bezugsgrößen angeknüpft, wie zum Beispiel an einen Aktien- oder Preisindex.

Da Indexanleihen meist in zwei Teilanleihen herausgebracht werden, haben die Optimisten unter den Käufern die Möglichkeit, eine **Bull-Anleihe** zu kaufen, während die Pessimisten sich ggf. für eine **Bear-Anleihe** entscheiden werden.

Indikatoren

Die **technische Aktienanalyse** ist das Gegenstück der **Fundamentalanalyse.** Sie geht nicht von wirtschaftlichen oder unternehmensspezifischen Fakten aus, sondern stellt auf den Verlauf der Aktienkurse ab.

Dabei wurden eine ganze Reihe von **Indikatoren** entwickelt. Sie alle sollen Hilfsmittel zur Vorhersage kommender Börsenkurse sein. Der **Kursverlauf der Vergangenheit** steht dabei mit Hilfe von komplizierten und oft unverständlichen Formeln Pate für die Prognosen der Zukunft.

Ein Anleger sollte sich in seiner Entscheidung nicht nur auf die Aussage eines Indikators verlassen. Wäre die Kursvorhersage so einfach, würde man beispielsweise auf ein Dutzend Indikatoren schauen und den Zeitpunkt, den die meisten signalisieren, für den Einstieg oder Ausstieg nutzen.

Es ist vielmehr so, daß Indikatoren die eigene Entscheidung aufgrund der Fundamentalanalyse oder aufgrund persönlichen Feelings lediglich unterstützen sollen.

Hier einige technische Indikatoren zur Auswahl:

Stochastik-Indikator; Momentum-Indikator; → New Highs/New Lows; → On-Balance-Volume; → Advance-Decline-Linie; Trendbestätigungsindikator; → Relative Stärke; Moving Average Convergence/Divergence; Short-Interest-Index, Coppock-Index; Bollinger Bands; Williams %R-Indikator.

Insider

»Schlechte Karten für Zocker und Insider«, titelte die »Rhein-Zeitung« zum Inkrafttreten einer Strafbestimmung gegen Insider-Geschäfte.

Seit August 1994 ist aus dem Kavaliersdelikt »Verwertung von Insiderwissen« ein echtes Delikt geworden. Bis zu **fünf Jahre Freiheitsstrafe drohen.**

Insider ist, wer Informationen über unveröffentlichte Firmendaten hat. Nutzt er diese Kenntnisse für eigene Wertpapiergeschäfte, droht ihm strafrechtliche Verfolgung.

Sogenannte **Primärinsider** sind beispielsweise Vorstände und Aufsichtsräte von Aktiengesellschaften, auch Wirtschaftsprüfer und auch die Chefsekretärin.

Journalisten als sogenannte **Sekundärinsider** sind von der Strafbestimmung nicht betroffen.

Damit kursrelevante Tatsachen nicht von Einzelpersonen vorab genutzt werden, hat das Zweite Finanzmarktförderungsgesetz eine **Informationspflicht** eingeführt.

Die Aktiengesellschaften müssen unverzüglich über betriebliche Neuigkeiten informieren, die den Börsenkurs beeinflussen könnten. Die Börse, die Aktionäre und auch die Öffentlichkeit sollen solche Informationen **zeitgleich** erhalten, um auf diese Weise eine Chancengleichheit bei Wertpapiergeschäften herbeizuführen.

Wer die Informationspflicht verletzt, muß mit **Bußgeldern bis zu drei Millionen DM** rechnen.

Was sind nun kursrelevante Informationen?

Es sind nicht nur die Zahlen, die sich aus der **Buchführung** ergeben, sondern auch **Rationalisierungsmaßnahmen, Investitionsentscheidungen, Konzentrationsfälle, neuentwickelte Produkte** und **Änderungen in der Unternehmensführung.**

Das »Öffentlichmachen« kursrelevanter Tatsachen hat in drei Schritten zu erfolgen.

1. Aktiengesellschaft informiert Börse und Bundesaufsichtsamt für den Wertpapierhandel.
2. Die genannten Institutionen entscheiden, ob der Börsenkurs der Gesellschaft ausgesetzt oder eingestellt wird.
3. Aktiengesellschaft gibt Mitteilung in mindestens einem überregionalen **Börsenpflichtblatt** oder einem **elektronischen Medium.**

Geschichtliches: Ein Fall von Insidervergehen kam bei den **Klöckner-Genußscheinen** auf. Klöckner war wegen Warentermingeschäften mit Erdöl in Schwierigkeiten geraten. Die Genußscheine wurden über Nacht wertlos. Aber eine große Anzahl von Genußscheininhabern war offensichtlich vorinformiert. Sie konnten sich jedenfalls noch zu guten Preisen von ihren Papieren trennen.

Sogar der Vorsitzende der Insider-Prüfungskommission von der Düsseldorfer Börse sprach von ganz erheblichen »Umsatzsteigerungen«. Der Schaden war eklatant. Zuletzt lag der Kurs der Klöckner-Scheine bei 111, einen Tag später, bei der Aussetzung, aber bei null. Letztendlich gab es dann doch eine Entschädigung für die Genußscheininhaber.

Bekannter noch wurde der Fall um den IG-Metall-Chef Franz Steinkühler.

»42 Millionen in vier Wochen abgezockt«, titelte »Focus«.

Dem Gewerkschaftsboß wurde vorgeworfen, seine Kenntnisse über die Verschmelzung von **Daimler-Benz** und der **Mercedes-Holding** ausgenutzt zu haben.

Diese Firmenehe brachte einen rasanten Kurssprung für die **MHA-Aktien.** Franz Steinkühler gab Erklärungen ab, konnte auch Ergebenheitsadressen entgegennehmen, mußte aber schließlich seinen Hut nehmen.

Der Boden für ein neues Gesetz gegen Insiderhandel war bereitet.

Interimsdividende

Manche Anleger mögen keine US-Aktien. Die Gesellschaften jenseits des Atlantiks zahlen nämlich durchweg eine sogenannte **Zwischendividende**, die jährlich dreimal während des laufenden Geschäftsjahres ausgeschüttet wird.

Eine Dividendenauszahlung gilt als **Interimsdividende** jeweils für ein Vierteljahr, und am Schluß des Geschäftsjahres kommt dann noch die **Schlußdividende** hinzu.

Wer in seinem Portefeuille beispielsweise 50 US-Aktien hat, darf deshalb im Zweifelsfall davon ausgehen, daß er dem Finanzamt zur **Anrechnung der Quellensteuer** durchaus einen Ordner mit 200 Belegen für vier Dividendenauszahlungen präsentieren muß.

Manche Kreditinstitute fertigen nur Aufstellungen über inländische Wertpapiererträge. Es kann in den beschriebenen Fällen ratsam sein, ein Arrangement zu treffen, daß auch die beschriebenen ausländischen Dividenden mit Quellensteuern in die Erträgnisaufstellungen aufgenommen werden.

Internet-Gefahren

Die Deutsche Schutzvereinigung für Wertpapierbesitz **(DSW)** warnt vor gezielten Falschmeldungen im Internet, mit denen Aktienkurse manipuliert werden.

Anonyme Teilnehmer decken sich zunächst mit bestimmten Aktien ein und lancieren dann eine **Falschmeldung** über eine beabsichtigte Fusion, mit der sie die Kurse der gehaltenen Aktien hochtreiben. Es sei sehr schwierig, herauszufinden, wer falsche Informationen in Umlauf bringe. Deshalb hält die DSW den Anlegerschutz auf der **Datenautobahn** für verbesserungswürdig.

in the money
Optionen, die einen **inneren Wert** haben (vgl. → **intrinsic value**), liegen **in the money.**

Wo ein innerer Wert nicht mehr feststellbar ist, liegt die Option → **out of the money.**

intrinsic value
Der **innere Wert** einer Aktie ist der reale, eigentliche Wert, der sie kaufenswert macht, wenn er **höher** ist als die derzeitige **Börsennotiz.**

Der Wert errechnet sich nach dem **Nettovermögen** einer Gesellschaft, zuzüglich der **stillen Reserven,** und das Ganze geteilt durch die **Anzahl** der ausgegebenen **Aktien.**

Der **intrinsic value** ist jedoch eine spezielle Bezeichnung bei **Termingeschäften.**

Bei **Call-Optionen,** die auf steigende Kurse einer Aktie gegründet sind, tritt ein innerer Wert zutage, wenn die **Börsennotiz** der Aktie höher liegt als der **Ausübungspreis.**

Rechnet der Anleger jedoch mit fallenden Kursen einer Aktie, und hat er deshalb **Put-Optionen** gezeichnet, ist es umgekehrt. Der **Ausübungspreis** muß über dem Aktienkurs liegen, wenn ein innerer Wert gegeben ist.

Beispiel:

a) **Call-Option**

Aktienkurs aktuell	=	600
Ausübungskurs	=	– 580
innerer Wert	=	**20**

b) **Put-Option**

Ausübungskurs	=	580
Aktienkurs aktuell	=	– 550
innerer Wert	=	**30**

Nach den gleichen Grundsätzen wird der innere Wert bei → **Optionsscheinen** ermittelt.

Hierbei ist zu bemerken, daß nur bei den sogenannten **gedeckten Optionsscheinen** (→ **Covered Warrants)** Scheine ausgegeben werden, die sowohl bei **steigenden** als auch bei **fallenden** Kursen profitieren könnten.

Die **originären** Optionsscheine, die sich als Beigabe aus **Optionsanleihen** herleiten, bringen nur bei steigenden Kursen der zugrundeliegenden Aktien Gewinne und können deshalb nur einen **inneren Wert** haben, wenn der Aktienkurs **über** dem Ausübungspreis liegt.

Investmentfonds

In Deutschland wurden erstmals 1952 **Investmentanteile** als »Aktien des kleinen Mannes« ausgegeben.

Die Idee stammt aus den angelsächsischen Ländern und wurde in England und Schottland schon 1860 praktiziert.

Investmentfonds arbeiten nach dem Grundsatz der **Risikomischung.** Sie investieren in **Aktien, Anleihen, Geldmarktpapiere, Beteiligungen** und **Immobilien.**

Die Fonds lassen sich nach verschiedenen Kriterien unterteilen:

1. **Aus der Sicht des Anlegers:**
   Publikumsfonds (ca. 700)
   Spezialfonds (ca. 3500)

In 1999 konnten deutsche Anleger unter mehr als 4000 Investmentfonds wählen. Die Fondsvermögen betrugen über 900 Milliarden Mark.

Der Löwenanteil der Fonds sind jedoch **Spezialfonds.**

Natürliche Personen können deren Anteile nicht erwerben. Im übrigen werden nicht mehr als zehn Anteilscheine ausgegeben. Damit sind Spezialfonds eine Domäne für **Versicherungen** und **betriebliche Pensionskassen.**

2. **Aus Sicht des Anlageschwerpunkts:**
   Wertpapierfonds (Aktienfonds, Rentenfonds, Optionsscheinfonds, gemischte Fonds aus Aktien, Renten- und Optionsscheinen).
   Immobilienfonds (offene und geschlossene)
   Geldmarktfonds (geldmarktnahe und reine).

3. **Aus der Sicht der Anlagepolitik:**
   Deutsche Fonds
   Internationale Fonds
   Länderfonds
   Branchenfonds

4. **Aus Sicht der Ausschüttungspolitik:**
   Ausschüttungsfonds
   Thesaurierungsfonds

Bei den **Wertpapierfonds** nehmen die **Aktienfonds** eine hervorragende Stellung ein. Zu ihrem Fondskapital gehören aber außer Aktien auch Bankguthaben, Bezugsrechte, Dividenden, Zinsen und Steuererstattungsansprüche auf beispielsweise Körperschaftsteuer und ausländische Quellensteuer.

Die **Immobilienfonds** gliedern sich in **offene** und **geschlossene** Immobilienfonds.

Die Anteile an **offenen Immobilienfonds** können jederzeit zurückgegeben werden, während die Beteiligungen an **geschlossenen Fonds** überhaupt nicht oder nur wenig fungibel sind.

Aus offenen Fonds werden **Einkünfte aus Kapitalvermögen** erzielt. Hier profitiert der Anteilseigner ggf. vom **Sparerfreibetrag** (Ledige 6100 DM, Verheiratete 12 200 DM; ab 1. Januar 2000 = 3100/6200).

Bei **geschlossenen** Immobilienfonds erzielt der Anteilseigner **Einkünfte aus Vermietung und Verpachtung.** Es gibt keine **Bankaufsicht** und keine **Rückkaufsverpflichtung.**

Die **Geldmarktfonds** gliedern sich in **geldmarktnahe** Fonds und **reine Geldmarktfonds.** Die letztgenannten sind erst seit 1.8.1994 in Deutschland zugelassen.

Geldmarktfonds investieren in verbriefte und unverbriefte Geldforderungen, wie zum Beispiel in Termingeld.

Mit den **geldmarktnahen Fonds (Quasi-Geldmarktfonds)** wurden die Beschränkungen für reine Geldmarktfonds bis zur Freigabe in 1994 unterlaufen.

Es durften nur bis zu 49 Prozent des Fondsvermögens in **reine** Geldmarktpapiere (Schatzwechsel, Schatzanweisungen, Einlagezertifikate und Termingeld) investiert werden. 51 Prozent des Fondsvermögens jedoch mußten in Wertpapieren mit längerer Laufzeit (mindestens 12 Monate) gehalten werden.

Ausschüttungsfonds schütten die Erträge jährlich an die Anteilsinhaber aus.

Im Gegensatz dazu werden bei **Thesaurierungsfonds** die Erträge dem Fondsvermögen gutgeschrieben.

Eine Sonderstellung unter den Fonds nehmen → **AS-Fonds** ein.

Zusammenfassung:

Mit Investmentfonds kann man in **kleiner Stückelung** zu geringen Preisen Geld anlegen, ohne sich persönlich um Wertpapierkäufe oder Immobilienanlagen kümmern zu müssen.

Es wäre ein Irrtum, anzunehmen, daß durch die **breite Streuung** der angelegten Gelder, die ein Bankrottrisiko ausschaltet, zugleich eine Gewähr gegen Kursschwankungen gegeben wäre. Die Kurse der Investmentanteile folgen Haussen und Baissen an der Börse bzw. den Bewegungen im **Immobilien-** oder **Geldmarkt.**

Die profimäßige Verwaltung der Fonds bezahlt der

Arten von Investmentfonds

Das Schema wurde dem Buch »Mehr Geld verdienen mit Aktien« (25. Auflage) vom gleichen Autor entnommen.

Was ist drin?	→	**Aktienfonds** (Aktien)	**Rentenfonds** (Rentenwerte z. B. fest oder variabel verzinsliche Anleihen)	**Gemischte Fonds** (Aktien und Rentenwerte)	**Spezialitäten-Fonds** (Optionsschein-Fonds, Future-Fonds, Genußschein-Fonds)
Für welche Länder aufgelegt?	→	**Länderfonds**	**Internationale Fonds**	**Regionenfonds**	
Wie lange?	→	**Feste Laufzeit**	**Unbegrenzte Laufzeit**		
Gibt es Garantie?	→	**Garantiefonds**	**Fonds ohne Garantie**		
Bares oder ansammeln?	→	**Ausschüttungsfonds**	**Thesaurierungsfonds**		
Welche Währung?	→	**Deutsche Mark, Euro**	**Fremdwährung**		

Anleger durch den **Ausgabeaufschlag.** Aber auch die günstigeren Konditionen des Fonds (**weniger Bankspesen)** bzw. steuerliche Vorteile **(keine einjährige Spekulationsfrist und keine Kapitalertragsteuer)** dienen zur Deckung der Unkosten.

Investmentshops

Boutiquen und Shops verkaufen nicht nur schicke Kleider. Seit einiger Zeit gibt es auch **Investmentshops** oder **Fondsboutiquen** für Anteile an Investmentgesellschaften.

Man schätzt die Anzahl mittlerweile auf über hundert. Zum Angebot gehören inländische und internationale Investmentfonds. Sogar ein türkischer Anbieter ist dabei, der sich um seine Gastarbeiter-Landsleute kümmert.

Die »Wirtschaftswoche« hat zwei **Verbände** geortet, die »Anlegern Seriosität signalisieren sollen«. Die Düsseldorfer Wirtschaftszeitschrift ist jedoch der Meinung, daß kein Verband eine faire Beratung garantieren könne.

Im Grunde genommen genügt ein einfacher **Gewerbeschein** für die Eröffnung eines Investmentshops.

Bei einem der beiden Verbände sei eine Banklehre oder ein wirtschaftswissenschaftliches Studium Voraussetzung für die Mitgliedschaft. Es genüge aber auch eine dreijährige Tätigkeit im Sektor »Finanzdienstleistungen«.

Ein anderer Verband empfiehlt seinen Mitgliedern, erst ab einer Anlagesumme von mindestens 250000 DM Nachlässe zu gewähren. Er schloß ein Gründungsmitglied aus, das generell Rabatte eingeräumt hatte.

Investor Relations

Investor Relations, die Verbindung zwischen Aktiengesellschaften und Kapitalmarkt, meint die umfassende und zeitnahe Information von Anlegern und Analysten.

Durch Investor Relations werden Unternehmensziele, Strategien, Investitionen, aber auch Risiken den Kapitalanlegern bekannt gemacht.

J

Jumbo-Pfandbriefe

Pfandbriefe mit einem **Emissionsvolumen** von einer Milliarde Mark und mehr nennt man **Jumbo-Pfandbriefe.**

Sie sind von praktischem Nutzen für große institutionelle Investoren, die Pfandbriefe in Größenordnungen von mehreren Millionen DM handeln.

Jumbo-Pfandbriefe sind **liquider,** also besser handelbar, als normale Pfandbriefe. Dafür haben sie meist eine

Kupon	Emittent	WPK
5,00 %	**WestLB**	307504
5,00 %	**Vereinsbank**	207561
4,75 %	**Rheinhyp**	313741
5,00 %	**Münchner Hypothekenbank**	215826
5,00 %	**Württemberger Hypothekenbank**	343636
5,00 %	**Berlin-Hannoversche Hypothekenbank**	220981
4,75 %	**Hypothekenbank Hamburg**	270963
5,75 %	**Hypo Essen**	257326
5,00 %	**Frankfurter Hypothekenbank**	259602
5,00 %	**Westfälische Hypothekenbank**	333792
5,75 %	**Hypo Essen**	257347
4,75 %	**Landesbank Sachsen**	291658
4,50 %	**Deutsche Hypothekenbank**	242522
5,75 %	**Hypothekenbank Hamburg**	270918
4,75 %	**DePfa**	247496
4,50 %	**Berlin-Hannoversche Hypothekenbank**	220950
5,00 %	**Allgemeine Hypothekenbank**	202776
5,00 %	**Württemberger Hypothekenbank**	343632
5,00 %	**Hypobank**	223737
4,50 %	**Hypothekenbank Hamburg**	270943

etwas **niedrigere Rendite.** Die Differenz kann bis zu 0,15 Prozent ausmachen.

Junk-Bonds

Wörtlich übersetzt heißt Junk-Bonds »Schrottanleihen«. Der Begriff entstammt dem amerikanischen Börsenjargon.

Junk-Bonds sind die Anleihen von unsicheren Schuldnern.

Diese »Schrottanleihen« werfen **höhere Zinsen** ab. Schließlich müssen schwache Schuldner etwas drauflegen, um Käufer für ihre Finanzprodukte anzulocken.

Die höheren Zinsen bezahlt der Investor jedoch mit dem Risiko, sein Geld ganz oder teilweise zu verlieren.

Die populärsten Junk-Bonds waren seinerzeit die Anleihen der UdSSR-Bank für Außenwirtschaft, die wegen der unsicheren Rückzahlung geradezu exotische Renditen aufwiesen.

Mitte der achtziger Jahre begann in den USA ein schwunghafter Handel mit Junk-Bonds. Er war zum Teil dadurch veranlaßt, daß Firmen sich vor sogenannten »feindlichen Übernahmen«, also dem Aufkauf durch stärkere Konkurrenten, retten mußten. Hierfür blieb ihnen oft wegen Kapitalmangels nur der Ausweg über mit hohen Zinsen notierte Finanzierungen, um Mittel für den Ankauf der eigenen Aktien zu beschaffen.

K

Kaltblütler

Nicht nur in der Pferdezucht gibt es Kaltblütler. Auch bei den Aktien kennt man sie.

So heißen Papiere, die **kursmäßig** nicht zu großen Bocksprüngen neigen und **ertragsmäßig** fast so konstant ausschütten wie Rentenpapiere.

Die **Versorgungswerte** (RWE, HEW, BEKULA) gehören zu den Kaltblütlern des Kurszettels.

Kapitalertragsteuer

Die Kapitalertragsteuer wird bei Dividenden aus Aktien mit 25 Prozent vom Kreditinstitut einbehalten.

Davon kann jedoch Abstand genommen werden, wenn der Aktionär eine **Nichtveranlagungsbescheinigung** oder einen **Freistellungsauftrag** bei seinem Kreditinstitut einreicht (vgl. hierzu → **Steuergutschrift**).

Wird wegen der Nichtvorlage dieser Unterlagen **Kapitalertragsteuer** einbehalten, so ist sie bei der Veranlagung zur Einkommensteuer als Steuerabzugsbetrag auf die Steuerschuld anzurechnen.

Kassa-DAX

Am 1. März 1995 führte die Deutsche Börse AG mit dem **Kassa-DAX** einen neuen Börsenindex ein.

Der Index ermittelte sich aufgrund der **Kassakurse** und hatte den Zusatz »K«. Er wurde sofort nach Feststellung des letzten benötigten Kassakurses veröffentlicht und enthielt die Kassakurse der Aktien des DAX, DAX 100, CDAX, FWB-Index und der Branchenindizes.

Seit 1999 wird die Kurs-Kurve des DAX aufgrund der → **XETRA-Kurse** dargestellt.

Kick-Back-Zahlungen

Provisionen, die **Vermögensverwalter** manchmal von Brokern und Vermittlern erhalten, bei denen sie Wertpapiere für ihre Kunden ordern, nennt man **Kick-Back-Zahlungen.**

KISS

Das **Kurs-Informations- und Servicesystem (KISS)** verbreitet an der Frankfurter Wertpapierbörse in **Echt-Zeit** die von den Kursmaklern eingetippten Kurse. Sie erscheinen auf den Bildschirmen des Börsensaales, in den Bankenbüros in der Börse und bei auswärtigen institutionellen Anlegern (Banken, Versicherungen, Investmentfonds).

Auch die Nachrichtenagenturen und der Bildschirmtext Datex J (→ T-Online) werden mit »KISS« beliefert.

Und natürlich: KISS ist auch für die Kurven des **DAX** auf der Kursanzeigetafel verantwortlich.

Körperschaftsteuer, anrechenbare

Aktionäre können die von der Aktiengesellschaft an das Finanzamt abgeführte Körperschaftsteuer (**42,86 Prozent** seit 1994) zusätzlich zur veröffentlichten Dividende **(Bardividende)** ausgezahlt bekommen.

Dies setzt voraus, daß Sie Ihrem Kreditinstitut eine vom Finanzamt ausgestellte **Nichtveranlagungsbescheinigung** (NV-Bescheinigung) vorlegen.

Dasselbe Ziel wird mit einem **Freistellungsauftrag** erreicht. Dieser wird vom Aktionär ausgefüllt und beim Kreditinstitut eingereicht. Er stellt Kapitaleinkünfte in Höhe des Sparerfreibetrages von 6000 DM (Ledige) bzw. 12 000 DM (Verheiratete) – seit 1. Januar 2000 3000/6000 DM – zuzüglich **Werbungskostenpauschale** von 100/200 DM von der Einkommensteuer frei.

Wer vom Finanzamt eine **Nichtveranlagungsbeschei-**

nigung erhält, wird überhaupt nicht zur Einkommensteuer veranlagt.

Steuerbürger, die die Sparerfreibeträge bereits ausgeschöpft haben oder ihren → **Freistellungsauftrag** vergaßen, können die einbehaltene Körperschaftsteuer und Kapitalertragsteuer, genauso wie eventuell einbehaltene **Lohnsteuer,** bei ihrer Einkommensteuerveranlagung an der Steuerschuld kürzen. (Vgl. die nachfolgenden Schemata.)

Mit und ohne Freistellungsauftrag	
Dividendengutschrift **ohne** Freistellungsauftrag brutto	10,–
Bardividende = veröffentlichte Dividende bzw. Bruttodividende ./. 25% Kapitalertragsteuer	10,– 2,50
Gutschrift (Nettodividende) auf Ihrem Konto	7,50
Körperschaftsteuerguthaben für Veranlagung 3/7 (= 42,86%) der Bardividende	
Dividendengutschrift **mit** Freistellungsauftrag	
Bardividende = veröffentlichte Dividende + Körperschaftsteuerguthaben 3/7 (= 42,86%) der Bardividende	10,– 4,29
Gutschrift auf Ihrem Konto	14,29

Der Weg von Körperschaftsteuer und Kapitalertragsteuer

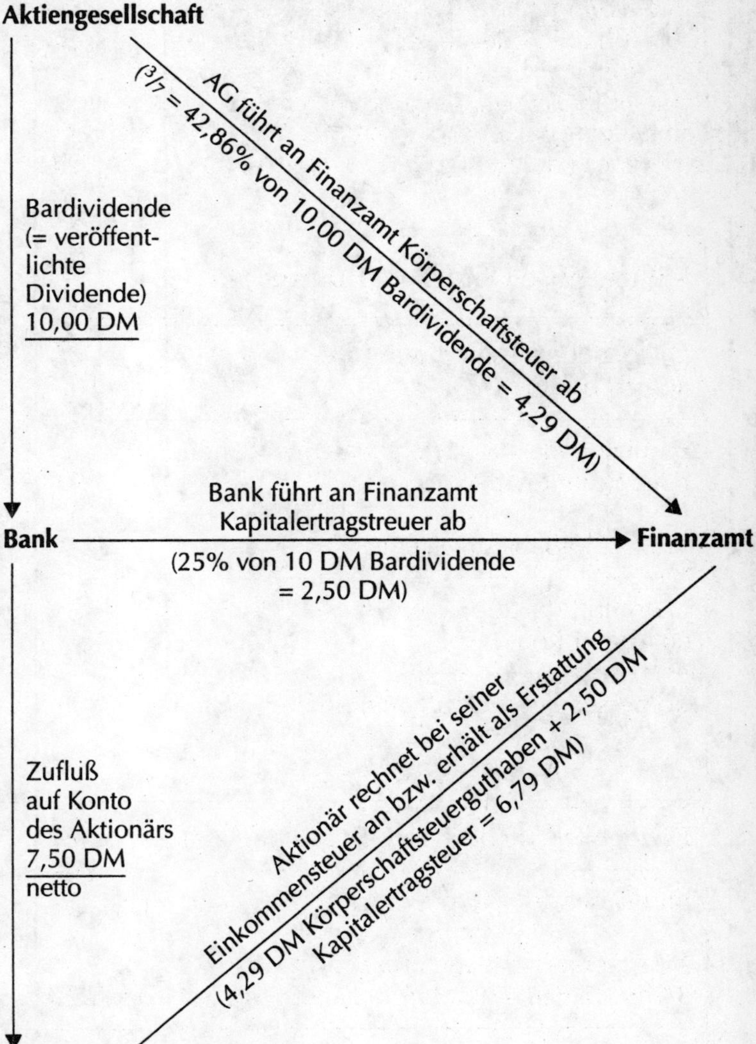

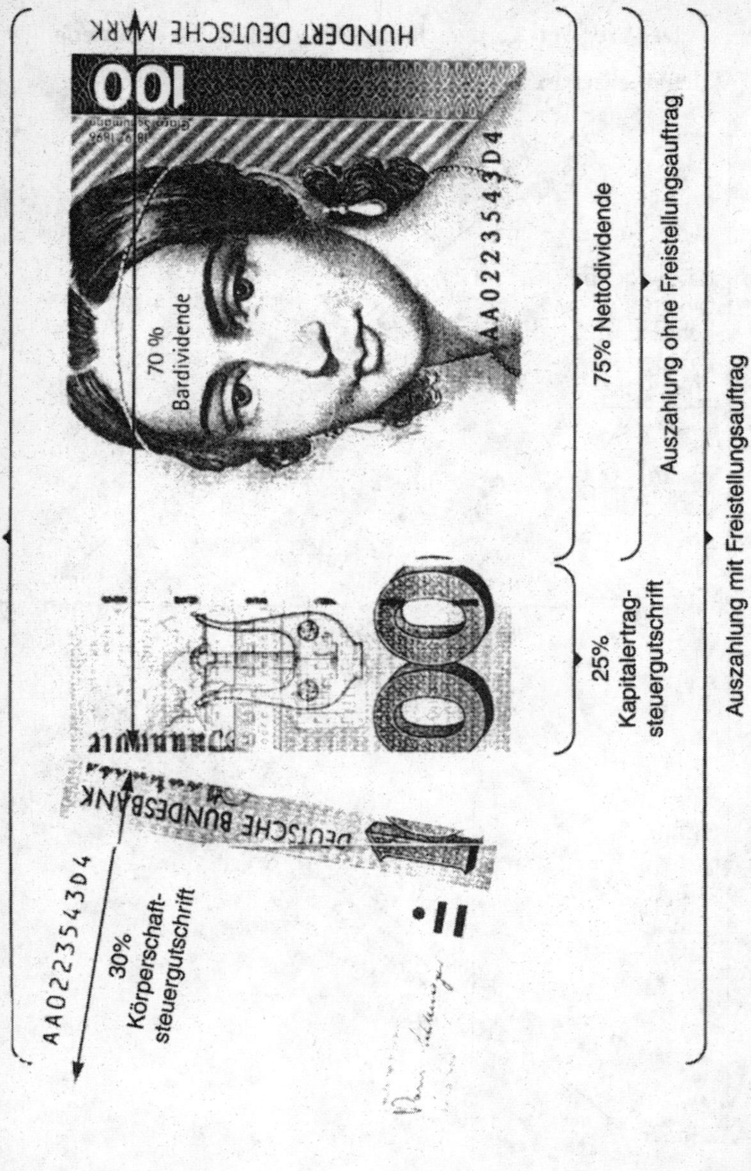

Quelle: Deutsches Aktieninstitut e. V.

Kombizinsanleihen

Nach dem Motto »Steuerfreie Kursgewinne statt steuerpflichtiger Zinserträge« wurden seinerzeit in der Bankenszene die **Kombizinsanleihen** erfunden.

Bei Kombizinsanleihen gibt es zunächst eine zinslose Zeit. Ähnlich wie bei Zerobonds betragen die Zinsen null DM. So ist beispielsweise die Kombizinsanleihe der Westdeutschen Landesbank mit der Wertpapiernummer 310953 in der Zeit von 1992 bis 1998 vollkommen zinsfrei.

Dafür aber wird der Anleger ab 1999 bis zum Jahr 2001 mit dem unüblichen Zinssatz von jährlich 28,63 Prozent entschädigt.

Die Erfinder der Kombizinsanleihe spekulierten darauf, daß ein gutbetuchter Anleger von 1992 bis 1998 keine Zinsen zu versteuern braucht. Kurz vor Beginn der Verzinsung mit 28,63 Prozent ist die Kombizinsanleihe natürlich im Kurs gestiegen und kann mit steuerfreiem Kursgewinn verkauft werden. Auf diese Weise war geplant, vollkommen an der Zinsbesteuerung vorbeizukommen.

Verwaltung und Gesetzgeber haben diese Handhabung nicht hingenommen. Zuerst mit Verwaltungserlaß vom 30. April 1993 und dann durch das Mißbrauchsbekämpfungsgesetz wurde festgelegt, daß bei vorzeitiger Veräußerung von Kombizinsanleihen die **zeitanteilige Emissionsrendite** zu versteuern ist.

Die Steuerpflicht dieser Anleiheform wurde sogar in § 20 Absatz 2 Nr. 4 des Einkommensteuergesetzes ausdrücklich aufgenommen.

Die Steuerbestimmungen sind nochmals geändert worden, insbesondere durch das Zweite Finanzmarktförderungsgesetz.

Nunmehr gilt: Weist ein Steuerbürger die Emissionsrendite nicht nach, so ist der Unterschied zwischen dem Entgelt für den Erwerb und den Einnahmen aus der Veräußerung oder der Abtretung oder der Einlösung steuerpflichtig. Dies ist die sogenannte **Marktrendite.**

Neue Finanzierungsinstrumente: Kombi- und Gleitzinsanleihen (Auswahl)

a) ***Kombizinsanleihen***

Ausgeber	Wertpapier-Kennnummer	Laufzeit	Zeit *ohne* Zinsen	Zeit *mit* Zinsen	Zinssatz
Berliner Landesbank	229281	2002	1992–98	1999–2002	jährl. 24,75%
DSL-Bank	243205	2002	1992–98	1999–2002	jährl. 24,50%
Hamburgische LB	263165	2002	1992–96	1997–2002	jährl. 19,00%
Hamburgische LB	263166	2002	1992–98	1999–2002	jährl. 24,75%
Landesbank Rheinl.-Pfalz	292729	2000	1992–97	1998–2000	jährl. 24,44%
West LB	310953	2001	1992–98	1999–2001	jährl. 28,63%
b) *Gleitzinsanleihen* (Auswahl)					
Trinkaus-Bank	377633	2002	1993 = 1% gleitend bis 28% in 2002		

Der Anleger hat also ein Wahlrecht zwischen Emissionsrendite und Marktrendite. Er wird sich, je nach Veräußerungserlös seiner Kombizinsanleihe, für die günstigste Möglichkeit entscheiden.

Bei der Einbehaltung des **Zinsabschlags** müssen die Banken jedoch grundsätzlich auf die **Marktrendite** abstellen. Hier hat die schwierig zu ermittelnde Emissionsrendite keine Bedeutung (vgl. hierzu auch obige Tabelle und Stichwort → **Zerobonds**).

Konkursaktien

Auf dem Kurszettel finden Sie manchmal die Bezeichnung »**i. K.**«. Es handelt sich um Aktien eines Unternehmens im Konkurs.

Wer solche Papiere kauft, sollte sich des besonderen Kursrisikos bewußt sein. Ein Totalverlust ist genauso möglich wie eine Kurserholung.

Warum befinden sich Aktien wie **Bremer Vulkan** und **ESCOM** noch immer auf dem Kurszettel, obwohl die Firmen längst bankrott sind? Sie müssen weiter handelbar bleiben. Die Zulassung wird nicht zurückgenommen. Manchmal kann nämlich der Konkurs durch Einstieg eines Partners, wie beispielsweise bei **Sachsenmilch**, abgewendet werden, die von **Müller-Milch** übernommen wurde. Dann sind meist regelrechte Kurssprünge der ehedem gedrückten Kurse zu beobachten.

Kontrollmitteilungen

Wer ausländische Wertpapiere bei ausländischen Banken besitzt, hat oft ein Interesse daran, etwas über die **Kontrollmitteilungssysteme** der Länder zu erfahren.

Manchmal erfassen sie Zinserträge lückenlos, manchmal nur sporadisch. Auch die Auskunftsfreude gegenüber dem deutschen Fiskus und deutschen Gerichten ist unterschiedlich ausgeprägt.

Bekannt ist die Mitteilungsfreude des **Zentralcomputers** der amerikanischen Steuerbehörde Internal Revenue Service (IRS). Sie gibt fleißig Daten an das **Bundesamt für Finanzen** in Bad Godesberg weiter.

Belgien: Auskünfte an Behörden bei konkreten Verdachtsmomenten. Auskünfte an Gerichte bei begründeten strafrechtlichen Untersuchungen.

Dänemark: Amts- und Rechtshilfeverkehr mit Deutschland.

Frankreich: Konteneröffnungen und -auflösungen

werden dem Finanzministerium mitgeteilt. Auch deutsche Behörden erhalten jedwede Auskunft.

Irland: Meldungen an die Steuerbehörden mit Amts- und Rechtshilfe.

Italien
Niederlande
Portugal
Spanien
Großbritannien
} Amts- und Rechtshilfe nach Deutschland

(Bei Großbritannien besteht jedoch für die britische Kronkolonie **Gibraltar** striktes Bankgeheimnis.)

Österreich: Amtshilfe zwischen deutschen und österreichischen Finanzämtern findet statt, aber keine Auskünfte österreichischer Kreditinstitute an die Finanzbehörden. Anonymkonten möglich, allerdings mit 22 prozentiger Kapitalertragsteuer.

Schweiz: Bei Abgabenbetrug (= qualifizierte Form der Steuerhinterziehung) gilt Bankgeheimnis nicht.

Luxemburg: Striktes Bankgeheimnis. Nummernkonten möglich. Rechtshilfe bei extremer Steuerkriminalität zusammen mit anderen Delikten (z. B. Geldwäsche und Rauschgiftkriminalität) denkbar. Sehr hohe Bankgebühren.

Achtung: Im Januar 1994 hat die Steuerfahndung 1200 (Schwarzgeld-?)Konten über 3,5 Milliarden DM bei den Frankfurter und Düsseldorfer Zweigstellen der Dresdner Bank eingesehen und die Unterlagen beschlagnahmt. Das Bundesverfassungsgericht hat die Vorgehensweise gutgeheißen.

Im Februar 1995 durchsuchte die Steuerfahndung in zehn Städten Zweigstellen der HCM, einer Tochter der Bayerischen Hypobank, und beschlagnahmte über 3000 Konten, von denen Geld nach Luxemburg transferiert worden war. Ein Konto lautete auf den Tarnnamen »Jumbo« und hatte ein Guthaben von 55 Millionen.

Kontrollmitteilungen Erbschaftsteuer
Bei → **Erbfällen** fertigen die **Erbschaftsteuerstellen der Finanzämter** bei Überschreiten bestimmter Grenzen Kontrollmitteilungen für die **Veranlagungsstellen** an. Auf diese Weise wird überprüft, ob der **Erblasser** Einkommensteuer auf die Erträge des hinterlassenen Kapitalvermögens bezahlt hat.

Konversionsfaktor
Es handelt sich um den **Preisfaktor,** mit dem beim Verkauf einer Option eines → **Bund-Futures** eine bereitgestellte Anleihe auf die Bedingungen des Bund-Futures umgerechnet wird.

Kurs-Gewinn-Verhältnis
Siehe ausführliche Darstellung unter → **Price-Earnings-Ratio**.

Kurs/Umsatz-Verhältnis
Manche Analysten schwören geradezu auf diesen Indikator. Das **Kurs/Umsatz-Verhältnis** errechnet sich aus dem Kurs einer Aktie geteilt durch den Unternehmensumsatz **pro Aktie.**

Je niedriger das Kurs/Umsatz-Verhältnis einer Aktie, desto erfolgversprechender ist sie einer US-Studie zufolge.

Sie kam zu dem Ergebnis einer jährlichen Rendite von 16 Prozent über einen Testraum von 43 Jahren, wobei jeweils die Aktien mit dem niedrigsten Kurs/Umsatz-Verhältnis zugrunde gelegt wurden.

Kurs-Volumen-Trend-Indikator

Der Kurs-Volumen-Trend-Indikator, kurz **KVT-Indikator** genannt, ist ein Instrument der Chartanalyse.

Er wird gebildet, indem man das Tagesvolumen einer Aktie mit der prozentualen Veränderung zum Vortag multipliziert. Der sich daraus ergebende Wert wird bei einem gestiegenen Kurs addiert, bei einem gefallenen Kurs aber subtrahiert.

Wenn der so ermittelte Wert über seinem **gleitenden Durchschnitt** notiert, wird dies von den Chartisten als Kaufsignal gewertet.

Durchbricht er jedoch den gleitenden Durchschnitt nach unten, schließen sie auf einen Verkaufshinweis. Dieser ist besonders ausgeprägt, wenn ein längerfristiger gleitender Durchschnitt nach unten durchbrochen wird.

L

Last in – first out

Es handelt sich um einen Begriff aus der **Steuerterminologie.** Er bedeutet, daß die **zuletzt** gekaufte Aktie als **zuerst** verkauft gilt.

Diese fiskalische Unterstellung führte früher oft zu **Spekulationsgewinnen**, die im Rahmen des Einkommensteuergesetzes zu erfassen waren.

Der **Bundesfinanzhof** hat das Last-in-first-out-(**Lifo**)-Verfahren gekippt. Lesen Sie dazu Einzelheiten unter → **Spekulationsgeschäfte.**

Law of one price

Dieser Begriff spielt bei der Bewertung derivativer Instrumente (→ Derivate) eine Rolle.

Danach kann ein derivatives Produkt, gleichgültig wie es konstruiert ist, **nur einen einzigen Preis** haben. Ein derivatives Anlageinstrument darf also nicht billiger sein als der Direktkauf der Anlage.

Wäre es so, würden sich **Arbitragegewinne** ergeben, die dem »Law of one price« zuwiderlaufen.

Letter Stocks

Nicht alle Aktien in den USA sind frei handelbar. Manchmal fehlt die **offizielle Registrierung** bei der Börsenaufsichtsbehörde **Securities and Exchange Commission (SEC).**

Die öffentlich über die Börsen nicht handelbaren Papiere, die nur privat vertrieben werden dürfen, erhalten als Kennzeichnung einen Buchstaben (letter). Daher die Bezeichnung Letter Stocks.

Vom Kauf der Letter Stocks ist abzuraten, weil die

Kurse manchmal manipuliert sind. Beispielsweise dadurch, daß Investmentfonds vom Emittenten Papiere mit Nachlässen kaufen und sie dann zu einem höheren Preis an die Anleger weitergeben.

Leverage-Faktor

Der **Leverage-Faktor** ist der **Hebeleffekt** bei → **Optionsscheinen.**

Der Leverage zeigt an, mit welcher Hebelwirkung ein Optionsschein rein rechnerisch gegenüber einer Aktie steigt oder fällt.

Bei einem Leverage von 2 wird rechnerisch davon ausgegangen, daß bei einem Kursanstieg der Aktie von 10 Prozent der Optionsschein doppelt so hoch, nämlich 20 Prozent, ansteigen muß.

Dabei ist eine unveränderte **Optionsprämie** unterstellt.

Tatsache aber ist, daß die Optionsprämien zur Abflachung neigen, wenn eine Aktie ihren scheinbaren Höchstkurs erreicht hat. Außerdem beeinflussen natürlich die **Kräfte des Marktes** den Kurs eines Optionsscheins.

Die Formel für die Leverageberechnung lautet:

$$\text{Hebel} = \frac{\text{aktueller Aktienkurs}}{\text{aktueller Optionsscheinkurs}}$$

Linien- und Balkencharts

Es handelt sich um die Darstellung von Aktienkursen in einem Diagramm.

Die Begriffe stammen aus der **Chartanalyse,** die das Gegenstück der **Fundamentalanalyse** ist.

Verbindet man die **täglichen Kassakurse** miteinander zu einer Kurskurve, so entstehen **Liniencharts.** Dabei wird auf der senkrechten Achse die jeweilige **Kurshöhe** und auf der waagrechten Achse die **Zeit** eingetragen.

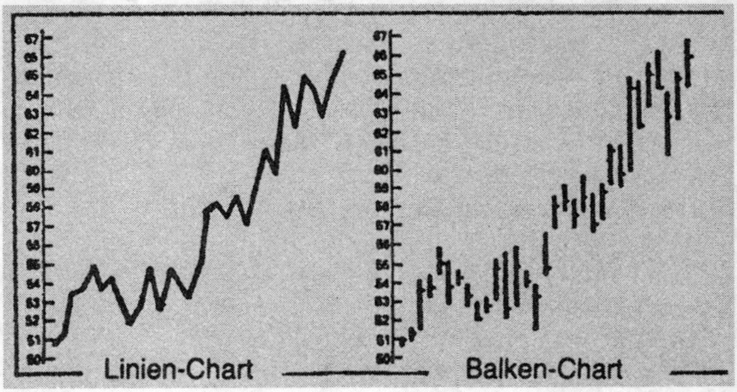

Balkencharts ergeben sich, wenn die **Höchst-** und **Tiefstkurse** fortlaufend mit einem **senkrechten Strich** in ein Diagramm eingetragen werden (vgl. auch → **Point-and-Figure-Charts**).

LTCM-Fonds

Über diesen Fonds, der im Herbst 1998 fast die Weltwirtschaft durch seine Schieflage ins Trudeln gebracht hätte, lesen Sie mehr unter → **Hedgefonds.**

Luxemburg

Luxemburg mit seinen knapp 400 000 Einwohnern ist zu einer Fluchtburg für deutsche Anleger geworden.

Mittlerweile befinden sich dort mehr als 40 **Tochtergesellschaften deutscher Banken.** Jeder fünfte Luxemburger ist direkt oder indirekt im Bankengeschäft tätig. Daher haben sich auch die Premierminister des Großherzogtums stets beharrlich geweigert, einer einheitlichen EU-Quellensteuer zuzustimmen bzw. das Luxemburger Bankgeheimnis durchlässig zu machen.

Die Einwohner Luxemburgs selbst zahlen zwar für

ihre Kapitalerträge 15 Prozent Quellensteuer, die **Zinserträge** von **Ausländern** aber werden davon verschont.

Im Normalfall sind für eine Investition in **Investmentfonds** mindestens 10000 DM und in **Geldmarktfonds** und **Fremdwährungsanleihen** mindestens 50000 DM Kapitaleinlage erforderlich.

Die **Gebühren** für Kontoeröffnung, Buchungen und Depotverwaltung sind beträchtlich.

Das von den deutschen Bankentöchtern in Luxemburg verwaltete Vermögen wurde 1995 auf knappe 250 Milliarden DM geschätzt.

Presseberichten zufolge sind 1994 durch die Steuerfahndung bei der **Dresdner Bank** 1200 Schwarzgeldkonten aufgedeckt worden, von denen Transfers in Höhe von 3,5 Milliarden DM auf die Luxemburger Tochter erfolgten. 1995 durchsuchte die Steuerfahndung die Tochtergesellschaft **HCM** der Münchener Hypobank. Nach Presseberichten waren 3500 Kunden mit einem Depotvolumen von 2 Milliarden DM betroffen.

Das **Bundesverfassungsgericht** hat sowohl die Durchsuchungen als auch die Beschlagnahme von Unterlagen gutgeheißen.

Die Einrichtung von **Anonymkonten** ist in Luxemburg mittlerweile nicht mehr möglich. Wegen des Geldwäschegesetzes werden bei Kontoeröffnungen **Identitätsprüfungen** vorgenommen.

Der Quellensteuersatz bei **Dividenden** beträgt für Ausländer in Luxemburg 15 Prozent. Wertpapierzinsen sind dagegen – wie schon gesagt – von Quellensteuer befreit.

Bei **Luxemburger Investmentfonds,** die bei inländischen Banken verwaltet werden, unterliegen die Ausschüttungen und Zwischengewinne der deutschen **Zinsabschlagsteuer.**

Nur wenn sich **effektive Stücke** im Depot einer Bank in Luxemburg befinden, entfällt die Zinsabschlagsteuer. Bis 30. Juni 1993 waren die Erträge ausländischer Invest-

mentfonds generell bei der Zinsabschlagsteuer ausgenommen.

Zinsen und Dividenden aus den in Luxemburg geführten Konten sind in der deutschen **Einkommensteuererklärung** zu **deklarieren,** weil für Inländer das Welteinkommensprinzip gilt. Dabei kann die 15prozentige Luxemburger Quellensteuer auf Dividenden angerechnet werden. In der Praxis ist jedoch davon auszugehen, daß der weit überwiegende Teil der Erträge aus in Luxemburg gehaltenen Kapitalanlagen der deutschen Steuer entzogen wird.

M

MACE

MACE ist die Abkürzung für **M**oving **A**verage **C**ycle **E**valuation.

Es handelt sich um die Analyse verschiedenfristiger **gleitender Durchschnitte.**

Dabei soll herausgefunden werden, ob sich Aktien noch in einem Aufwärtstrend oder in einem Abwärtstrend befinden. Es gilt auch zu ermitteln, innerhalb welchen Stadiums im Trend sich eine Aktie bewegt.

U 1 bedeutet dabei, daß der **kurze** gleitende Durchschnitt steigt, was auf einen möglichen Aufwärtstrend schließen läßt.

U 2 steht dafür, daß nicht nur der **kurze,** sondern auch der **mittlere** Durchschnitt schon steigt und mithin der Aufwärtstrend bestätigt ist.

U 3 ist das Indiz für ein Ansteigen sowohl des **kurzen** als auch **mittleren** und sogar **langen** Durchschnitts. Damit ist ein Aufwärtstrend auch nachhaltig bestätigt.

Die Buchstaben **D 1, D 2** und **D 3** stehen analog für einen **fallenden gleitenden Durchschnitt** (D 1 = kurzer gleitender Durchschnitt; D 2 = kurzer und mittlerer gleitender Durchschnitt; D 3 = kurzer, mittlerer und langer gleitender Durchschnitt).

Major Trend

Börsenzyklen können sich in Trends vollziehen. Der Haupttrend heißt **Major Trend.** Er dauert meist länger als ein Jahr, wobei sich die Aktien um mehr als 20 Prozent nach oben oder unten verändern können.

Den Untertrend, der im allgemeinen von drei Wochen bis zu drei Monaten geht, nennt man **Secondary Trend.**

Der dritte Trend, der als kurzfristiger Trend **Minor**

Trend genannt wird, wird von hartgesottenen Spekulanten genutzt, weil die Zeitspanne noch knapper ist.

Margin

Die Sicherheitsleistung, die bei **Termingeschäften** auf einem Konto zu hinterlegen ist, nennt man **Margin.**

Market Maker

Die Zeitschrift **Börsenanalyse** testete die zwölf wichtigsten PC-Börsenprogramme in der Praxis.

Sieger wurde das Programm **Market Maker/3,** das man aber nicht eben als billig bezeichnen kann.

Market-Performer

siehe → Out-Performer

Markt-KGV

Bei den → **Kurs-Gewinn-Verhältnissen** ist das **Markt-KGV** das durchschnittliche KGV einer bestimmten Aktiengruppe.

Es werden beispielsweise die 30 DAX-Titel in einem Gesamt-KGV (**Markt-KGV**) zusammengefaßt. Gegenüberstellungen der einzelnen Titel erlauben die Aussage, ob eine Aktie besonders teuer oder preiswert ist.

Im allgemeinen bewegt sich das Markt-KGV für deutsche Aktien zwischen 12 und 22.

Marktsegmente

Seit Juni 1999 umfaßt die Deutsche Börse 6 Handelssegmente, die nachfolgend schematisch dargestellt sind.

Die sechs Marktsegmente der Deutschen Börse im Kurzüberblick

Teilmarkt 1	Teilmarkt 2	Teilmarkt 3	Teilmarkt 4	Teilmarkt 5	Teilmarkt 6
Amtlicher Handel	*Geregelter Markt* Einführung Mai 1987	*Geregelter Freiverkehr*	*Ungeregelter Freiverkehr* *Telefonverkauf*	*Neuer Markt* Einführung März 1997	*Smax (Small Caps Exchange)* Einführung 26. Juni 1999
Strenge Formvorschriften in § 36 Börsengesetz, wie Prospekthaftung von Bank und Gesellschaft bei Börseneinführung; Veröffentlichung von Zwischenberichten und Bilanzen im Börsenpflichtblatt. *Amtliche Kursmakler* von Länder-Wirtschaftsministern bestellt und vereidigt.	Keine Zwischenberichte; verminderte Anforderungen an Börseneinführungsprospekt; statt Pflichtveröffentlichungen Auslage an Bankschaltern ausreichend. Geeignet für mittlere Gesellschaften, die hohe Kosten des amtlichen Handels vermeiden wollen.	Vorlage von Unternehmensberichten bei Freiverkehrsausschuß ausreichend.	Zwangloser, meist telefonisch erfolgender Handel auch außerhalb der Börsenzeit; keine Zulassungsvorschriften für Aktien; Makler nicht erforderlich. Keine Publizitätsvorschriften für Bilanzen, Zwischenberichte oder Unternehmensberichte.	Marktbereich für kleine und mittlere innovative Unternehmen, insbesondere aus dem Sektor der Hochtechnologie. Zugangsvoraussetzungen: ein Emissionsvolumen von mindestens 10 Millionen Mark und ein Streubesitz von mindestens 15 Prozent. Internationale Ausrichtung; besondere Auskunftspflichten für Anleger; Betreuung durch die einführende Bank; Handel zunächst an der Präsenzbörse, später über elektronisches Handelssystem XETRA.	Börsensegment für mittelständische Unternehmer. Start mit 91 Gesellschaften, wovon 88 schon an der Börse waren. Alle Smax-Werte werden fortlaufend auf XETRA gehandelt. Der Smax liegt unterhalb von DAX- und MDAX-Werten und außerhalb des Neuen Marktes. Papiere müssen für Amtlichen Handel oder Geregelten Markt zugelassen sein. Quartals- und Jahresberichte und Analysenkonferenz sind Pflicht.
variabler Handel (fortlaufende Notierungen) — Kassamarkt (Einheitskurse)		*Kein* Anspruch auf Ausführung von Aufträgen. (gilt für Teilmarkt 3 und 4; Teilmarkt 3 → Teilmarkt 2)			
bei unlimitiert erteilten Aufträgen *Anspruch* auf Ausführung (gilt für Teilmarkt 1 und 2)					

Das »Greenhorn« auf dem Parkett ist seit Ende Juni 1999 der »Smax«, sozusagen der »Teilmarkt 6«.

May
»Sell in May – go away« ist ein Börsenspruch.

Die Redensart, im Mai zu verkaufen, weil dann gewöhnlich die Kurse plumpsen, hat sich in manchen Jahren als töricht erwiesen.

MEGA-Zertifikate
MEGA-Zertifikate sind in gleicher Weise wie **Grois** aufgebaut. Vergleichen Sie deshalb dort.

Mergers & Acquisitions
Unter diesem sprachlich nicht leicht zu bewältigenden Begriff versteht man Beratungs-Dienstleistungen beim **Kauf, Verkauf** und der **Fusion** von Firmen.

Hochspezialisierte Berater und Banken **(Investmentbanken)** betreiben das M&A-Geschäft, das früher von den Banken eher vernachlässigt wurde, jetzt aber zunehmend für attraktiv befunden wird.

Midcap-DAX
siehe → **DAX**

Minor Trend
siehe → Major Trend

Momentum
Das **Momentum** steht für die **Intensität einer Kursbewegung,** wobei ein Anlagehorizont von drei bis sechs Monaten besteht.

N

Namensaktien

Der Trend zur Umstellung auf **Namensaktien** hält bei deutschen Firmen an. Telekom, Lufthansa, Daimler-Chrysler, Siemens, Mannesmann, Dresdner Bank, Aventis und Deutsche Bank sind einige der prominenteren.

Für die Global Players ist die Namensaktie von Vorteil, weil sie das **Listing** an den US-Börsen erleichtert.

Bei Namensaktien darf jeder Aktionär das elektronische Aktienbuch einsehen. Strenggenommen auch das Finanzamt, sofern es eine einzige Aktie der Gesellschaft besitzt. Grund zur Besorgnis besteht jedoch nicht. Allein Daimler-Chrysler hat 1,6 Millionen Einzelaktionäre.

Wer nicht ins Aktienbuch eingetragen werden will, läßt seine **Depotbank** als »**Platzhalter**« registrieren. So ist er zumindest vor dem Mißbrauch von Daten sicher, zumal bei Namensaktien Name, Adresse, Beruf und Anzahl der Aktien für den Einzelaktionär festgehalten sind.

NASDAQ

An der amerikanischen **National Association of Security Dealers,** einer Freiverkehrsbörse, werden rund 4000 Aktien gehandelt.

Es handelt sich um eine weitverbreitetes **Computernetz** und keinesfalls um eine **Präsenzbörse.**

Soweit → **Penny-Stocks** von der NASDAQ gehandelt werden, genießen sie einen gewissen Ruf von Bonität.

NAX

Die geplanten Panzerexporte in die Türkei erregten Teile der Regierungskoalition.

Wer keine Aktien von Rüstungsunternehmen kaufen will, kann sich umweltfreundlichen Papieren zuwenden, den sogenannten **»Natur-Aktien«.**

Hierfür gibt es einen eigenen **»Natur-Aktien-Index«,** der abgekürzt **NAX** genannt wird.

Nemax

Der **Nemax (Nemax-All-Share-Index)** enthält alle Aktien des → **Neuen Marktes**.

Am 1. Juli 1999 wurde für die **Bluechips** des Neuen Marktes, also die 50 kapitalkräftigsten und angesehensten Aktien, der Neue-Markt-Bluechips-Index eingeführt, dem man zur Unterscheidung vom **Nemax** danach den Namen **Nemax 50** gab.

Neuemissionen

siehe → Going public

Neuer Markt

Im März 1997 führte die Deutsche Börse AG das Marktsegment **Neuer Markt** ein. Hierfür kommen kleine und mittlere innovative Wachstumsunternehmen in Frage.

Einzelheiten

a) Emissionsvolumen mindestens 10 Millionen Mark.
b) Streubesitz mindestens 15 Prozent.
c) Internationale Ausrichtung.
d) Besondere Auskunftspflicht für Anleger (aktive Investor-Relations-Politik).

e) Quartals- und Jahresberichte in deutscher und englischer Sprache.
f) Veranstaltungen für Analysten und Investoren.
g) Einschaltung eines Betreuers, der Unternehmen als Handelspartner begleitet.

Anfangs präsentierte sich der Neue Markt als Zockermarkt, weil viele Preise **Hoffnungspreise** für die Ge-

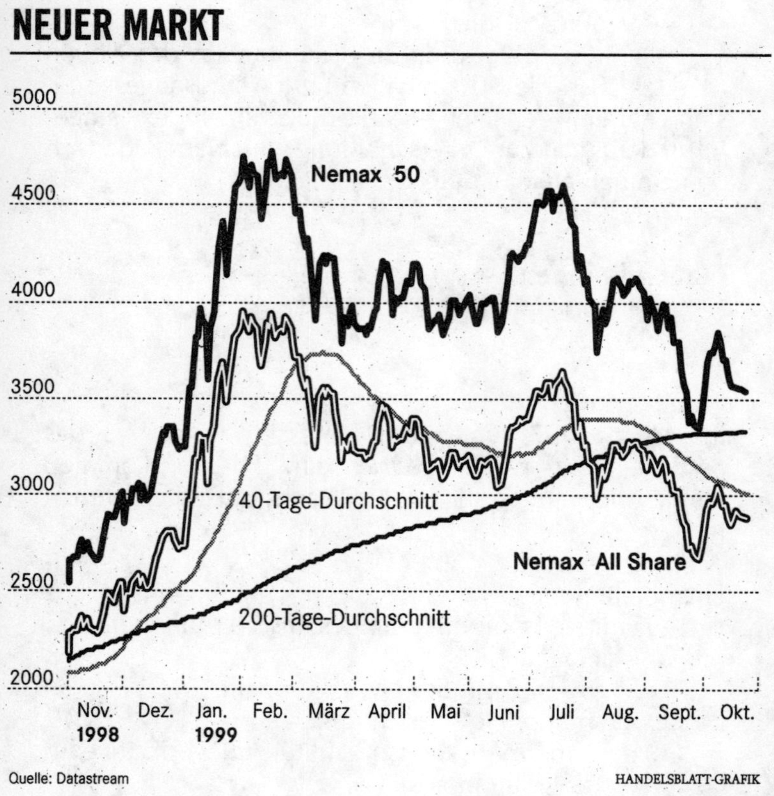

	Nemax **(Nemax-All-Share-Index)**	**Nemax 50** **(Neuer-Markt-Bluechips-Index)**
Enthaltene Aktien	alle Aktien des Neuen Marktes (Ende 1999 ca. 150 Stück) – auch ausländische Titel –	50 Aktien mit hoher Marktkapitalisierung und hohen Börsenumsätzen Novum: Höchstgrenze beim Gewichtsanteil = 10% – auch ausländische Titel –
Überprüfung Zusammensetzung	–	jedes halbe Jahr (erstmals März 2000)
Anpassung Gewichtung	–	vierteljährlich
Beginn	1. Januar 1998 = 1000 Punkte	1. Juli 1999 (4339,88 Punkte)
Schwerpunkt	–	größter Anteil = Medienwerte wie EM.TV, Edel Music, Kinowelt und Mobilcom

winnerwartung der Zukunft waren und den tatsächlichen Unternehmenswert bei weitem übertrafen.

Die Indizes des Neuen Marktes sind der → **Nemax** und der **Nemax 50.**

NEUER MARKT (F) ANGABEN IN EURO

23.9.99 17:30		WPKN	Letzte Div.	Börsenkap. in Mill. Euro	Xetra Anfang	Tages H/T		Auktion	Schluss	+/-	Präsenzbörse Schluss	52 Wochen Hoch	Tief
Aap Implantate (o.N.)		506660		61,56	16,55	16,55	16,20		16,20	+0,60	16,00b	18,10	8,50
ACG AG f. Chipkarten u. Inf. (o.N.)		500770		258,50	115,77	117,99	115,77		117,50	+3,91	114,00G	153,00	58,00
AC-Service (o.N.)		511000		68,04	12,74	12,95	12,60		12,60	-0,20	12,50b	37,50	12,50
Adcon Telemetry (Öster.)		922220		63,20	8,25	8,35	7,90		7,90	-0,20	7,90b	9,10	6,80
ADVA Optical Networking (o.N.) [1])		510300		377,50	74,40	75,50	74,00		75,50	+2,50	75,50b	87,50	39,00
Advanced Medien (o.N.)		509300		164,92	12,83	13,52	12,22		12,40	+0,15	12,35b	22,50	11,50
Aixtron (o.N.) [1])	♣	506620	0,33	1365,00	87,79	91,00	86,98	91,00	91,00	+4,50	89,60b	98,50	30,68
Articon Inform. Systems (o.N.)	♣	508770		167,54	34,10	34,40	33,50		33,95	-0,05	34,00b	61,67	19,94
Artnet.com (o.N.) [1])		690950		61,69	13,00	14,10	13,00	14,10	14,10	+1,42	13,90b	66,50	10,50
AT&S Austr.Tech.&Sys. (o.N.)		922230		358,40	25,75	26,00	25,60		25,60	-0,40	25,80b	36,00	25,00
Augusta Technologie (5)		508860	0,87	209,40	50,91	52,35	50,60		52,35	+1,85	51,30b	76,00	33,75
Basler (o.N.) [1])		510200		337,75	99,50	99,75	96,50	96,50	96,50	-0,50	96,20b	127,00	78,00
BB Biotech Dt. Zert.1/10 (Schw.) [1])	♣	910468		1171,10	47,20	47,95	47,20	47,80	47,80	+0,80	47,20b	51,90	18,41
BB Medtech Dt. Zert. 1/5 (Schw.)	♣	914676		243,20	15,20	15,20	15,20		15,20		15,40b	19,80	14,70
Beko Holding (Österr.)		920503		240,00	39,40	40,00	39,10	40,00	40,00	±0	39,00G	62,90	39,00
Bertrandt (o.N.)	♣	523280	0,51	215,60	62,60	63,30	62,60	63,30	63,30	-0,28	63,10b	86,50	36,81
Beta Systems (o.N.)	♣	522440		62,62	16,00	16,00	15,60		15,80	-0,40	15,70b	35,65	12,80
BinTec Comm. (o.N.) [1])	♣	516100		131,25	19,80	20,00	18,45		18,75	-1,10	19,00b	48,00	18,50
B.I.S.Börsen-Informations-Sys. (o.N.)		520470		56,43	21,50	22,30	20,90		20,90	-0,10	21,00b	35,00	20,12
Brain Force Software (Österr.)		919331		54,78	17,00	17,25	16,25		16,60	-0,40	17,40b	26,00	16,70
Brain International (o.N.) [1])	♣	525250		190,72	29,90	30,00	29,50		29,80	+0,30	29,55b	66,50	29,50
Brokat Infosystems (o.N.) [1])		522190		920,60	104,20	105,90	104,00		104,50	+1,45	105,00b	182,00	34,51
Brokat Infosystems jge. (o.N.) [1])		522191									110,00b	117,10	99,00
Buecher.de (o.N.)		528520		176,00	20,50	22,50	20,50		22,00	+1,80	22,00b	62,00	19,70
Cancom IT Systeme (o.N.)		541910		31,50	17,50	17,50	17,50		17,50	-0,30	17,60b	21,50	17,20
CE Computer Equipment (o.N.)		542000		214,92	54,00	55,72	52,50		55,72	-0,28	56,50b	64,00	22,16
ce Consumer Electronic (o.N.) [1])		508220	0,15	558,32	75,00	75,50	70,50		73,50	-1,00	74,00b	124,00	18,41
Cenit AG Systemhaus (o.N.)		540710	0,13	150,80	39,28	39,80	37,50		37,70	-0,84	37,50b	67,75	18,92
	♣	540750		59,40	49,50	49,50	49,50		49,50	-0,50	50,00b	76,50	44,00

New Highs/New Lows-Indikator

Von den mehr als 50 technischen Indikatoren, mit denen Analysten versuchen, künftige Börsenkurse zu ergründen, gehört der **New Highs/New Lows-Indikator** zu denjenigen, die sich mit dem **gesamten** Markt und nicht mit einer einzelnen Aktie beschäftigen.

Es soll also der Trend des Gesamtmarktes aus dem Verlauf des genannten Indikators (abgekürzt: **HLI**) ermittelt werden.

Dabei stehen sehr viele einzelne Titel Pate. Die 30 DAX-Werte würden zu undifferenziert sein und ungenaue Ergebnisse liefern. Deshalb greift man auf die 320 Werte des **Composite DAX** oder auf die 100 Aktien des DAX-100 zurück.

Der Indikator zeigt nun an, wie viele Papiere einen neuen Höchststand **(New High)** oder einen neuen Tiefststand **(New Low)** erreicht haben.

Der **HLI-Indikator** besteht daher aus zwei Linien. Sie verlaufen vollkommen gegensätzlich, weil zu einer Zeit, in der viele Aktien einen neuen Höchststand haben, Hausse angesagt ist und garantiert nur wenige Aktien einen neuen Tiefststand haben werden.

Zeigt der Zacken der **New Highs** steil nach oben, spricht man auch von einem **überkauften Markt.** Allzu viele Anleger haben Aktien gekauft und die Kurse nach oben getrieben, so daß alsbald mit einem Rückfall gerechnet werden kann. Nach langer Zeit der Baisse, wenn sich fast jedermann von seinen Papieren getrennt hat, werden irgendwann sehr viele neue Tiefststände von Aktienkursen zu verzeichnen sein. Es ist die Zeit der **New Lows,** die man auch als **überverkaufte** Situation bezeichnen kann.

Fazit: Wenn die beiden Kurven des New Highs/New Lows-Indikators ziemlich gleichförmig und gemäßigt verlaufen, ohne daß größere Ausschläge zu bemerken sind, dürfte an der Börse nicht allzuviel nach oben oder unten passieren. Große Zacken in der Kurve jedoch, die sich vom bisherigen Verlauf abheben, zeigen **Übertreibungsphasen** an, also überkaufte oder überverkaufte Situationen, denen alsbald ein Börsensturz oder eine rapide Kurserholung folgt.

Nichtveranlagungsbescheinigung

Der **Zinsabschlag** unterbleibt nicht nur bei Vorlage eines → **Freistellungsauftrags,** sondern auch bei Vorlage einer **Nichtveranlagungsbescheinigung.**

Die **NV-Bescheinigung,** wie sie kurz genannt wird, ist sogar noch besser, denn sie stellt grundsätzlich **alle Kapitaleinkünfte** frei, selbst wenn sie den Sparerfreibetrag und den Werbungskostenpauschbetrag von 6100/12200 DM (Ledige/Verheiratete) übersteigen sollten. Mit dem Freistellungsauftrag kann dagegen nur die Steuerfreiheit innerhalb der genannten Grenzen von 6100/12200 DM erreicht werden.

Es darf also gesagt werden, daß die **NV-Bescheinigung** bedeutend attraktiver ist als ein **Freistellungsauftrag.**

Wie sich dies im einzelnen auswirkt, können Sie der Tabelle unter dem Stichwort → **Freistellungsauftrag** entnehmen.

Wer erhält nun diese begehrte NV-Bescheinigung? Sie ist für Bürger vorgesehen, die – nomen est omen – **nicht** zur **Einkommensteuer** veranlagt werden.

Welche Tatbestände im einzelnen zur Veranlagung führen, ist in **§ 46 Einkommensteuergesetz** geregelt.

Nicht veranlagt wird beispielsweise, wer als Arbeitnehmer nur 27000 DM Lohneinkommen hat (Verheiratete = 54000 DM). **Nebeneinkünfte** bis 800 DM können dabei außer Betracht bleiben. Sind beide Ehepartner Arbeitnehmer, muß eine Veranlagung stattfinden, wenn einer davon nach Steuerklasse V oder VI besteuert wird.

Es gibt eine Vielzahl von Veranlagungstatbeständen,

und der § 46 **EStG** ist recht kompliziert. Fragen Sie deshalb Ihren Steuerberater oder Ihr Finanzamt im Einzelfall, ob Sie eine NV-Bescheinigung erhalten können.

Wenn Sie den Weg zum Finanzamt nehmen, sollten Sie immer folgendes bedenken: Ist die Veranlagungspflicht erst einmal festgestellt, wird meist die Aushändigung der Steuererklärung auf dem Fuß folgen, und eine bisher nicht erfaßte Person ist zum neuen Steuerbürger geworden.

Ausdrücklich sei auf die vollkommen unterschiedliche Behandlung von **Rentnern** und **Pensionären** hingewiesen. Bei Rentnern wird steuerlich nur der sogenannte **Ertragsanteil** angesetzt. Er beträgt bei einem Rentenbeginn mit 65 Jahren 27 Prozent.

Bei Pensionären dagegen ist die Regelung ungünstiger. Nur ein sogenannter **Versorgungs-Freibetrag** von 40 Prozent der Pension, höchstens jedoch 6000 Mark, bleibt steuerfrei.

Selbstverständlich wird sowohl bei Rentnern als auch Pensionären der Sparerfreibetrag von 6100/12200 DM von den Einnahmen aus Kapitalvermögen in Abzug gebracht (ab 1. Januar 2000 = 3100/6200 DM).

Aber auch hier liegt wieder eine Tücke. Gerade der soeben erst abgezogene Sparerfreibetrag gilt – Kehrseite der Medaille – als **Erwerbseinkommen** im Sinne der **Besteuerung des Existenzminimums.**

Sie sehen aus diesen kleinen Hinweisen, daß fachmännische Hilfe erforderlich ist, wenn Sie sich um eine NV-Bescheinigung bemühen.

No-Load-Fonds

Mitte 1994 wurden die ersten drei **No-Load-Fonds** ins Leben gerufen.

Es handelt sich um Investmentfonds, die keine **Ausgabeaufschläge** (Loads) erheben.

Die Entwicklung wurde durch den ersten deutschen → **Discount-Broker** ausgelöst.

O

Odd Lot

Verkaufs- oder Kaufaufträge von weniger als 100 Aktien nennt man in den USA **Odd Lot.** Auch eine nicht durch 100 teilbare Anzahl von Aktien fällt darunter.

Bei Odd-Lot-Aufträgen müssen **Aufschläge** (beim Kauf) bzw. **Abschläge** (beim Verkauf) von einem Achtel bis einem Viertel Punkt in Kauf genommen werden.

Das Gegenteil von einem Odd Lot ist ein → **Round Lot,** das Aufträge von mindestens 100 Aktien **(Shares)** umfaßt.

On-Balance-Volume-Indikator

Künftige Börsenkurse kann man aus dem Kaffeesatz lesen. Doch ist diese Technik nicht sehr erfolgversprechend. Halten wir uns also an handfeste Fakten, beispielsweise an den **On-Balance-Volume-Indikator,** der zur Chart-Analyse gehört.

Joe Granville, der bekannte Börsenprofi, hat ihn erfunden. Ausgangspunkt dieses Instruments der Kursvorhersage ist die Beobachtung des Umsatzes einer Aktie. Langjährige Erfahrungen ergaben nämlich, daß im letzten Teil einer **Hausse** plötzlich ein Umsatzrückgang festzustellen ist.

Dieses Phänomen ist leicht damit erklärt, daß ab einer bestimmten Kurshöhe niemand mehr so recht investieren will, weil ihm das Risiko zu groß geworden ist und er über kurz oder lang mit einem Kippen des Kurses rechnet.

Der Rückgang der Umsätze, also der Stückzahlen, sollte als Hinweis dafür angesehen werden, nun schnellstens Kasse zu machen und sich von der betreffenden Aktie zu trennen.

Ähnlich stellt sich die Situation in einer **Baisse** dar. Zunächst will jedermann das Papier loswerden. Riesige Stückzahlen drängen auf den Markt und führen zu rapide sinkenden Kursen.

Aber auch hier ist irgendwann der Zeitpunkt erreicht, zu dem niemand mehr verschleudern möchte und man die Aktien, statt zu verkaufen, im Portefeuille behält. Dann gehen die Umsätze zurück. Dies kann als Hinweis dafür gesehen werden, daß nun Einsteigen lohnt.

Aus den Beobachtungen läßt sich ein einfaches Schema entwickeln. Es funktioniert so, daß von der Aktie, die Sie beobachten wollen, jeweils die **Schlußkurse** festgehalten werden.

Liegt der Schlußkurs **über** dem des Vortages, wird der neue Umsatz zum Umsatz des Vortages **addiert.** Liegt der Schlußkurs jedoch **niedriger** als der des Vortages, wird der neue Umsatz vom Vortagswert **abgezogen.**

Und was passiert bei gleichen Schlußkursen? Natürlich gar nichts. Alles bleibt unverändert.

Vergleichen Sie nun den Kurs des Wertpapieres mit der Entwicklung des wie vorstehend beschriebenen **On-Balance-Volume-Indikators.** Steigen beide Werte synchron, ist alles in Ordnung, und Sie dürfen mit weiter steigenden Kursen rechnen. Falls jedoch der Kurs der Aktie weiter anzieht und der On-Balance-Volume-Indikator dagegen zurückbleibt, ist mit einer Gegenbewegung zu rechnen. Sie sollten verkaufen.

Bei **fallenden** Kursen in einem sinkenden Markt gelten natürlich die gleichen Grundsätze. Das synchrone Nebeneinander vom alten Wertpapierkurs und fallendem On-Balance-Volume-Indikator signalisiert ein weiteres Durchsacken des Marktes. Beginnt der On-Balance-Volume-Indikator jedoch weniger stark zu fallen, ist die Gegenbewegung in Sicht. Es darf auf einen drehenden Markt und steigende Kurse spekuliert werden.

Die Mühe der täglichen Addition von Schlußkursen können Sie sich ersparen, wenn die Wertpapierabteilung

Ihres Kreditinstituts elektronisch gut ausgestattet ist. Der **OBV-Indikator** mit einer **gleitenden Durchschnittslinie**, einer Skala der **umlaufenden Stückzahlen** und dem **Aktienkurs** kann dann auf einem einzigen Blatt ausgedruckt werden.

Online Broking

Darunter versteht man den Wertpapierhandel über das **Internet.**

Durch Vermittlung einer Direktanlagebank geht die Order vom Computer des Anlegers direkt in den Börsenrechner.

Opener

»Opener« oder **»Openerin«:** Das sind der freundliche Herr oder die Dame mit der einschmeichelnden Telefonstimme, die beim Anlagebetrug anrufen. Meist werden beim ersten Telefonat nur allgemeine Fragen gestellt, wobei aber auch versucht wird, das Opfer über seine finanziellen Möglichkeiten auszuhorchen und ihm Traumrenditen in Aussicht zu stellen.

Erst wenn der Opener das Feld beackert hat, meldet sich, meist ein paar Tage später, der eigentliche Werber mit einem verlockend erscheinenden, aber betrügerischen Anlageangebot.

Open-Outcry-Handel

Bei der Präsenzbörse erfolgen Geschäftsabschlüsse im traditionellen **Parketthandel** durch Zuruf.

Dieses Ausrufen der Kurse wird in angelsächsischen Ländern als **Open-Outcry-Handel** bezeichnet.

Option auf den Bund-Future

An der Deutschen Terminbörse können außer dem **DAX-Future,** dem **Bund-Future** und dem **Bobl-Future** auch **Optionen** auf diese drei Futures gehandelt werden.

Die Option ist das Recht, aus der Optionsposition heraus einen Future zu kaufen. Es besteht aber keine Verpflichtung, wie beim Future selbst, zur Leistung. Vielmehr darf eine Option auch unausgeübt verfallen.

Wer eine **Kaufoption** auf den Bund-Future zeichnet, spekuliert auf **fallende** Zinsen. Der Käufer einer **Verkaufsoption** dagegen rechnet mit steigenden Marktzinsen.

Optionsanleihen

Optionsanleihen sind den → **Wandelanleihen** nahe verwandt.

Auch hier gibt es ein Recht zum Bezug von Aktien. Im Gegensatz zu Wandelanleihen erlischt jedoch die Optionsanleihe nicht, wenn die Aktien bezogen werden. Sie werden zusätzlich zur Anleihe gegeben.

Optionsanleihen sind also **festverzinsliche Wertpapiere,** denen das Recht zum Bezug von einem oder mehreren abtrennbaren → **Optionsscheinen** beigegeben ist. An der Börse wird der Optionsschein nach Loslösung von der Anleihe selbständig gehandelt.

Der Kurszettel enthält dreierlei:

a) die Anleihe **mit** Optionsschein

b) die Anleihe **ohne** Optionsschein

c) den Optionsschein allein.

Im nachfolgenden Zeitungsausschnitt notiert die 6¾-Anleihe der Anzag 1986/1996 **einschließlich Optionsschein** zu einem Kurs von 234,50 DM.

Die gleiche Anleihe **ohne Optionsschein** hat einen Kurs von 99,90 DM.

Der dazugehörige **losgetrennte Optionsschein** notiert mit 210 DM.

Optionsanleihen

8⅞ Agab 91/96	101.75T	101.75T	*7.15*
8⅝ - o.O. 91/96	102.25T	102—T	*6.92*
7 All.Fin. 89/96	166—G	165—T	
7 - o.O. 89/96	100.80bG	101—	*6.06*
6.5 - 93/98	138.50G	137.50	
6.5 - o.O. 93/98	99.15	99—	*6.84*
6¾ Anzag 86/96	234.50G	234.50G	
6¾ - o.O. 86/96	99.90G	99.90G	*6.74*
6.5 AVA 89/99	296.25G	296.25G	
6.5 - o.O. 89/99	97—bB	96.50G	*7.56*
3¾ Bk. Austria 94/01	92.50G	92.50G	*5.16*
3¾ - o.O. 94/01	86.70	86.50G	*6.41*
6¼ Bayer 87/97	135—G	135—G	
6¼ - o.O. 87/97	98.95	98.80	*6.75*
3 Bayer.Hyp. 86/96	106.10G	106.10T	
3 - o.O 86/96	96.20G	96.20G	*5.95*
7 Berl.El. 89/99	100—G	100—G	*6.97*
7 - 89/99	97.50G	97.50bG	*7.66*
7.5 - 93/01	120.25G	120.25G	*3.89*
7.5 - o.O. 93/01	97.75G	97.75G	*7.93*

Aktienoptionsscheine

Agab 8⅝ v. 91/11.3.96	5.20bG	5.60T
Allianz 7 v. 89/29.3.96	1173—bG	1155—
- 6.5 v. 93/23.2.98	72—	70.60
Anzag 6¾ v. 86/1.9.96	210—	210—
AVA 6.5 v. 89/5.2.99	1120—	1100—G
Bk. Austria v. 94/7.6.99	9.80	10—
BASF Fin. v. 86/9.4.01	87.50	89—
Bayer 2¾ v. 85/1.3.95	178.50	177.50
- 6¼ v. 87/28.8.97	96.50	98—
Bayr.Hyp. 3 v. 86/1.7.96	46.70	46.10
- v. 92/15.7.99	43—bG	42—
- v. 94/15.11.95	20.50	20—
- v. 94/15.7.97	36.50	36—
- v. 94/15.7.98	40—	40—
Berl.El. 7 v. 89/1.6.99	70—G	70—G
- 7.5 v. 93/30.11.00	170—	170—B
BHF-Bank 7 v. 85/31.7.95 ..	50—	49—
- 6⅜ v. 86/30.9.98	59—	58.50G
- 7¼ v. 89/25.10.96	48—	48—

Wegen des im Optionsschein enthaltenen **Aufgelds** und des selbständig sich bildenden Kurses stellt sich der Optionsscheinkurs nicht als Differenz zwischen dem Anleihekurs **mit** und **ohne** Optionsschein dar.

Das nicht mehr aktuelle Beispiel verdeutlicht den Zusammenhang von **Optionsanleihe** und **Optionsschein.** Heute stehen nur noch die sog. **klassischen** Optionsscheine mit einer Anlage in Zusammenhang.

Die Mehrzahl der → **Optionsscheine** sind **»naked«,** also ohne Verbindung zu einer Anleihe oder hinterlegten Aktien.

Optionsscheine

Ein Optionsschein ist ein **abgeleitetes Anlageinstrument** (vgl. auch → Derivate).

Er berechtigt zum Kauf oder Verkauf anderer Anlageinstrumente, also zum Beispiel von **Aktien, Indexen, Devisen** und wiederum von **Optionsscheinen** selbst.

Ein **Aktienoptionsschein** wird beispielsweise von einer Aktiengesellschaft für **neue Aktien** herausgegeben.

1. *Aktienoptionsscheine*	2. *Indexoptionsscheine*	3. *Devisenoptionsscheine*
↓	↓	↓
Aus **Optionsanleihen** stammende **Optionsscheine**. Berechtigen zum Bezug von **neuen** Aktien zu festgelegten Preisen. Der Aktiengesellschaft fließt durch die Emission **neues Kapital** zu.	Basieren auf einem Aktienindex (z. B. DAX, NIKKEI, Standard & Poor's). Es gibt **Calls** (Kaufoptionsscheine) und **Puts** (Verkaufsoptionsscheine).	Werden auch Währungsoptionsscheine genannt, weil sie auf einer Währung (z. B. DM/US-Dollar, DM/englisches Pfund, DM/Yen) basieren. Auch hier gibt es **Call-** und **Put-Scheine**.

Er ist **verbrieft.** Das ist praktisch der einzige Unterschied zu **Wandelanleihen,** die, ohne verbrieft zu sein, in einem bestimmten Zeitraum oder zu einem bestimmten Zeitpunkt zum Bezug von Aktien berechtigen.

Mit den seit 1970 in der Bundesrepublik wieder zugelassenen **Optionen** dürfen Optionsscheine nicht verwechselt werden.

Optionen betreffen Termingeschäfte und werden an der **Wertpapierbörse Frankfurt** sowie seit Januar 1990 auch an der **Deutschen Terminbörse** gehandelt.

Mit einer **Option** kann der Käufer jeweils 50 Aktien einer Gesellschaft erwerben. Meistens dauert eine Option als Termingeschäft nur ein paar Monate.

Ein Aktienoptionsschein, auch **Warrant** genannt, garantiert dagegen den Kauf einer bestimmten Anzahl von

4. *Optionsscheine auf Optionsscheine*

Hochspekulativ, weil die Optionsscheine wiederum auf **Optionsscheinen** basieren. Kursausschläge potenzieren sich in beide Richtungen. Heißen deshalb auch **Turbos.**

5. *Zinsoptionsscheine*

Sind das Anrecht auf den Kauf einer Anleihe. Heißen deshalb auch **Anleiheoptionsscheine.** Bei fallenden Zinsen entstehen Gewinne. Kein innerer Wert des Scheins, wenn Anleihe unter 100 fällt. Calls und Puts vorhanden.

Aktien zu einem vorher festgelegten Optionspreis während eines ebenfalls festgelegten Zeitraums.

Mit **Aktienoptionsscheinen** finanzieren sich die Aktiengesellschaften. Die Scheine werden den niedrig verzinslichen **Anleihen** (meist ca. 2 Prozent), die die Firmen herausbringen, beigegeben, um einen Anreiz zur Zeichnung der Anleihen zu bieten.

Solche aus **Optionsanleihen** stammenden Optionsscheine berechtigen zum Bezug von **neuen** Aktien.

Während der Optionsschein beim Emittenten der **Kapitalbeschaffung** dient, erhofft sich der Zeichner (Anleger) von dem Kauf einen überproportionalen **Kursgewinn.**

Für Aktienoptionsscheine braucht beispielsweise nur ein Bruchteil des Kapitals aufgewendet zu werden, das für den direkten Kauf der Aktie selbst fällig wäre.

An **Kursveränderungen** nimmt der Optionsschein im Vergleich zur Aktie **überproportional** teil.

Wird die Option nicht während der Laufzeit ausgeübt,

d. h. der Schein durch Zahlung des Optionspreises in Aktien getauscht, so **verfällt** der Optionsschein.

Von einem **Aufgeld** spricht man, wenn der **Erwerb** einer Aktie **über den Optionsschein** (Scheinpreis + Optionspreis) teurer ist als der **direkte Kauf** der Aktie an der Börse.

Gegen **Ende der Laufzeit** sinkt das Aufgeld gegen null.

Außer dem Aufgeld, das bei möglichst noch **langer Laufzeit** des Optionsscheines gering sein sollte, ist der sogenannte **Hebel** ein weiteres Kriterium für die Auswahl beim Kauf von Optionsscheinen. Der Hebel ist eine rechnerische Größe, bei der ein **konstantes Aufgeld** vorausgesetzt wird. Er sagt in einer Zahl, um wieviel mehr der Kurs eines Optionsscheines steigt oder fällt als die Aktie selbst. Ein Hebel von 2 beispielsweise bedeutet, daß der Optionsschein voraussichtlich doppelt soviel zulegen oder auch verlieren wird wie die zugrundeliegende Aktie.

Bei Optionsscheinen unterscheidet man einen sogenannten **amerikanischen** und einen **europäischen** Typus.

Bei der **amerikanischen** Art kann die Ausübung der Option **während der gesamten Laufzeit** geschehen.

Im Gegensatz dazu ist bei der **europäischen** Art die Ausübung erst am **Verfallstag** möglich. Wegen dieser Beschränkung ist das Aufgeld beim europäischen Typus meist etwas niedriger. Nicht mißverstanden werden darf, daß beim europäischen Typus nur die **Ausübung** auf den Verfallstag terminiert ist. Der **Verkauf** selbst ist während der gesamten Laufzeit möglich.

→ **Covered Warrants** sind gedeckte Optionsscheine.

Sie werden meist von **fremden** Unternehmen (Banken), manchmal aber auch von der eigenen Aktiengesellschaft begeben und sind keine »Beigabe« zu Anleihen wie die normalen ungedeckten Optionsscheine.

Bei Covered Warrants wird der zugrundeliegenden Aktiengesellschaft – im Gegensatz zu den mit eigenen

Anleihen emittierten Optionsscheinen – **kein neues Kapital** zugeführt.

Covered Warrants werden übrigens nicht nur auf **Aktien,** sondern auch auf **Indizes, Währungen, Zinsen** und **Aktienkörbe (Baskets)** begeben.

Die zu kurzen Laufzeiten der Covered Warrants haben, als sie erstmals als Anlageinstrument bekannt wurden, zu Millionenverlusten bei den Anlegern geführt.

Bei Covered Warrants muß der Aussteller einen **Dekkungsbestand** der **veroptionierten Aktien** unterhalten. **Naked Warrants** sind nicht einer Anleihe beigegeben, sondern werden als **isoliertes** Wertpapier ausgegeben. Dabei braucht ein Deckungsbestand nicht vorgehalten zu werden.

Wichtige Merkmale der übrigen Optionsscheine (Indexoptionsscheine, Devisenoptionsscheine, Optionsscheine auf Optionsscheine, Zinsoptionsscheine) entnehmen Sie bitte dem obigen Schema (Seite 182 f.).

Optionsscheinfonds

Der erste deutsche **Optionsscheinfonds** wurde am 1. August 1989 aus der Taufe gehoben. Es handelte sich um PEH-Universal-Fonds-OS.

Der Emissionskurs betrug 100 DM und kletterte binnen sechs Wochen auf 113 DM. In 1990 jedoch verlor er 55,8 Prozent an Wert. Die Initiatoren bekannten sich zu »einer großen Enttäuschung«, und die PEH-Wertpapier-GmbH gab bekannt, daß sie nicht mehr Vertriebsgesellschaft für diesen Fonds sei.

Wie spekulativ ein **Optionsscheinfonds** ist, zeigte sich aber endgültig am 30. November 1991. An diesem Tag waren von den ursprünglich eingesetzten 100 DM nur noch 39,93 DM übriggeblieben. In 1992 sank der Rücknahmepreis gar auf unter 20 DM. Wer auf eine Erholung hoffte, sah sich arg getäuscht. Der in **K + W-Universal-OS** umbenannte **PEH-Universal-Fonds-OS** hatte im

Optionsschein-Fonds						
Fonds	Gesellschaft	Wertpapier-Kennnummer	Erstausgabe am	erster Ausgabepreis in Mark	Rücknahmepreis (DM) am 20. 6. 1994	am 7. 3. 1995
CC-Universal-OS	Universal	849063	17. 6. 1991	100	123,76	33,67
K+W Universal OS	Universal	848378	18. 8. 1989	100	34,40	7,91
MMWI-Oswa-Fonds	MM Warburg	848883	23. 1. 1990	105	58,13	18,05

März 1995 einen Rückkaufswert von weniger als 8 DM. Von 100 DM Einsatz in 1989 waren 6 Jahre später 92 DM verloren – und das trotz Profi-Management.

Optionsscheinfonds sind »nichts für schwache Nerven«, wie die Verbraucherzeitschrift »DM« titelte.

In 1995 gab es außer dem in **K + W-Fonds** umbenannten PEH-Universal-Fonds-OS noch zwei weitere Optionsscheinfonds.

Am wenigsten von den Verlierern verlor noch der **CC-Universal-OS,** der im Juli 1991 zu 100 ausgegeben wurde und Mitte 1994 immerhin einen Rücknahmepreis von 123,76 DM hatte. Im März 1995 aber notierte er nur noch um die 34 DM. Ein satter Gesamtverlust von 66 DM für den »erfolgreichsten« Verlierer.

Ebenfalls zu einem Verlustmacher geriet der dritte Optionsscheinfonds, der **MMWI-Oswa-Fonds.** Er wurde Anfang 1990 zu 105 DM aufgelegt und hatte Mitte 1994 mit 58,13 DM rund 40 Prozent seines Wertes verloren. Im März 1995 hatte er sich mit einem Rücknahmepreis von 18 DM auf ein Drittel des Juni-Wertes 1994 verringert.

Optionsscheinfonds sind nur für sehr spekulativ eingestellte Anleger als kleine **Beimischung** geeignet. Außerdem sollten sie nur ganz **kurzfristig** gehalten werden. Die Verwaltung durch Profis ist keine Erfolgsgarantie, wie die gegenüberstehende Tabelle eindrucksvoll zeigt.

OTC-Markt

OTC bedeutet **»over the counter«.** Gemeint ist der Handel »über den Bankschalter« an amerikanischen Börsen.

Gehandelt werden Aktien, die die **Zulassungsbestimmungen** für die amerikanischen Börsen nicht erfüllen und deshalb in den OTC-Markt gehen.

Broker-Häuser stellen die Kurse.

Besonders viele → **Penny-Stocks** werden »over the counter« gehandelt.

Eine gewisse Sicherheit bieten OTC-Werte, wenn ihr Handel von der **Vereinigung amerikanischer Wertpapierhändler (NASD)** organisiert wird. Es handelt sich dabei um die größeren OTC-Werte.

out of the money

Eine Option ohne **inneren Wert** liegt **out of the money.**

Bei einer **Call-Option** ist dies der Fall, wenn der **Basiswert** niedriger als der **Ausübungspreis** liegt, und bei einer **Put-Option,** wenn der **Basiswert** höher als der Ausübungspreis notiert (vgl. auch → **intrinsic value** und → **in the money**).

Out-Performer

Eine Aktie, der man zutraut, voraussichtlich besser als ein **Vergleichsindex** abzuschneiden, wird auch als **Out-Performer** bezeichnet.

Ein **Market-Performer** ist dagegen ein Papier, dem die Branchenkenner ungefähr den gleichen Kursanstieg wie dem Vergleichsindex zutrauen.

Die schlechteste Einschätzung erhält ein **Under-Per-**

former, weil er mit einiger Wahrscheinlichkeit nicht so gut abschneiden wird, wie der Vergleichsindex.

Es ist durchaus denkbar, daß verschiedene Börsenbriefe, Fachzeitschriften und Banken die gleiche Aktie unterschiedlich eingruppieren.

P

pckiss

pckiss verbreitet die Kurse in Echtzeit innerhalb und außerhalb der Börse. Es ist ein computergesteuertes Informationssystem (**Kurs-Informations-Service-System**).

Über pckiss erfährt man die gerade aktuellen Aktienkurse. Mit dem Bildschirmbefehl über das System **Boss** wird ein Auftrag sekundenschnell in den Börsensaal weitergegeben, und mit dem System **IBIS** kann ein Kreditinstitut auch außerhalb der Präsenzbörse (8.30 bis 17.30 Uhr) Wertpapiere handeln.

Penny-Stocks

Die sogenannten **Pfennig-Aktien** sind meist US-amerikanischer oder kanadischer Herkunft. Nicht selten verkörpern sie Rechte an undurchsichtigen Bohr- oder Schürfvorhaben.

Meistens kosten sie nicht viel mehr als **einen Dollar**.

Die Verkäufer von Penny-Stocks geben sich als »absolute Fachleute« aus. Schon erstes Hinterfragen nach letzter Bilanz, Auftragslage der Firmen sowie Börsenplatz, Kursentwicklung der letzten Jahre usw. bringt sie ins Schlingern.

Üblich ist der **Telefonverkauf** der Pfennig-Aktien. Die Kurse kommen seltener durch echte Umsätze an exotischen Börsenplätzen (etwa Vancouver) zustande. Meist werden sie »hausintern« von den Schwindel-Vertriebsfirmen nach Gutdünken festgesetzt.

Statistische Erhebungen ergaben, daß in 85 Prozent der Fälle **bei Erstgeschäften** mit einem Anleger ein kleiner Gewinn ausgeworfen wurde, um den Anleger für einen höheren Kapitaleinsatz zu ködern.

Wer sich auf wolkige telefonische Versprechungen

einläßt, ist fast immer der Betrogene. Fragen Sie Ihr **Kreditinstitut**, was es von einer angebotenen Aktie hält, wo sie notiert ist und ob der Kurs täglich von einer Börse ermittelt wird.

Natürlich kann auch eine Pfennig-Aktie an einer Börse gehandelt werden. Dies geschieht meist im **OTC-Markt** und sagt keinesfalls etwas über die Bonität aus.

Besondere Vorsicht ist bei **Schwarzgeld** geboten. Sie werden erpreßbar, wenn der Abzocker dies herauskriegt. Beim Zugriff der Staatsanwaltschaft oder auch wenn die »Bosse« sich vorher ins Ausland absetzen, lassen sie so gut wie immer die Zeichnerlisten mit den Kapitaleinsätzen zurück. Staatsanwälte und Steuerfahnder arbeiten Hand in Hand.

Performance

Ursprünglich war mit Performance der **Gesamtertrag** eines Depots oder einer Investmentgesellschaft gemeint. Die Performance drückte sich in einem Prozentsatz aus und war auf das Jahr bezogen.

In letzter Zeit wird das Wort über die ursprüngliche Bedeutung von **»Wertentwicklung«** hinaus auch für jede Art von Erfolg **(Erfolgsbilanz)** benutzt.

Die **Performance-Listen** der **Investmentfonds** zeigen für einen Zeitraum von einem, drei, fünf, zehn oder zwanzig Jahren, wie die einzelnen Fonds gewirtschaftet haben.

Performance-Index

Bei einem **Performance-Index** werden Dividenden und Bezugsrechte bei der Berechnung der jeweiligen Aktie zugerechnet (vgl. → **Euro-STOXX**).

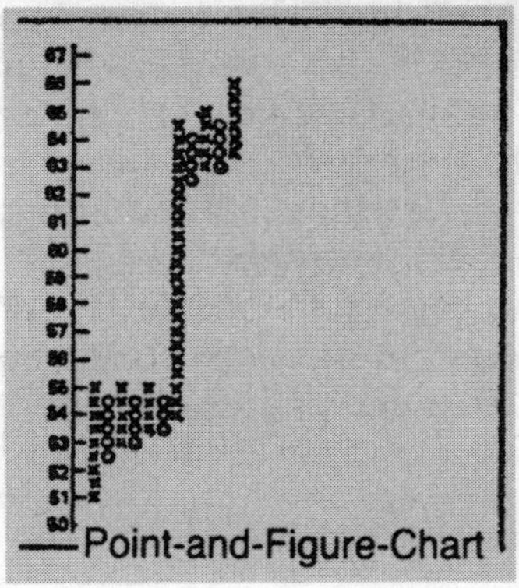

Point-and-Figure-Charts
Es handelt sich um einen Begriff aus der **Chartanalyse**, die neben der **Fundamentalanalyse** ein Pfeiler der Aktienbewertung ist.

Unter **Point-and-Figure-Charts** versteht man die auf der senkrechten Achse eines Koordinatensystems eingetragenen Kurse, wobei auf die Zeitangabe in der Horizontallinie verzichtet wird (vgl. auch → **Linien- und Balkencharts**).

Price-Earnings-Ratio
Price-Earnings-Ratio **(PER)** ist in den USA die Bezeichnung für das deutsche **Kurs-Gewinn-Verhältnis (KGV)**.

Aufgrund des **PER** bzw. **KGV** kann man ablesen, wievielmal der tatsächliche Gewinn einer Aktie in dem Kurs drinsteckt (Kurs : Gewinn).

Beim PER handelt es sich um den wichtigsten Bewertungsmaßstab einer Aktie.

Der Gewinn pro Aktie wird aus dem Gesamtgewinn der Gesellschaft abgeleitet. Dies ist nicht nur die **ausgeschüttete Dividende**, sondern auch die Zuweisung zu **offenen und stillen Rücklagen**.

Deutsche Aktien bewegen sich in einer historischen Bandbreite des PER (KGV) von 9 bis 16. Im Herbst 1993 lag das PER (KGV) vorübergehend bei 26,5. Es sank in 1994 auf eine Bandbreite zwischen 16 und 20, weil die verbesserten Gewinne 1995 zugrunde gelegt wurden, und stieg 1999 wieder auf ca. 24.

In 1994 betrug das **japanische** PER (KGV) zeitweise 120. Dies bedeutet in der praktischen Auswirkung, daß der Käufer einer so hoch bewerteten Aktie 120 Jahre lang den durchschnittlichen jährlichen Gewinn einer Aktie als Kaufpreis aufwenden müßte.

Proinvest Professional

Aus einem Dauertest von Börsen-Programmen im **»Handelsblatt«** ging das Proinvest-Professional-Programm als Sieger hervor.

Proxy

Hierbei handelt es sich um die **Vollmacht**, die ein Aktionär für die Vertretung auf der Hauptversammlung einer Aktiengesellschaft erteilt.

Put/Call-Ratio

Wenn man die Anzahl der **Verkaufsoptionen** (Puts) durch die der **Kaufoptionen** (Calls) teilt, erhält man die Put/Call-Ratio.

Sie ist das »Pessimismus-Barometer« der Börse.

Börsianer gehen davon aus, daß die Put/Call-Ratio auf 0,7 bis 1,0 steigen muß, damit die Basis für den nächsten Aufschwung vorhanden ist.

Wenn viele Verkaufsoptionen gezeichnet werden, ist der Pessimismus groß. Man rechnet allgemein mit fallenden Kursen. Dann ist die Wende nicht weit. Die »zittrigen Hände« haben verkauft, und nun kommen die »starken Hände« und nehmen das abgegebene Material zu geringeren Preisen auf.

Die Put/Call-Ratio kann für vier Segmente gebildet werden:

a) Aktien-Optionen
b) DAX-Optionen
c) DAX-Future-Optionen
d) Bund- bzw. Buxl-Futures

Q

Quellensteuer, ausländische

Befindet sich der Sitz eines **Anleihe-Schuldners** im Ausland bzw. handelt es sich um ausländische **Aktien**, so wird vom deutschen Anleger so gut wie immer ausländische Quellensteuer einbehalten.

Diese Quellensteuer ist bei der **Einkommensteuerveranlagung** auf die Steuerschuld anrechenbar. Sie erhalten den Abzug, wenn Sie Ihrer Steuererklärung die **Anlage KSO für die Deklaration Ihrer Kapitaleinkünfte und außerdem die Anlage AUS** für ausländische Einkünfte beifügen.

Das Anrechnungsverfahren ist recht kompliziert und in **§ 34c Einkommensteuergesetz** geregelt. Sie überlassen es am besten dem Finanzamtscomputer.

Die in Tabelle 1 genannten Quellensteuern werden jedoch aufgrund von **Doppelbesteuerungsabkommen** in manchen Fällen ermäßigt. Diese Ermäßigung fällt Ihnen zwar bei **japanischen** und **USA-Wertpapieren** automatisch zu. Bei den meisten anderen ausländischen Dividenden jedoch müssen Sie sie besonders beantragen.

Diese Formalitäten erledigen Sie auf einem Vordruck, den Sie bei Ihren Kreditinstitut erhalten. Ist es überfragt, wenden Sie sich an das **Bundesamt für Finanzen** in Bonn.

Warum ist dieser Ermäßigungsantrag so besonders wichtig? Ganz einfach deshalb, weil Ihnen das Finanzamt bei Ihrer deutschen Einkommensteuer immer nur den **ermäßigten** Quellensteuerbetrag anrechnet. Leider hat dies auch so zu geschehen, wenn Sie mangels Antrags den **vollen** Quellensteuerbetrag gezahlt haben.

Bei Dividenden aus **Schweizer** Aktien zeigt Ihnen Tabelle 1, daß Sie im Normalfall 35 Prozent Schweizer Quellensteuer hinterlassen müssen. Der beim Schweizer

Tabelle 1:

Quellensteuer auf Zinsen und Dividenden*)

Staaten	Auf Zinsen				Auf Dividenden bei Zahlung an	
	aus festverzinslichen Wertpapieren bei Zahlung an		aus Einlagen bei Kreditinstituten bei Zahlung an		Inländer	Ausländer
	Inländer	Ausländer	Inländer	Ausländer		
EU-Staaten						
Belgien	10	keine	10	keine	25	25
Dänemark	keine**	keine	keine**)	keine	30**)	30
Bundesrepublik Deutschland	30***)	keine	30	keine	25	25
Frankreich	keine**)	15	keine**)	35	keine**)	25
Griechenland	25	46	10	10	45	45
Irland	32	30	30	keine	keine	keine
Italien	12,5	30	30	30	10	32,4
Luxemburg	keine	keine	keine	keine	15	15
Niederlande	keine**)	keine	keine**)	keine	25	25
Portugal	25	25	20	20	25	25
Spanien	25**)	25	25	25**)	25	25
Vereinigtes Königreich	25	25	keine	keine	keine	keine
Österreich	10****)	10****)	10****)	10****)	25	25
Andere Staaten						
Japan	20	20	20	20	20	20
Kanada	keine**)	25	keine**)	25	keine**)	25
Schweiz	35	35	35	36	35	35
Verein. Staaten	keine**)	30**)	keine**)	keine**)	keine**)	30**)

*) Abzug der Kapitalertragsteuer an der Quelle
**) Kontrollmitteilungen
***) 30% Zinsabschlagsteuer seit 1. 1. 1993. Für Tafelgeschäfte gilt ein Satz von 35%. Ab 1995: 7,5% Solidaritätszuschlag.
****) Seit 1. 10. 1993: 22% Quellensteuer auch von Besitzern von Nummernkonten
Quelle: Bundesministerium der Finanzen mit Ergänzungen des Autors

Tabelle 2:

Ursprüngliche ausländische Quellensteuern und Ermäßigungs- bzw. Erstattungsansprüche nach Doppelbesteuerungsabkommen

Vertragsstaaten	Dividenden			Zinsen aus festverzinsl. Papieren		
	Quellen-steuer-Satz in %[1]	Ermäßigungs- bzw. Erstattungsanspruch gem. DBA in %[2]	Im Ausland verbleibende Steuer in %	Quellen-steuer-Satz in %[1]	Ermäßigungs- bzw. Erstattungsanspruch gem. DBA in %[2]	im Ausland verbleibende Steuer in %
Australien[3]	0	0	0	10	0	10
Belgien[4]	25	10	15	25 (10)	10 (0)	15 (10)
Dänemark	30	15	15	0	0	0
Finnland	25	10	15	0	0	0
Frankreich	25	25	0	25	25	0
Griechenland	42–50	17–25	25	18–50[5]	8–40	10
Großbritannien	0	0	0	25	25	0
Irland	0	0	0	32	32	0
Italien	32,4	0	32,4	30	0	30
Japan	20	5	15	15	5	10
Kanada	25	10	15	25	10	15
Luxemburg						
– Allgemein	15	0	15	0	0	0
– Gewinnobligationen	15	15	0	–	–	–
Neuseeland	33	18	15	24	14	10
Niederlande[6]						
– Allgemein	25	10	15	0	0	0
– Gewinnobligationen	25	10	15	–	–	–
Norwegen	25	10	15	0	0	0
Österreich						
– Allgemein	15[7])	0	15	10	10	0
– Wandel- und Gewinn-Schuldverschr.	–	–	–	10	0	10
Portugal	25	10	15	25	10	15
Schweden	30	15	15	0	0	0
Schweiz						
– Allgemein	35	20	15	35	35	0
– Wandelobligationen	–	–	–	35	35	0
– Gewinnobligationen, Beteiligungen als stiller Gesellschafter oder partiarische Darlehen	35	5	30	–	–	–
Spanien	25	10	15	25	15	10
USA	30	15	15	30	30	0

1 Regelsteuersatz; niedrigere Quellensteueransätze können im Einzelfall aufgrund innerstaatlicher Regelungen Anwendung finden.

2 DBA = Doppelbesteuerungsabkommen.

3 Bei einer Dividendenausschüttung aus unversteuerten Gewinnen der australischen Gesellschaft gilt wie früher ein Quellensteuerabzug von 30%. Diese Steuer kann auf Antrag auf 15% herabgesetzt werden.

4 Der reduzierte Steuersatz von 10% gilt für bestimmte nach dem 28. 2. 1990 emittierte Wertpapiere.

5 Hinzu kommt eine Ergänzungsabgabe von 3%.

6 Hypothekarisch gesicherte Zinsen (in den Niederlanden steuerfrei) können in Deutschland besteuert werden.

7 Bei Schachtelbeteiligungen (Mindestbeteiligung 10%) auf 5%.

Quelle: Commerzbank, mit Ergänzungen des Autors

Fiskus eingereichte Ermäßigungsantrag verhilft Ihnen jedoch zu einer Kürzung um 20 Prozent, so daß Sie letztendlich nur noch 15 Prozent berappen müssen (vgl. Tabelle 2).

Nur diese 15 Prozent werden Ihnen auf die deutsche Quellensteuer angerechnet, selbst wenn Sie mangels Ermäßigungsantrags 35 Prozent bei den Gnomen in Zürich lassen mußten.

Für **Frankreich** gilt eine Besonderheit. Die **französische Kapitalertragsteuer** wird auf Antrag nicht erhoben oder voll erstattet. Gleichwohl werden bei Ihrer Veranlagung zur Einkommensteuer 50 Prozent der Ausschüttungen als **Steuergutschrift** auf Ihre deutsche Einkommensteuer angerechnet oder erstattet.

Kleiner Haken: Dieser Betrag führt zur Erhöhung der Ausschüttung, so daß in Ihrer Steuererklärung immer **150 Prozent** der Bruttodividende anzusetzen sind.

Wie sich der deutsche und der französische Fiskus dann über die 50prozentige Steuergutschrift einigen, wird Sie nicht interessieren. **Fiskalausgleich** nennen die befreundeten Nachbarn das Ganze. Und damit dieser in Gang gesetzt wird, füllen Sie bei Ihrem Kreditinstitut den **Vordruck RF1A** aus, womit Sie das **deutsch-französische Doppelbesteuerungsabkommen** mit Leben erfüllen.

Quotenaktien

siehe → **Stückaktien**

R

Raider

Raider spielen bei feindlichen Übernahmen (siehe **Takeover**) eine wichtige Rolle. Sie treiben die Kurse und bereiten das Take-over-Unternehmen vor.

Namen für bekannte Raider in den USA sind Jack Goldsmith, Carl Icahn und Boone Pikkens. Sie waren in den achtziger Jahren gefürchtet, denn sie pflegten Großunternehmen, die sie übernommen hatten, in Einzelteile zu zerlegen, um beim Verkauf der einzelnen Ressorts höhere Gewinne zu erzielen als bei der Veräußerung des Gesamtunternehmens. In Deutschland sorgte im November 1999 mit einem derartigen Ansinnen der englische Mobilfunk-Anbieter Vodafone für Schlagzeilen, der eine Übernahme von Mannesmann betrieb.

Die Bedrohung durch Raider zwingt das Management übernahmegefährdeter Gesellschaften dazu, den Wert der eigenen Firma und ihrer Aktien zu steigern, damit sie möglichst unerschwinglich wird. So gesehen, können auch Kleinanleger von der nicht gerade noblen Tätigkeit der Raider profitieren.

Random-Walk-Hypothese

Der Begriff bedeutet wörtlich übersetzt den eher zufallsbedingten Verlauf eines Weges bzw. die zufallsbedingte Entwicklung eines Aktienkurses.

Die Reihenfolge vergangener Kursänderungen soll nicht geeignet sein für eine Verbesserung der Kursprognose in der Zukunft.

Die Random-Walk-Hypothese bleibt die Antwort schuldig, welche Faktoren die zufälligen Bewegungen der Aktienkurse auslösen.

Range Warrants

Range Warrants gehören zu den Finanzinnovationen. Es handelt sich dabei um Optionsscheine, die so ausgestaltet sind, daß eine zusätzliche Zahlung erfolgt. Dies geschieht unter der Voraussetzung, daß der Basiswert sich innerhalb einer bestimmten Bandbreite bewegt.

Rating

So wie die Böcke von den Schafen geschieden werden, haben es sich einige amerikanische Organisationen zur Aufgabe gemacht, die Schuldner in Klassen einzuteilen.

Rating ist also die Bewertung der Kreditwürdigkeit und Bonität von Anleiheschuldnern, und zwar nicht nur auf dem **amerikanischen Anleihemarkt**, sondern auch bei den → **Eurobonds**.

Die von **Standard & Poor's** und **Moody's** vorgenommenen Klassifizierungen gehen von dem dreifachen **AAA** (triple A) für eine sehr gute Bewertung bis hin zur Klasse **C**, bei der Zahlungen des Anleiheschuldners an die Zeichner nicht mehr zu erwarten sind.

Strenggenommen gibt es bei **Moody's** sieben Einstufungen von AAA bis zu CA und bei **Standard & Poor's** acht Einstufungen von AAA bis zu D.

Anleiheschuldner, die ein **ungünstiges Rating** haben, sind gezwungen, an die Zeichner höhere Zinsen zu zahlen, die einen gewissen Risikozuschlag beinhalten.

Auf der folgenden Seite finden Sie eine verkürzte Darstellung der Ratings von Standard & Poor's und von Moody's:

AAA	sehr gute Bewertung	(S & P)
Aaa		(Moody's)
AA	gute Bewertung	(S & P)
Aa		(Moody's)
A	zufriedenstellend	(S & P)
A		(Moody's)
BBB	ausreichend	(S & P)
Baa		(Moody's)
BB-CC	spekulativer Grad mit	(S & P)
Ba-Ca	Abstufungen	(Moody's)
D	keine Zahlungen mehr	(S & P)
C	zu erwarten	(Moody's)

Relative Stärke

Die **Relative-Stärke-Methode (RS)** ist aus der anglo-amerikanischen Börsenszene übernommen worden.

Sie wird der **technischen Aktienanalyse** zugeordnet. Bei der **RS** werden einzelne Branchenindizes mit dem Gesamtindex verglichen. Danach kann man die günstigsten Branchen auswählen und innerhalb dieser Branchen solche Aktien kaufen, die besser als der Branchendurchschnitt sind.

Zweck der RS-Methode ist, schon im Anfangsstadium überdurchschnittliche Kursbewegungen zu erkennen und auszunutzen.

Es ist auch üblich, die Kurse einzelner Aktien nicht erst durch den **Branchenindex**, sondern gleich durch den **Gesamtindex** zu dividieren.

Auch bei internationalen **Aktienindizes** wird die **Relative Stärke** festgestellt.

Ausgangspunkt ist hier die Überlegung, daß Börsen mit einer guten Erfolgsbilanz (Performance) in der Vergangenheit auch in Zukunft eine bessere Entwicklung als der Durchschnitt haben werden.

In einer Studie der Vereinsbank-Analysten wird darauf verweisen, daß die **Relative Stärke nach Levy** die aktuelle Dynamik einer Kursentwicklung wiedergibt.

Relative Stärke der internationalen Aktienindizes

Rang aktuell	Index	RSL
1	Tokyo (Topix)	1,0296
2	N. Y. (Dow Jones)	0,9820
3	N. Y. (S&P 500)	0,9783
4	Mailand (BCI)	0,9740
5	Singapur	0,9568
6	DAX	0,9556
7	FAZ	0,9526
8	Wien	0,9496
9	Toronto	0,9483
10	Amsterdam	0,9389
11	London (F. T. 100)	0,9288
12	Sidney (All-Ordinary)	0,9252
13	Zürich	0,9201
14	Stockholm (Affärsvärlden)	0,9125
15	Madrid (Generalindes)	0,8955
16	Paris (CAC 40)	0,8945
17	Hongkong (Hang Seng)	0,8585

Nach **Levy** erhält die Börse mit der höchsten **RSL-Ziffer** die Rangziffer 1.

Die Relative Stärke nach Levy ergibt sich, wenn man den aktuellen Wochenschlußkurs durch den Durchschnitt der letzten 27 Wochenschlußkurse teilt.

$$\textbf{RSL} = \frac{\textbf{Aktueller Wochenschlußkurs}}{\textbf{Durchschnitt der vergangenen 27 Wochenschlußkurse}}$$

Research Teams

Eine ausgezeichnete Analyseabteilung, auch **Research Team** genannt, ist allemal eine Empfehlung für eine Großbank.

Die Aufgabe eines Research Teams besteht in dem Sammeln von Informationen und der Erstellung von Prognosen für künftige Aktienkurse. Es bedient sich dabei verschiedener Analyseverfahren, hält aber auch telefonische und persönliche Kontakte zu Unternehmen oder Spitzenmanagern derselben.

Aufgaben eines Research Teams

Information:	Aktienkurs Gewinn je Aktie Kurs-Gewinn-Verhältnis Marktbreite Cash-flow
Prognose	Künftiger Aktienkurs Gewinnschätzung der kommenden Jahre Auftragslage Konkurrenzsituation Branchenvergleich
Analyseverfahren:	Fundamentalanalyse Technische Aktienanalyse (Charts) Random-Walk-Hypothese

---

Zutreffende Prognosen von Research Teams bedeuten für die Bank bares Geld. Flops sind nicht ausgeschlossen. Es gibt Einfälle und Reinfälle, wie die Verbraucherzeitschrift »DM« einmal treffend bemerkte. Manche Aktie wird gleich von mehreren Analyseteams »bejubelt«. Nachher gucken die Analysten erstaunt aus der Wäsche, wenn der Kursverlauf nach unten geht oder gar das Unternehmen selbst seine Zukunftsperspektiven viel pessimistischer beurteilt als das Research Team.

Die Personalstärke der Research Teams ist unterschiedlich. Von der Vereinsbank weiß man, daß 15 Analysten 180 deutsche Werte unter die Lupe nehmen und nach dem Top-Down-Ansatz arbeiten, was schlicht bedeutet, daß jeder Analyst seine Branche nicht nur im nationalen, sondern auch im internationalen Umfeld kennt.

Reverse Floater

Unter dem Stichwort **»Floater (Free rate notes)«** können Sie nachlesen, daß ein **Floater** laufend an die zwischen Banken ausgehandelten Zinsen in London **(LIBOR)** oder – früher – Frankfurt **(FIBOR)** angepaßt ist.

Ein **Reverse Floater** ist ein **Umkehrfloater**. Bei diesem Floater ist die Verzinsung zum Teil **fest** und zum Teil **variabel**.

Nehmen wir als Musterbeispiel die Anleihe der **Deutschen Ausgleichsbank** (Wertpapier-Kennummer 291 025).

Die ersten vier Jahre bekommt der Zeichner eine feste Verzinsung von 9¾ Prozent jährlich bzw. hat sie schon bekommen, wenn Sie dies lesen, weil die ersten vier Jahre vorbei sind.

Während der nachfolgenden sechs Jahre ist der Zins variabel. Er richtet sich nach dem unter Banken in London gehandelten Termingeld (LIBOR).

Ausgegangen wird von starren 15 Prozent. Davon ab geht jeweils der Sechs-Monats-LIBOR.

Bei zurückgehendem Zins wird die laufende Verzinsung immer höher. Ist der Sechs-Monats-LIBOR beispielsweise auf 5 Prozent gefallen, wird der genannte Reverse Floater mit 10 Prozent verzinst (15 Prozent ./. 5 Prozent).

Ein so hoher Zins in einer Niedrigzinsphase führt dazu, daß der **Kurs** des Reverse Floaters deutlich ansteigt. Insoweit unterscheidet er sich vom reinen Floater, dessen Kurs sich stets nahe 100 Prozent bewegt.

Es kann also empfehlenswert sein, Reverse Floater in Zeiten einer Hochzinsphase zu kaufen, um sich auch bei erwarteten zurückgehenden Zinsen nach der Festzinsphase für einen längeren Zeitraum einen hohen variablen Zins zu sichern.

Die Hoffnung auf sinkende Zinsen führte Anfang 1993 zu einem wahren Run auf Reverse Floater. Sie hat nicht getrogen. Die Nachfrage hatte aber auch einen Kursanstieg zur Folge, so daß die später tatsächlich eingetretenen Diskontsatzsenkungen schon im Kurs vorweggenommen waren, nachdem die Banken immer neue Reverse Floater auf den Markt gebracht hatten.

Reverse Convertibles

Reverse Convertibles bedeutet **umgekehrte Wandelanleihen**. Nicht der Anleger hat ein Wandelrecht, wie bei den reinen Wandelanleihen, sondern der Emittent, also die ausgebende Bank. Sie kann den Investor statt Rückzahlung der Anleihe mit Aktien abfinden. Dies wird sie dann tun, wenn der Kurs bei Ablauf erheblich gesunken ist. Vgl. → **Aktienanleihen**.

REX

REX ist die Abkürzung für Deutscher Rentenindex. Er wurde am 11. Juni 1991 zum erstenmal festgestellt.

Mit dem REX läßt sich die tägliche Markttendenz am **Deutschen Rentenmarkt** ermitteln. Der REX wird anhand der Daten eines repräsentativen Teilmarktes ermittelt. Dieser setzt sich aus dem Marktsegment der Bundesanleihen, Bundesobligationen, Schatzanweisungen, den Papieren der Treuhand und dem Fonds Deutsche Einheit zusammen.

Alle diese Papiere haben eine gute Bonität und werden außerdem täglich in großer Stückzahl gehandelt, so daß realistische, dem Markt entsprechende Kurse zur Verfügung stehen. Hinzu kommt noch das große Marktvolumen der genannten Papiere, das ca. 80 bis 90 Prozent des deutschen Rentenmarkt-Umsatzes ausmacht.

Dem REX liegen keine **effektiven** Anleihen zugrunde.

Er setzt sich vielmehr aus **30 fiktiven** Anleihen zusammen, und dies hat einen ganz bestimmten Grund.

Wenn man schon fiktive Anleihen nimmt, kann man auch deren **Laufzeit konstant** halten, während bei den effektiven Anleihen, die an der Börse notiert werden, praktisch jeden Tag eine Laufzeitverkürzung stattfindet. Dies ist bei den fiktiv-synthetischen Papieren des REX nicht der Fall.

Außer dem REX gibt es noch den **REX-Performance-Index**, der REXP abgekürzt wird. Dieser ist eine Weiterentwicklung des REX-Kursindexes. Der REXP zeigt die Wertentwicklung, während der REX die Kurstendenz des Deutschen Rentenmarktes wiedergibt.

Round Lot

Unter einem **Round Lot** versteht man an amerikanischen Börsen **100 Aktien** (shares) oder ein Vielfaches davon (vgl. → **Odd Lot**).

S

SAROS

SAROS sind in ähnlicher Weise wie → **Grois** aufgebaut. Vergleichen Sie deshalb dort.

Scalping

Jeder Aktionär hat sicher schon darüber nachgedacht, wie es wohl die Herausgeber von Börsendiensten und Zeitschriften halten, wenn sie eine Aktie ausdrücklich empfehlen oder nachdrücklich zum Verkauf raten.

Sie könnten sich bei der empfohlenen Aktie vorher zu günstigen Kursen eingedeckt haben bzw. – im zweiten Fall – an einem fallenden Kurs interessiert sein, weil sie den betreffenden Titel kaufen wollen.

Waren derartige Manipulationen bisher straffrei, so ist dies durch das neue Wertpapierhandelsgesetz, das zum Zweiten Finanzmarktförderungsgesetz gehört, seit 1. August 1994 anders geworden.

Das sogenannte **Scalping** wurde verboten. Empfehlungen, die den Zweck haben, beim Eigenbestand günstig zum Nachteil des Kunden disponieren zu können, dürfen nicht mehr abgegeben werden.

SDAX

Die 100 größten und umsatzstärksten Titel des Börsensegments **SMAX** sind im Index **SDAX** zusammengefaßt. Vgl. → **SMAX**.

Secondary Trend

siehe → **Major Trend**

Seconde marché

Der französische Seconde marché entspricht dem amerikanischen → **OTC-Markt**, in dem **Freiverkehrswerte** over the counter gehandelt werden.

Deutschen Investmentfonds ist es mittlerweile erlaubt, sowohl auf dem OTC-Markt als auch auf dem Seconde marché zu investieren.

Sell-out

Sell-out ist sozusagen die letzte Stufe eines **Crashs**, wenn sich die verängstigten Aktionäre, hauptsächlich die Kleinanleger, kopflos zu Niedrigstkursen von ihren Aktien trennen. Diese Börsentage sind durch riesige Umsätze und Ausverkaufspreise gekennzeichnet. Der Wiedereinstieg der Profis mit Rückkäufen steht dann unmittelbar bevor. Dies bedeutet wieder steigende Kurse.

Shake-out

Diese **Ausschüttelbewegung** kommt oft durch eine Manipulation zustande, mit der der Kurs einer guten Aktie von interessierter Seite heruntergeredet wird, um billig einsteigen zu können.

Nicht selten erfolgt nach dem **Shake-out** ein sofortiger starker Kursanstieg.

Gibt es keine erkennbaren Gründe für das Durchsacken einer Aktie, wie Kreditprobleme der Gesellschaft, drohende Verluste oder gar einen Kapitalschnitt, sollten Kleinanleger versuchen, das Shake-out »auszusitzen«.

Share Buy-back

Aktiengesellschaften dürfen ihre eigenen Aktien zurückkaufen, was in Deutschland erst seit einiger Zeit erlaubt ist.

Rückkäufe können den Kurs einer Gesellschaft treiben. In den USA war der Rückkauf eigener Aktien schon früher gebräuchlich. Das Verfahren nennt man **Share Buy-back**.

Shareholder-value

Das Wort fällt immer öfter in Vorstandsetagen und Aktionärsversammlungen.

Es bedeutet Vermehrung des Geldes, das der Aktionär durch Kauf von Aktien in die Gesellschaft investiert hat, also eine **aktionärsorientierte Unternehmenspolitik**.

Überschüssige Mittel sollen ausgeschüttet und nicht als **»stille Reserven«** in der Bilanz versteckt werden.

Gerade die fehlende Transparenz hat in den achtziger Jahren in den USA zu einer Welle »**feindlicher Übernahmen**« geführt. Betroffen waren hauptsächlich schlecht gemanagte Gesellschaften mit reichlich »stillen Reserven«, die aber auf dem Kurszettel eher ein Schattendasein führten.

Auch die **Besinnung auf die Kerngeschäfte** (Gegenstück siehe Fokker-Fiasko bei Daimler) kann den Shareholder-value steigern.

Sima

Der Präsenzhandel an deutschen Börsen wird seit 1995 mit dem System **Sima** kontrolliert.

Es bereitet die Umsätze nachträglich nach bestimmten Gesichtspunkten auf und zeigt **Auffälligkeiten** an, die dann aufgeklärt werden.

Als das elektronische Handelssystem → **XETRA** eingeführt wurde, war ein neues Überwachungssystem erforderlich, das den Namen **Xetra Observer** erhielt.

Small Caps
Aktien der zweiten und dritten Reihe, wie die **Nebenwerte** genannt werden, bezeichnet man auch als **Small Caps**.

Bankfachleute rechnen Gesellschaften mit einem Streubesitzanteil von 25 bis 250 Millionen Euro zu Small Caps.

Dabei wird unter Streubesitz die täglich für den Börsenhandel verfügbare Anzahl der Aktien verstanden, also die Zahl der **umlaufenden** Aktien, im Gegensatz zum nichtumlaufenden Festbesitz der Großaktionäre.

Die Erfahrung lehrt, daß Small Caps sich besser als der Gesamtmarkt entwickeln, sobald die Konjunktur angesprungen ist, während bei einer Börsenflaute eher die → Blue Chips zulegen.

Von Fachleuten wird das Kursrisiko von Small Caps größer als bei den Blue Chips eingeschätzt. Deshalb empfiehlt sich eine Diversifikation. Andererseits entwikkeln sich Small Caps selbständiger. Sie neigen weniger als Blue Chips dazu, sich gegenseitig zu beeinflussen und andere Small Caps kursmäßig mit nach oben oder unten zu ziehen.

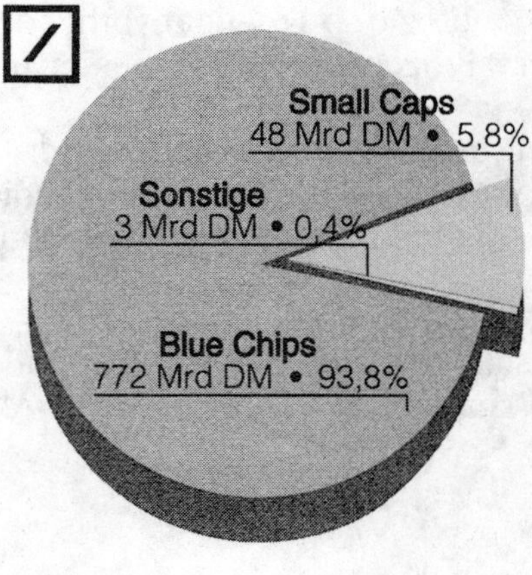

Die 76 Blue Chips des deutschen Börsenzettels stellen 91 Prozent des Gesamtmarktes. Weit zurück liegen die Small Caps mit nur 7 Prozent.

Für die Small Caps wurde 1999 das Börsensegment → **SMAX** eingerichtet.

SMAX

SMAX ist die Abkürzung von **Small Caps Exchange**.

Das neue Börsensegment **SMAX** wurde am 26. April 1999 in Frankfurt etabliert. Der Start erfolgte mit 91 Aktiengesellschaften.

Im Segment SMAX werden Unternehmen unterhalb des **DAX** und des **MDAX** und außerhalb des **Neuen Marktes** notiert. Sie müssen für den **Amtlichen Handel** oder **Geregelten Markt** zugelassen sein und sind sozusagen das Bindeglied zwischen dem Marktsegment des MDAX und dem Neuen Markt.

Die SMAX-Unternehmen haben **Quartalsberichte** zu erstellen, müssen **Analystentreffen** einmal im Jahr veranstalten, einen → **Designated Sponsor** haben. Das ist ein Kreditinstitut oder Finanzdienstleister, der jederzeit verbindliche Kauf- und Verkaufsangebote ins XETRA-Orderbuch stellt.

Außerdem muß ein → **Freefloat** vorhanden sein, d. h. mindestens 20 Prozent der Aktien müssen frei handelbar sein.

Der **Anteilsbesitz** von Vorstands- und Aufsichtsratsmitgliedern muß jährlich einmal veröffentlicht werden. SMAX-Unternehmen müssen den **Übernahmekodex** anerkennen.

Der → **SDAX** ist der **Börsenindex**, der die 100 größten und umsatzstärksten Titel des SMAX abbildet, während im **SMAX-all-share-Index** sämtliche SMAX-Aktien enthalten sind.

SMAX (F) ANGABEN IN EURO

23.9.99 17:30		WPKN	Letzte Div.	Börsenkap. in Mill. Euro	Xetra Anfang	Xetra Tages H	Xetra Tages T	Xetra Auktion	Xetra Schluß	Xetra +/-	Präsenzbörse Schluß	52 Wochen Hoch	52 Wochen Tief	23.9.99 Ums. in St.
Ahlers Adolf StA (o.N.) [1])		500970	0,82	127,59	16,30	16,30	15,95	15,95	15,95		16,00T	19,26	14,18	3320
Ahlers Adolf VA (o.N.)		500973	0,87	112,13	17,32	17,52	17,32		17,52.		17,90G	22,50	15,03	1200
Ahlers Adolf VA jge.(o.N.)		500975									15,75G	17,15	15,60	
Allbecon (o.N.) [1])	♣	508600	0,26	130,80							55,00G	66,00	28,12	330
Amadeus (o.N.) [1])		509310		58,91	11,44	11,55	11,44		11,55	+0,15	11,30G	17,50	10,00	2660
Apcoa Parking (5) [1])		505550	1,74	131,24	69,50	69,50	69,50	69,50	69,50	+0,50	69,50G	83,00	51,00	297
A.S.Creation Tapeten (o.N.) [1])		507990	0,51	45,30							15,05bG	18,15	11,25	337
Baader Wertp.(o.N.) [1])		508810	0,66	500,40	27,80	28,00	27,50	27,80	27,80	-0,90	27,90bB	43,67	13,80	12697
Bausch (o.N.) [1])		517590	0,61	139,20	29,00	29,00	29,00		29,00		29,00G	33,50	23,52	4736
Bausch (o.N.) U.A.		517690									29,50-T	29,50	29,50	
Bauver.Hbg.(5) [1])	♣	517900	0,36	96,60							13,90b	15,55	10,20	5400
Beate Uhse (o.N.) [1])		755140		785,40	18,30	19,25	18,10	18,70	18,70	+0,60	19,10B	28,20	12,52	56802
Berentzen Gr.VA (o.N.) [1])	♣	520163	0,13	34,80							7,10G	12,50	7,05	5870
Berl.El.Hld.StA (5) [1])		521450	0,47	121,34	9,95	9,95	9,95		9,95	±0	9,90B	12,17	7,75	12030
Berl.El.Hld.VA (5)		521453	0,51	48,02	8,15	8,15	8,15		8,15	-0,25	8,40B	12,42	7,55	6072
Beru (5) [1])	♣	507210	0,51	187,00	19,65	19,65	18,70	18,70	18,70	-1,30	18,70b	23,00	13,29	12919
Bien-Haus [1])		522810	8,69	45,76							186,00B	291,44	135,00	38
Bijou Brigitte (o.N.) [1])		522950	1,12	54,00							20,00G	24,00	9,20	7140
Biotest StA(o.N.)		522720	0,20	24,24	15,10	15,15	15,10		15,15	+0,21	15,00G	21,22	11,50	5235
Biotest VA(o.N.) [1])		522723	0,26	48,80							12,00G	18,28	10,00	2766

Quelle: »Handelsblatt«

SMAX-all-share-Index

Die durchschnittliche Kursentwicklung im Neuen Marktsegment → **SMAX** wird durch zwei neue Indizes dargestellt. Dies sind der → **SDAX** für die 100 größten deutschen **Small Caps** des SMAX-Marktes und außerdem der **SMAX-all-share-Index**. Er umfaßt **sämtliche** Unternehmen des Marktsegments **SMAX**.

Soft-landing

Unter **Soft-landing** versteht man das allmähliche Einschwenken der Konjunktur auf die durch die Geldpolitik vorgegebene Linie.

Wurde der Diskontsatz zu stark angehoben, kann eine gutlaufende Konjunktur abgewürgt werden. Andererseits ist eine zu abrupte Rücknahme der Zinssätze geeignet, die Konjunktur zum Überschwappen zu bringen.

Das **Soft-landing** dagegen bietet beste Voraussetzungen für gute Aktienkurse.

Software

Börsianer können auf über 100 verschiedene Programme von Finanz-Software zurückgreifen.

Es gibt **Verwaltungs-** und **Depotprogramme, Analyseprogramme, Spezialprogramme für Rendite** oder **Risikostruktur-** und **Kombinationsprogramme** mit mehreren Varianten. (Vgl. auch → **Proinvest Professional** und → **Market Maker**.)

Sparerfreibeträge

Sie haben sicher schon gelesen, daß die **Sparerfreibeträge** ab dem Jahr 2000 halbiert worden sind. Die **Werbungskostenpauschale** ist übrigens mit 100/200 DM (Ledige/Verheiratete) konstant geblieben.

Alleinstehende

	1999	2000
Sparerfreibetrag	6000	3000
Werbungskostenpauschale	100	100
Summe	6100	3100

Verheiratete

	1999	2000
Sparerfreibetrag	12 000	6000
Werbungskostenpauschale	200	200
Summe	12 200	6200

Es gibt mehrere Möglichkeiten, etwas gegen die durch die Halbierung verursachte Steuermehrbelastung zu tun.

Den größten Steuerspareffekt haben in den meisten Fällen **Kapitalschenkungen an Kinder**.

So gut wie immer ist dies bei der Schenkungsteuer (vgl. → **Erbfall**) unproblematisch, denn es gilt ein Freibetrag von 400 000 DM je Kind.

Welches Einkommen aus Kapitalvermögen kann ein Kind steuerfrei beziehen? Im Jahr 2000 gilt ein **Grundfreibetrag** von 13 500 DM. Er erhöht sich noch um den (halbierten) **Sparerfreibetrag** von 3000 DM, die **Werbungskostenpauschale** von 100 DM und eine **Sonderausgabenpauschale** von 108 DM. 16 708 DM bleiben also bei jedem Kind jährlich steuerfrei, immer vorausgesetzt, es hat nur Einkünfte aus Kapitalvermögen.

Bei Kindern über 18 Jahren in Ausbildung zählt der Sparerfreibetrag nicht mit. Hier dürfen die eigenen Einkünfte und Bezüge der Kinder 13 500 DM nicht übersteigen. Es wären sonst **Kindergeld** und **Kinderfreibetrag** und eventuell auch der **Haushaltsfreibetrag** und eine übertragbare **Behindertenpauschale** verloren.

Desgleichen könnte die Mitversicherung in der **Krankenkasse** der Eltern oder auch das **BAföG** in Frage gestellt werden.

Rechnen Sie Ihren Einzelfall mit Hilfe eines Fachmanns vorsichtshalber durch.

Auch mit dem Kauf von **Aktien** oder **Investmentanteilen** können Sie dem Finanzamt ein Schnippchen schlagen, weil die Kurssteigerungen steuerfrei bleiben und nur die Dividenden steuerpflichtig sind. Dabei beachten Sie die einjährige **Spekulationsfrist**, die übrigens bei den Kapitalanlagegesellschaften mit ihren Investmentfonds keine Rolle spielt.

Der guten Ordnung halber: Bei den Ausschüttungen der Fonds können außer Dividenden auch anteilige Zinsen und Mieten steuerpflichtig sein. Fakt ist jedoch, daß bei **Aktienfonds** im Durchschnitt 80 Prozent des Wertzuwachses steuerfrei bleiben.

Den Zeitpunkt der Versteuerung legen Sie beim Kauf von sogenannten **Abzinsungspapieren (abgezinste Sparbriefe, Zerobonds, Bundesschatzbriefe Typ B)** selbst fest.

Dies geschieht deshalb, weil die (angesammelten) Erträge dieser Papiere erst bei Einlösung oder vorzeitigem Verkauf zu versteuern sind.

Peilen Sie hierfür ein Jahr an, in dem Ihr Einkommen niedriger sein wird (Geschäftsaufgabe, Ruhestand).

Generell sollten Sie bei den Anleihen sogenannte **Hochprozenter** nicht kaufen oder im Depot halten. Der zu versteuernde hohe Nominalzins würde alsbald Ihren gehälfteten Sparerfreibetrag aufzehren. Dagegen können Sie eine höhere Kapitalanlage in **niedrig** verzinslichen Anleihen im Sparerfreibetrag steuerfrei unterbringen.

Last but not least sind noch sogenannte **Disagio-Anleihen** empfehlenswert. Wählen Sie wegen der ungewissen Zinssituationen keine allzu langen Laufzeiten.

Bei einer Laufzeit von beispielsweise 2 Jahren jedoch dürfen die Kreditinstitute ohne Beanstandung des Finanzamts ein Disagio von 2 Prozent einräumen. Sie zahlen also bei nominal 100 000 DM Anleihe- oder Schuldverschreibungsbetrag nur 98 000 DM und erhalten nach zwei Jahren 100 000 DM zurück. Das **Disagio** von 2000 DM ist **steuerfrei**. Zu versteuern ist lediglich der Nominalzins.

Spekulationsgeschäfte

Das **Einkommensteuergesetz** bestimmt in § 23, daß bei Wertpapieren des **Privatvermögens** Spekulationsgeschäfte vorliegen, wenn sie innerhalb von einem Jahr nach dem Erwerb wieder veräußert werden. Seit 1999 heißen diese Geschäfte schlicht »**private Veräußerungsgeschäfte**«. Dazu gehören **Aktien** (Veräußerungsgeschäfte), aber auch **Optionsscheine** (Termingeschäfte).

Es kann dabei ein **Spekulationsgewinn** oder **Spekulationsverlust** entstehen.

Gewinn oder Verlust ist immer die Differenz zwischen dem **Veräußerungserlös** und den **Anschaffungskosten** des Wertpapiers. Aber auch die **Werbungskosten**, wie zum Beispiel Bankspesen, Fahrtkosten zur Bank, Depotgebühren und Fachliteratur, sind vom Veräußerungserlös zum Abzug zu bringen.

Wenn der aus Spekulationsgeschäften erzielte Gesamtgewinn im Kalenderjahr nicht mehr als 1000 DM ausmacht (genau: 999,99 DM), bleibt er steuerfrei. Dies ist jedoch kein Freibetrag, sondern eine **Freigrenze**. Wird die Freigrenze auch nur um eine Mark überschritten, ist der **gesamte Spekulationsgewinn** einkommensteuerpflichtig.

Spekulationsverluste dürfen Sie steuerlich absetzen. Sie saldieren sie mit im gleichen Kalenderjahr erzielten Spekulationsgewinnen.

Wichtig: Spekulationsverluste, bei denen der Zeitraum zwischen Anschaffung und Veräußerung der Aktie mehr als ein Jahr beträgt, sind nicht ausgleichsfähig, denn es handelt sich um **kein Spekulationsgeschäft** im steuerlichen Sinne.

Nicht nur bei Aktiengeschäften können Spekulationsgewinne oder -verluste anfallen. Seit 1994 rechnen beispielsweise auch Gewinne aus **festverzinslichen Anleihen** dazu, die bisher bei **inländischen Emittenten** ausgenommen waren.

Die Kursverluste 1999 von inländischen Anleihen

können also, falls die Veräußerung innerhalb von einem Jahr erfolgt, zur Minderung von Spekulationsgewinnen Verwendung finden.

Auch mit **Optionsanleihen, Gewinnobligationen** und **Genußscheinen** sind steuerlich Spekulationsgeschäfte denkbar.

Wegen der geringeren Wertschwankungen im Jahreszeitraum trifft dies weniger auf **Investmentanteile** zu.

Spekulationsgewinne und insbesondere Spekulationsverluste sind dagegen mit **Optionsscheinen** eher üblich.

Der Erlös aus sogenannten **Differenzgeschäften**, wie zum Beispiel bei **DAX-Futures**, wurde früher von § 23 Einkommensteuergesetz nicht erfaßt und war steuerfrei. Dies hat sich ab 1999 geändert.

Bei **Aktiengeschäften** galt früher das sogenannte **Lifo-Verfahren**. Es bedeutete, daß die zuletzt angeschafften Aktien **(last in)** als zuerst verkauft galten **(first out)**. Auf diese Weise griff die Spekulationssteuer nach vielen Aktiengewinnen, wenn auch diese Unterstellung nur für im **Girosammeldepot** verwahrte Wertpapiere zutraf, denen eine genaue Zuordnung, wie beispielsweise im **Streifbankdepot**, nicht möglich war.

Das **Urteil des Bundesfinanzhofs** vom 24. November 1993 (BStBl) 1994, Teil II, Seite 591) hat die alte Rechtsauffassung ausgehebelt.

Es kippte nicht nur die **Lifo-Methode**, sondern auch das **Fifo-Verfahren** (first in – first out) und brachte den bis dahin vollkommen neuen Grundsatz, daß der Spekulationssteuer nur solche Kursgewinne unterliegen können, bei denen die Spekulationsfrist eindeutig und zweifelsfrei unterschritten ist.

Danach bleiben jetzt Aktien vollkommen außer Betracht, die **außerhalb** des Jahres angeschafft worden sind.

Außerdem brachte der BFH bei der Berechnung des Spekulationsgewinns als neues Element den **Durchschnittskurs** der Aktien als Grundlage. Es kommt nunmehr auf den durchschnittlichen Einkaufspreis aller im Spekulationszeitraum erworbenen Papiere an.

Wie Sie von der neuen Rechtsprechung des Bundesfinanzhofs profitieren können, verdeutlicht ein kleines Beispiel:

a) Beispiel

Datum	Kauf/Verkauf		Kauf-/Verkaufskurs
31. 12. (Vorjahr)	Bestand	150 Stück	220
10. 1. (lfd. Jahr)	Kauf	70 Stück	150
20. 2. (lfd. Jahr)	Kauf	80 Stück	200
5. 1. (Folgejahr)	**Verkauf**	**200 Stück**	**310**

b) Spekulationsgewinn nach neuester Rechtsprechung
(BFH-Urteil vom 24. 11. 1993 XR 49/90, BStBl 1994, Teil II, S. 591)

		Spekulationsgewinn
150 Stück	**außerhalb** der Jahresfrist	0,–
50 Stück	**innerhalb** der Jahresfrist mit einem Kursgewinn von 133,34 DM je Aktie x 50 Stück =	Euro 6667,–
200 Stück	Spekulationsgewinn	Euro 6667,–

c) Erläuterungen

150 Aktien befanden sich am 31. Dezember des **Vorjahres** im Depot, so daß sie wegen Überschreitens der Jahresfrist bei der Berechnung von Spekulationsgewinnen außer Betracht bleiben.

Insgesamt wurden 200 Stück am 5. Januar des **Folgejahres** verkauft. 50 Stück davon sind innerhalb der Jahresfrist gekauft.

Pro Aktie errechnet sich hierfür ein Kursgewinn von 133,34 Euro, wobei die Spesen außer Betracht geblieben sind.

Nach der neuen Rechtsprechung kommt es nicht mehr auf den Kaufkurs der zuletzt gekauften Aktien an, sondern auf einen **durchschnittlichen Einkaufspreis sämtlicher im Spekulationszeitraum erworbenen Papiere**.

Im einzelnen

70 Stück	x 150 Euro Kaufkurs =	10500,–
80 Stück	x 200 Euro Kaufkurs =	16000,–
150 Stück		26500,–

26500 Gesamteinstandspreis: 150 Stück = 176,66
durchschnittlicher Einkaufspreis

Verkauf je Stück	310,–
Gewinn je Aktie 310 – 176,66 Euro =	133,34
Spekulationsgewinn insgesamt für 50 Aktien	6667,–

6667 Euro entsprechen bei dem **Umrechnungsfaktor** von **1,95583** einem Spekulationsgewinn von 13039,52 DM.

Spekulationsverluste

Seit 1999 dürfen Spekulations**verluste** erstmals auf das **Vorjahr** rückgetragen und mit Spekulations**gewinnen** des Vorjahres verrechnet werden (Höchstbetrag 2 Mio. DM); ab 2001 = 1 Mio. DM).

Es ist auch zulässig, Spekulationsverluste auf die **Folgejahre** vorzutragen und dies ohne zeitliche Begrenzung, also quasi lebenslang, und in diesen Jahren mit Spekulationsgewinnen zu verrechnen.

Die Verrechnung mit **anderen Einkunftsarten** (Lohneinkünfte, gewerbliche Einkünfte, Vermietungseinkünfte usw.) ist nicht zulässig. Wichtig: Lassen Sie die Verluste durch Bescheid **»gesondert feststellen«**. Nur dies sichert Ihnen die Verrechnung.

Der Rücktrag von Verlusten 1999 in die Vorjahre vor 1998 ist nicht unumstritten. Das **Finanzgericht Düsseldorf** hat den Vollzug eines Steuerbescheides mit Beschluß vom 13. 9. 1999 (AZ. 17 V 4480/99 A) ausgesetzt.

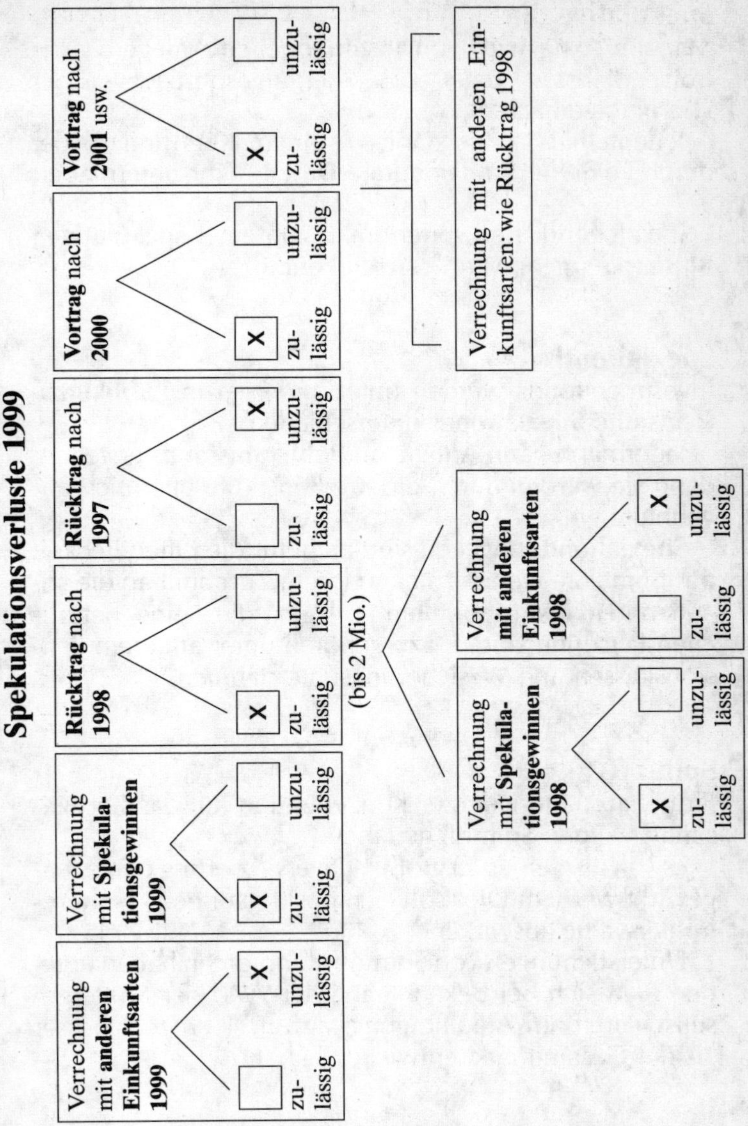

Für die Jahre nach 1999 gilt das gleiche Prinzip.

Spekulative Blase
Manche Aktie wird von institutionellen Anlegern oder Börsendiensten regelrecht »heraufgesprochen« oder »heruntergemacht«.

Jedenfalls wird sie dann zu einem Kurs notiert, der durch keinerlei **fundamentale Daten** mehr untermauert ist.

In solchen Fällen spricht man von einer **spekulativen Blase**, die irgendwann platzen könnte.

Spezialfonds
Investmentfonds werden unter anderem in **Publikumsfonds** und **Spezialfonds** unterschieden.

Jedermann kann Anteile an **Publikumsfonds** erstehen, denn sie werden durch die Kreditinstitute öffentlich angeboten.

Spezialfonds dagegen sind nicht für die Öffentlichkeit bestimmt. Sie wenden sich in ihrem Zuschnitt an die sogenannten **institutionellen Anleger**, die keine natürlichen Personen sind. Dazu gehören unter anderem Pensionskassen und Versicherungsunternehmen.

Spin-off
Firmenabspaltungen zur Konzentration auf das **Kerngeschäft** werden Spin-off genannt.

Es soll also einer zu großen Diversifizierung entgegengewirkt werden. Dies soll sich positiv auf den → **Shareholder-value** auswirken.

Untersuchungen von Spin-off-Kandidaten haben ergeben, daß sich bei Bekanntgabe der Wert der Muttergesellschaften am Ankündigungstag um 4 Prozent besser als der Gesamtmarkt entwickelt haben.

Standby Letters of Credit

Die Vermittler dubioser Aktien haben sich ein weiteres Standbein geschaffen. In Zeitungsinseraten bieten sie sehr hohe Zinsen für Darlehen, die angeblich durch **Standby Letters of Credit** abgesichert sind.

Standby Letters of Credit sind Sicherungsinstrumente, die bei Großaufträgen im internationalen Handel eine Rolle spielen. Sie garantieren die frist- und ordnungsgemäße Erledigung eines Auftrags.

Nur: Gehandelt werden diese Sicherungsinstrumente zwischen Banken nicht. Auch die Inanspruchnahme ist äußerst selten. Weil aber kein Handel stattfindet, werden auch nicht die angeblichen hohen Zinsen erwirtschaftet.

Im Zweifelsfall sollte man davon ausgehen, daß es sich um betrügerische Machenschaften handeln könnte.

Step-up-Anleihe

Bei dieser Anleihe wird zu Beginn der Laufzeit ein **relativ niedriger** Zins gezahlt, der sich später in einen sehr **hohen** Zinskupon wandelt.

Diese Anleihe, die zum **Nominalwert** ausgegeben und später auch eingelöst wird, kann für Steuersparzwecke eingesetzt werden. Ist beispielsweise in der Zeit des niedrigen Zinskupons das zu versteuernde Einkommen in hoher Steuerprogression und wird es später wegen Rentenbeginns oder Aufgabe einer geschäftlichen Tätigkeit wesentlich zurückfallen, werden die späteren hohen Zinseinkünfte von der Steuerprogression weniger betroffen sein.

Steuergutschrift

Aktionäre erhalten von ihrem Kreditinstitut außer der Barausschüttung auf die Aktien eine **Steuerbescheinigung**.

Darauf ist die bei der **Veranlagung** anrechenbare → **Körperschaftsteuer** und → **Kapitalertragsteuer** vermerkt.

Die Anrechnung erfolgt erst bei der nächsten **Einkommensteuerveranlagung**. Sie kann mithin frühestens im Jahr nach der Dividendenzahlung erfolgen.

Ist der persönliche Steuersatz eines Aktionärs niedriger, als dies der einbehaltenen **Körperschaftsteuer** und **Kapitalertragsteuer** prozentual entspricht, bringt ihm die **Anrechnung** aufgrund der Steuergutschrift eine Erstattung bzw. Verrechnung mit der auf andere Einkommensteile entfallenden Einkommensteuer.

Steuersparstrategien

Steuerfreie Kursgewinne erzielen Sie, wenn Sie bei **Aktien** und (seit 1994) auch **festverzinslichen Wertpapieren** – gleichgültig ob bei inländischen oder ausländischen Emittenten – die Sechsmonatsfrist beachten. Vergleichen Sie hierzu die Ausführungen zu den Spekulationsgewinnen.

Steuerfreie Kursgewinne ergeben sich grundsätzlich auch bei **niedrigverzinslichen Anleihen**, die bei Endfälligkeit zu 100 Prozent eingelöst werden. Achten Sie auf die Emissionsstaffel und lesen Sie hierzu unter dem Stichwort → **Emissionsdisagio** nach.

*

Steuersparstrategien sind auch mit → **Zerobonds** möglich, wenn die Einlösung bei Endfälligkeit bzw. der vorzeitige Verkauf in Jahre mit niedriger Steuerprogression gelegt wird.

*

Der gleiche Steuerspareffekt wie bei **Zerobonds** läßt sich mit **Bundesschatzbriefen des Typs B** und anderen **Aufzinsungspapieren** erzielen.

*

Ein heißer Steuerspartip waren einst **Genußscheine**. Sie können vor dem Ausschüttungstermin verkauft werden, ohne daß steuerpflichtige Stückzinsen anfallen, denn die Ausschüttung ist im Wert enthalten.

Bei Rückkauf des »abgemagerten« Genußscheins nach der Ausschüttung und Beachtung der Sechsmonatsfrist für Spekulationsgewinne kann ein Weg an der Steuer vorbei gegeben sein. Allerdings ist § 42 Abgabenordnung (Mißbrauch von Gestaltungsmöglichkeiten) ein eventueller Stolperstein, wenn das Verfahren mehrfach **ohne wirtschaftliche Gründe** geübt wird.

Auch spielt die **Zinsentwicklung** oft nicht mit. Wer beispielsweise Ende 1993 Genußscheine mit der Absicht kaufte, sie steuerfrei vor dem Ausschüttungstermin 30. 6. 1994 zu veräußern, sah sich wegen der erheblichen Kursverluste gehindert und mußte die infolge des unterbliebenen Verkaufs zufließenden Zinsen versteuern. Es steht außer Frage, daß bei rückläufigen Zinsen die umgekehrte Entwicklung eintreten kann.

Nutzen Sie auch den **Sparerfreibetrag** (6000/12000 DM für Ledige/Verheiratete, ab 2000 = 3000/6000 DM) geschickt aus (zuzüglich 100/200 DM Werbungskosten).

Zusammenballungen von Kapitalerträgen, die in einem Jahr zum Überschreiten des Sparerfreibetrags führen, sind zu vermeiden. Es lohnt, die Erträge jeweils bis zur vollen Ausnutzung des Sparerfreibetrages in die betreffenden Jahre zu transferieren.

*

Eine optimale Ausnutzung läßt sich im allgemeinen mit niedrigverzinslichen Anleihen erreichen. Bei einer mit **5 Prozent verzinslichen Anleihe** bleibt bei **Verheirateten** ein Anlagebetrag bis **240 000 DM ganz steuerfrei (5 Prozent von 240 000 = 12 000 DM).**

Bei einer **Acht-Prozent-Anleihe** wäre der Sparerfreibetrag bei Verheirateten bei einem Anlagebetrag von **150 000 DM** aufgebraucht (8 Prozent von 150 000 = 12 000 DM).

Ab 2000 gelten die hälftigen Beträge.

✳

Besorgen Sie sich für die Erlangung des Sparerfreibetrags einen → **Freistellungsauftrag** bei Ihrem Kreditinstitut bzw. eine → **Nichtveranlagungsbescheinigung**, die Sie generell von der Steuerpflicht ohne Rücksicht auf den Sparerfreibetrag freistellen.

✳

Bei DM-Auslandsanleihen können Sie durch die → **Doppelbesteuerungsabkommen** mit manchen Ländern eine Renditeverbesserung durch Anrechnung von → **fiktiver Quellensteuer** erreichen.

✳

Durch **Übertragung** von **Kapitalvermögen auf Kinder** lassen sich deren **Grundfreibeträge** bei der Einkommensteuer voll ausnutzen. Die Erträge aus dem Kapitalvermögen werden den meist einkommenslosen Kindern und nicht dem möglicherweise progressionsbehafteten Einkommen der Eltern zugerechnet.

Hinzu kommt der Sparerfreibetrag von 6000 DM je Kind zuzüglich 100 DM Werbungskostenpauschale. Bei verheirateten Kindern verdoppeln sich die Beträge.

Bei Vermögensübertragungen gilt für die Schenkungssteuer ab 1. Januar 1996 rückwirkend ein Freibetrag von 400 000 DM für Privatvermögen.

*

Bei der **Erbschaftsteuer/Schenkungssteuer** kann Immobilienvermögen zwar nicht mehr mit den günstigen **Einheitswerten** auf Kinder übertragen werden, aber die Steuerwerte betragen auch jetzt nur ca. 60 Prozent des Verkehrswerts.

Schaden Sie sich nicht durch Verschweigen von Aktiendividenden. Die anrechenbare → **Körperschaftsteuer** beträgt 30 Prozent und die → **Kapitalertragsteuer** 25 Prozent der verbleibenden → **Bardividende**. Das macht 17,5 Prozent (25 Prozent von 100 – 30 Prozent).

Körperschaftsteuer und Kapitalertragsteuer ergeben zusammen 47,5 Prozent. Wenn der **Grenzsteuersatz** weniger als 47 Prozent beträgt, schadet das Verschweigen von inländischen Dividenden aus Aktien, weil eine mögliche Erstattung bzw. Minderung der Steuerschuld unterbleibt.

Bei der Berechnung der 47-Prozent-Grenze sind die **Kirchensteuer** und der **Solidaritätszuschlag** einzubeziehen.

*

Vergessen Sie nicht die **Werbungskosten** bei der Ermittlung Ihrer **Kapitaleinkünfte** und **Sonstigen Einkünfte (Spekulationsgewinne)**.

Hierzu gehören nicht nur **Depotgebühren, Fachliteraturkosten, Vermögensverwaltungsgebühren, Beiträge einer Wertpapierschutzvereinigung** und **Safemieten**, sondern auch Kosten der **Fahrten zum Kreditinstitut** und **Schuldzinsen**.

*

Der Bundesfinanzhof hat mit Urteil vom 21. Juli 1981 (Bundessteuerblatt 1982, Teil II, S. 36) entschieden, daß **Schuldzinsen** in vollem Umfang Werbungskosten bei den Kapitaleinkünften sind, wenn **auf Dauer gesehen** ein Überschuß der Einnahmen über die Ausgaben zu erwarten ist.

Infolge hoher Fremdfinanzierung entstandene Zinsabzüge am Jahresende sind geeignet, die Kapitaleinkünfte legal unterhalb der oben genannten Grenzen des Sparerfreibetrags zu manövrieren.

Manchmal wird sich auch durch **geschickte Aufteilung** der Schuldzinsen auf die **Kapitalerträge und die Spekulationsgewinne** ein Überschreiten der **Freigrenze von 1000 DM** und der Eintritt in die volle Steuerpflicht bei den Spekulationseinkünften vermeiden lassen.

Stockdividende

Aktionäre des britischen Ölmultis **BP** sind es von jeher gewohnt, daß die Gesellschaft ihnen wahlweise eine **Dividende** oder **Gratisaktien** anbietet.

Diese Gratisaktien anstelle der Dividende tragen die Bezeichnung **Stockdividende**.

Auch die englische Telefongesellschaft **Cable & Wireless** hält es so mit ihren Aktionären.

Mancher Aktionär ist jedoch enttäuscht, daß – entgegen früherer Übung – Gratisaktien nicht mehr unmittelbar zugeteilt werden. Vielmehr erfolgt zunächst eine Gutschrift der Dividende auf dem Bankkonto, und danach besorgt das Kreditinstitut die Aktien vom Dividendenguthaben.

Die neue Praxis geht offensichtlich auf eine Anregung der Finanzbehörden zurück. Beim direkten Aktienbezug hatten sie wenig Kontrollmöglichkeiten, so daß es öfters passieren konnte, daß der Aktionär »vergaß«, seine Gratisaktien als Dividende in der Steuererklärung zu deklarieren.

Durch die Gutschrift auf dem Girokonto wird nun sehr augenscheinlich daran erinnert, daß Dividenden steuerpflichtig sind.

Stockpicking

Stockpicking ist das Gegenstück von → **Asset Allocation**.

Während bei Asset Allocation das Vermögen breit diversifiziert ist und das Motto gilt, »nicht alle Eier in einen Korb zu legen«, wird beim Stockpicking eine bestimmte Aktie ausgewählt.

Stockpicking bietet mithin hohe Kurschancen, wenn man auf das richtige Pferd gesetzt hat, aber auch ein hohes Verlustrisiko.

Während Asset Allocation eher für große Vermögen geeignet ist, die zur Risikovermeidung breit zu streuen sind, kommt Stockpicking für das kleinere Portefeuille in Frage. Die fehlende Risikostreuung jedoch führt zwangsläufig dazu, daß Irrtümer in der Aktienauswahl gewaltig ins Geld gehen können.

Stop-loss-Order

Wer sich vor Verlusten schützen will, gibt dem Kreditinstitut eine **Stop-loss-Order** oder **Stop-loss-Marke**.

Es handelt sich um einen Verkaufsauftrag, der ca. 15 bis 20 Prozent unter dem Kaufpreis liegen kann.

Geht der Kurs der betreffenden Aktie in den Keller, so wären nur 15 bis 20 Prozent verloren. Der Verlust hält sich also in Grenzen.

Die Kreditinstitute in der Bundesrepublik nehmen seit einigen Jahren Stop-loss-Orders für alle Aktien in allen Ordergrößen an. Bei manchen Instituten ist der Service gratis.

In Börsendiensten und Chartanalysen werden oft Stop-loss-Marken vorgegeben, wenn man sich über die

Kursentwicklung einer Aktie noch nicht so sicher ist und den Anleger vor größeren Verlusten schützen will.

Mit einer Stop-loss-Order kann man nicht nur **Verluste begrenzen**, sondern auch **Gewinne sicherstellen**. Wer beispielsweise eine Aktie, die jetzt bei 650 notiert, für 500 gekauft hat, könnte eine Stop-loss-Marke bei 600 setzen. Er hätte auf jeden Fall 100 Euro Bruttogewinn sichergestellt. Außerdem bliebe ihm die Chance, von eventuell weiter steigenden Kursgewinnen zu profitieren.

Es ist der gleiche Effekt wie bei einem Roulettespieler, der für einige hundert Mark gewonnene Jetons in die linke Jackentasche steckt, um sie auf jeden Fall zurückzutauschen. Mit dem restlichen Geld in der rechten Jakkentasche spielt er weiter. Entweder riskiert er hier den Totalverlust, oder er kann mit dem Spielgeld seinen Gewinn vergrößern.

Wer sich von Verlust-Aktien schlecht trennen kann, sollte sich vor Augen halten, daß bei einem Kursverlust von 20 Prozent schon ein Gewinn von 25 Prozent nötig ist, um auf die alte Kurshöhe zurückzukehren (30 Prozent = 42,9 Prozent; 40 Prozent = 66,7 Prozent; 50 Prozent = 100 Prozent).

STOXX

In 1998 brachten die Deutsche Börse, die Bourse de Paris, die Schweizer Börse und die US-Firma Dow Jones **vier** neue Indizes und **19** Branchenindizes heraus. Sie tragen den gemeinsamen Namen **STOXX**, die Abkürzung von **»Stock Exchange Index«**.

Die vier neuen Indizes im Überblick

	1. STOXX	2. EuroSTOXX	3. STOXX 50	4. Euro STOXX 50
Wieviel Aktien?	z. Zt. 665	z. Zt. 326	50	50
Welche Länder?	16 euopäische Länder einschl. Dänemark, Griechenland, Großbritannien usw.	10 potentielle Euroländer	16 europäische Länder. Schwerpunkt: Schweiz, Großbritannien	10 potentielle Euroländer. Schwerpunkt: Niederlande
Wieviel deutsche Aktien?	Deutsche DAX, MDAX-Werte und andere Aktien von Bedeutung		9	11
Welche deutsche Aktien?	wie oben		wie Euro STOXX 50 außer: Metro und Lufthansa	1. Bayer 2. Daimler 3. Metro 4. Deutsche Bank 5. Allianz 6. Mannesmann 7. Siemens 8. Telekom 9. RWE 10. Lufthansa 11. VEBA

Stripped Bonds

Bonds sind Schuldverschreibungen. Man kann bei ihnen den **Zinskupon** von der **Hauptforderung** lostrennen. Dann spricht man von **Stripped Bonds**.

Die losgetrennten Teile, also die Hauptforderung oder die einzelnen Zinskupons, sind sogar getrennt handelbar. Geschieht dies, so haben die Papiere **keinen laufenden Zinsertrag** und können mit → **Zerobonds** verglichen werden.

Strong buy

Wenn Aktienanalysten von einem **Strong buy** sprechen, meinen sie die dringende Kaufempfehlung für eine bestimmte Aktie.

Stückaktien

Nach der Umstellung der Aktienkurse auf Euro wurden sogenannte **nennwertlose Aktien**, die man auch **Stückaktien** oder **Quoten-Aktien** nennt, eingeführt.

Eine Quoten-Aktie oder Stückaktie repräsentiert einen Bruchteil des Grundkapitals. Bei einer Gesellschaft mit einem angenommenen Grundkapital von 10 Millionen DM entspricht der Nennwert von 5 DM einem zweimillionstel Anteil.

Ab dem Jahr 2000 sind alle Börsengesellgesellschaften zur Umstellung des Nennwerts ihrer Anteile verpflichtet. Sie stellen entweder auf nennwertlose Stückaktien (Quoten-Aktien) oder auf Aktien mit **Euro-Nennwert** um. Die meisten Gesellschaften haben sich für nennwertlose Stückaktien entschieden.

Stückzinsen

Kaufen Sie Wertpapiere, so werden die **Erträge** ganz unterschiedlich berücksichtigt.

Bei Aktien beispielsweise wird der Kurs im allgemeinen nach dem Tag der Ausschüttung um den **Dividendenabschlag** zurückgehen.

Anders verhält es sich bei **festverzinslichen Wertpapieren**. Die seit dem letzten Zinstermin rechnerisch aufgelaufenen Erträge sind hier gesondert zu berechnen.

Kaufen Sie beispielsweise im November eine Anleihe, deren Ausschüttung im Mai des Folgejahres stattfinden wird, sind Sie gezwungen, die bis dahin seit dem letzten **Kupontermin** im Mai abgelaufenen Zinsen dem Käufer mitzubezahlen. Schließlich werden Ihnen diese Zinsen bei der nächsten Ausschüttung im Mai des Folgejahres mit gutgebracht.

Seit 1994 gilt für die **30prozentige Zinsabschlagsteuer** eine sogenannte **»Topflösung«**.

Ihr Kreditinstitut sammelt alle bei der Veräußerng von festverzinslichen Wertpapieren zugeflossenen **Gutha-**

ben-Stückzinsen und bringt davon die beim Kauf solcher Papiere von Ihnen zu zahlenden **Soll-Stückzinsen** in Abzug.

Von dem saldierten Betrag berechnet Ihr Kreditinstitut 30 Prozent Zinsabschlag und seit 1995 außerdem noch den **Solidaritätszuschlag**.

Swaps

Unter **Swaps** versteht man Tauschoperationen bei Devisengeschäften. Der eine Geschäftspartner (hier A) stellt dem anderen Geschäftspartner (hier B) Finanzprodukte zur Verfügung, verpflichtet sich aber gleichzeitig zum Rückkauf zu **festgelegten Kursen** und zu einem **festgelegten Termin**.

Dem **Kassageschäft** des Zurverfügungstellens steht also ein **Termingeschäft** gegenüber.

Kassageschäft	**Termingeschäft**
Finan zprodukte	Rückkauf
A --------→ B	A ←-------- B
	zu festgelegten Kursen und festgelegten Terminen

Diese **Absicherungsgeschäfte** haben ihren Ursprung im Warenhandel. Ein Farmer in den USA verkauft beispielsweise seine Weizenernte auf Termin zu einem vorher festgelegten Preis und ist damit vom Risiko des Verlustes durch einen Hurrikan befreit.

Später ist dann dieses Absicherungsverfahren auch auf die sogenannten **Finanz-Derivate** übertragen worden.

Echt zur Absicherung von Geschäften dienen nur noch geschätzte 2 Prozent der Transaktionen. 98 Prozent dagegen werden zur Spekulation eingesetzt, und auf dieser Spielwiese der Spekulanten tummeln sich nicht mehr allein die Kreditinstitute, sondern auch die Privatanleger.

Unter **Swap-Satz** versteht man den Kursunterschied

zwischen dem Terminkurs und dem Kassakurs einer Währung. Es ist also ein Begriff aus dem **Devisenmarkt**.

Die Bundesbank legt den **Swap-Satz** bei ihren Swap-Geschäften fest und kann hierdurch die zwischenstaatlichen **Geldströme steuern**.

Der **Swap-Satz** wird in den Wirtschaftszeitungen veröffentlicht.

Termine (Swapsätze in Pfg.) 1, 3, 6 Monate (Mittelkurse): **Dollar:** 0,04; 0,25; 0,59 Abschl.; **Pfund:** 0,18; 0,56; 1,41 Abschl.; **Franc:** 1,5; 3,5; 7,0 Abschl.; **Gulden:** 1,0; 2,0; 4,0 Abschl.; **Schweizer Franken:** 11,5; 35,5; 67,5 Aufschl.

Tendenz: USD–Deports erhöht.

Quelle: Berliner Handels- und Frankfurter Bank (BHF-Bank)

Neuerdings spekulieren auch Investmentfonds mit Swaps. Der am 23. März 1994 gegründete Fonds **Deka Valor** ist als Steuersparmodell konzipiert. Ziel ist, die steuerpflichtigen Erträge gering und die steuerfreien möglichst hoch zu halten.

T

Takeover

Feindliche Übernahmen, bei denen eine Aktiengesellschaft die andere zunächst ohne deren Wissen und dann auch ohne ihr Wollen übernimmt, heißen im angelsächsischen Raum **takeover**.

Die erste feindliche Übernahme wurde 1988 in Deutschland bekannt, als die Flick-Neffen Friedrich-Christian und Gerd-Rudolf (»Mick und Muck«) vor der Hauptversammlung der Feldmühle AG ein Übernahmeangebot unterbreiteten.

Weit mehr Wellen schlug im März 1997 der Übernahmeversuch des kleineren Konzerns Krupp-Hoesch bei dem Stahlkocher Thyssen AG.

Target Company

Bei sogenannten **feindlichen Übernahmen**, bei denen eine Aktiengesellschaft die andere schluckt, beginnt der Übernehmer meist mit dem heimlichen Kauf von Aktien der Zielgesellschaft. Diese Gesellschaft, das Objekt der Begierde, wird im angelsächsischen Raum als **target company** bezeichnet. Siehe auch → **Takeover**.

Tax-Swap

Den Vorgang, Verlustaktien rechtzeitig abzustoßen, um die Verluste steuerlich geltend zu machen, nennt man **Tax-Swap**.

Ist beispielsweise die VW-Aktie gegen Ende der für die Spekulationssteuer maßgebenden Behaltefrist von einem Jahr gefallen, sollte man überlegen, das Papier steuermindernd vor Fristablauf zu verkaufen und von dem Erlös ein anderes gewinnträchtigeres Papier zu kaufen.

Tele-Börse

Schon seit Herbst 1987 ist das Fernsehen auch beim Börsengeschehen live dabei. Nach **SAT 1** brachte **DSF** damals als zweiter Sender das Börsengeschehen realtime ins Haus.

Seit 1994 hat **n-tv** die umfangreichste deutschsprachige Börsenberichterstattung.

Eine Übersicht über Fernsehsendungen zum Thema Börse finden Sie auf der folgenden Seite.

3SAT 3sat

20.00 Tagesschau 7-490-230

20.15 Schreie am Fluss 3-535-921

Papageien in Peru

TIPP

21.00 Euro-City 5-099-698

Heute: Brüssel

21.30 3satBörse 5-098-969

Thema: Lebensversicherung zu teuer!

22.00 Auslandnotizen 9-995-495

Berichte

22.10 Zeit im Bild 2 40-378-650

n-tv N-TV

18.00 18 Uhr bei n-tv **19.00** Nachrichten **19.15** Teleborse **19.45** Wetter **20.00** Nachrichten **20.15** Das Thema **21.00** Nachrichten **21.15** Gründer-TV **21.30** Zukunft und Technik **22.00** Nachrichten **22.15** Teleborse **23.00** Nachrichten **23.15** Das Thema (Wh.) **0.00** Nachtprogramm

Fernsehsendungen

n-tv		
Mo–Fr	11.00–14.00	News & Business mit Kurslaufband
Mo–Fr	18.24, 18.54, 20.54	Wirtschaftsnachrichten
Mo–Fr	19.10	Telebörse (Wh.: 19.40)
Mo–Fr	22.15	Telebörse (Wh.: 22.45)
ARD/ZDF		
Mo–Fr	ca. 6.10, 6.35, 7.33, 8.47	Wirtschaftsnachrichten
Mo–Fr	11.00	Tagesschau/heute mit Börsennachrichten
Mo–Fr	ca. 13.25	Mittagmagazin mit Börsennachrichten
Mo–Fr	13.45	Wirtschaftstelegramm
3sat		
Freitags	21.30	3 sat-Börse
NBC		
Mo–Fr	10.00	European Money Wheel
Mo–Fr	14.00	US Money Wheel
RTL		
Mo–Fr	5.33, 6.33, 7.33	Kurzbörse im RTL-Frühstücksfernsehen
Mo–Fr	ca. 6.10, 6.25, 6.45, 6.56	Börsennachrichten

Quelle: Angaben der Fernsehanstalten

Telekom-Aktien
siehe → **Volksaktien**

Tele-Trader
Die Mitarbeiter von Deutschlands erstem → **Discount-Broker** werden **Tele-Trader** genannt, weil sie telefonisch An- und Verkaufsaufträge entgegennehmen und dabei die Legitimation des Anrufers mit einem Kennwort überprüfen.

Tick Sizes
Die **Kursabstufungen** beim Handel mit Aktien sind an den Börsen vereinheitlicht worden. Seit der Einführung des **Euro** betragen die zulässigen Sprünge bei **Limiten**, unabhängig von der Kurshöhe, immer **1 Cent** (**Tick Size** = 1 Cent).

Früher wurden deutsche Aktien in **10-Pfennig-Schritten** gehandelt.

Time Lag
Die Kurse an der Börse fallen oder steigen in sogenannten **Börsenzyklen**, die ihrerseits wieder in enger Verbindung zu **Konjunkturzyklen** und **Zinszyklen** stehen.

Heinz Brestel, früherer Finanzredakteur der »F.A.Z.«, hat dies einmal in einem Hausse-und-Baisse-Halbkreis, von denen jeder 180 Grad umfaßt, graphisch dargestellt.

Danach geht der **Börsentrend** voraus, der **Konjunkturtrend** folgt, und der **Zinstrend** hinkt hinterher.

Die Zeitverzögerungen, mit denen der Aktienmarkt zum Konjunktur- und Zinstrend differiert, wird auch **Time Lag** genannt.

Timing

An der Börse wird bekanntlich zum Ein- und Ausstieg nicht geklingelt. Der Aktienerfolg richtet sich hauptsächlich nach dem **Timing**, nämlich dem rechtzeitigen Zeitpunkt für Ein- und Ausstieg.

Hinweise für das richtige Timing liefern die **Konjunkturlage**, der **Zinstrend**, aber auch der **politische Erwartungshorizont**.

Die meisten **Konjunkturzyklen** dauern vier Jahre. Damit einher geht der Zinstrend.

Genauer gesagt: Es handelt sich um eine zeitliche Verschiebung, wobei der **Börsentrend** vorausgeht, der **Konjunkturtrend** folgt und der **Zinstrend** hinterherhinkt.

Titans-Index

Die New Yorker Indexfirma **Dow Jones** hat den **Titans-Index** geschaffen, der den Börsenwert der 50 größten Unternehmen der Welt abbildet.

Nur vier deutsche Aktien sind darin enthalten: DaimlerChrysler, Allianz, Deutsche Telekom und Siemens.

Nummer 1 des Titans-Index ist Microsoft, DaimlerChrysler rangiert auf Nummer 4 und Siemens gerade noch auf dem letzten Platz (50).

T-Online

Mit einem speziellen Anschlußset (Modem) für Ihren Computer (vgl. auch → **Computerprogramme**), das für 50 bis 200 DM erhältlich ist, können Sie über die Telefonleitung die T-Online-Programme vieler Kreditinstitute in Deutschland anzapfen.

Das Verfahren ist kostengünstig, weil unter der bundesweiten T-Online-Rufnummer 0191011 nur Telefongebühren zum Ortsgesprächstarif anfallen.

Organisatoren des Verfahrens waren der **Deutsche Sparkassenverlag, Telekom** und die **Agentur 1 + 1** in Montabaur.

An die Stelle des **T-Online-Systems** (früher Btx bzw. Datex-J) kann auch eine **Direktabfrage** treten. Mit **Mausklick** oder **Fernsteuerung** und natürlich der passenden **Software** mit **Modem** können die Kurse abgerufen und dem Datenbestand des eigenen PC zugeführt werden.

Börsentips in **T-Online** finden Sie von Großbanken, Zeitschriften und privaten Anbietern.

Top-value-Ansatz

Eine auf Höchstniveau notierende Aktie kann ein **Top-value-Ansatz** sein, wenn der Gewinntrend unverändert gut und weiteres Kurspotential in Sicht ist. Vgl. auch → **Bottom-up-Ansatz**.

Trader

Unter **»traden«** versteht man das Ausnutzen kurzfristiger Kursschwankungen bei einer Aktie oder einem anderen Börsenprodukt.

Der Trader ist also ein typischer Spekulant, der einer auf Dividendenerzielung ausgerichteten langfristigen Anlage keinen Geschmack abgewinnen kann.

Trailing

Das deutsche Wort für → Kurs-Gewinn-Verhältnis (KGV) heißt in den USA Price-Earnings-Ratio (PER).

Betrifft das PER die Gewinne der zurückliegenden 12 Monate, bezeichnet man es als **trailing PER**.

Im Gegensatz dazu wird ein auf den Gewinnen der Zukunft basierendes **PER**-Verhältnis **forward PER** genannt.

Trend

»The trend is your friend« ist eine Börsen-Redensart. Sie bedeutet, daß man beim generellen **Aufwärtstrend** kaufen und beim **Abwärtstrend** verkaufen sollte.

Wer in der Lage ist, den Trend richtig einzuschätzen, wird erfolgreich sein, ohne daß er sich auf einzelne bestimmte Titel festlegen muß.

Als Trend kann man die langfristige Grundrichtung der Börse ansehen, die ihre Ursache in geldpolitischen, wirtschaftspolitischen und auch branchenspezifischen Gründen haben kann.

Bei der **technischen Aktienanalyse** wird mit der **Trendextrapolation** versucht, die **Trendlinie** in die **Zukunft** fortzuschreiben.

Trendlinien

Trendlinien werden in **Charts** eingezeichnet. Sie sollen die Richtung und Stärke eines **Aufwärts-** oder **Abwärtstrends** darstellen.

Für eine Aufwärtstrendlinie beispielsweise werden mindestens zwei oder drei Tiefstpunkte im Aktienkurs benötigt, von denen das zweite und dritte Tief optisch höher liegt als das erste.

Die **Chartisten** gehen davon aus, daß eine Trendlinie mit der Zunahme der Punkte zum Einzeichnen an Aussagekraft gewinnt.

Turbos

Turbos sind → **Optionsscheine**, die wiederum zum Bezug eines Aktien-Optionsscheins berechtigen.

Es handelt sich um ein ganz heißes Anlageinstrument, weil der Hebel des Turbos naturgemäß noch größer ist als der Hebel des eigentlichen Optionsscheins.

Turbos gehören zu den → **Covered Warrants**, wie gedeckte Optionsscheine auf »neudeutsch« genannt werden.

U

Under-Performer

siehe → **Out-Performer**

Underpricing

Die Eigentümer von Gesellschaften, die an die Börse gehen (→ **Neuemissionen**, siehe auch → **Going public**), müssen sich mit den Emissionsbanken um die Festlegung des Ausgabepreises auseinandersetzen.

Meist müssen die Kreditinstitute aus Konkurrenzgründen höheren Ausgabepreisen zustimmen, als nachher der freie Markt der Börse honoriert. Kursverluste für die Erstzeichner sind fast zum Normalfall geworden.

Underpricing nennt man eine zu niedrige Festlegung des Ausgabepreises. Es kommt – wie gesagt – heutzutage so gut wie nie mehr vor, weil ein **Börseneinführungsmandat** für die Kreditinstitute mit bis zu 10 Prozent des **Ausgabevolumens** lukrativ ist. Den Wünschen der Gesellschafter nach einem recht hohen Kurs wird man sich meist nicht verschließen.

Underweight

Wenn ein Börsenmakler einer Aktie nichts mehr zutraut, nennt er sie auf neudeutsch **Underweight**.

Usancen

Die Börse in ihrer technischen Abwicklung arbeitet nach vorgegebenen gesetzlichen Bestimmungen und Gewohnheiten. Es kann auch für den Kleinanleger wichtig sein, solche Börsen-Usancen zu kennen.

Wer beispielsweise eine Kauforder zu 55 Stück hereingibt, muß wissen, daß 50 Stück im **variablen Handel** gekauft werden. Für die restlichen 5 Stück, die im **Kassamarkt** zum Zuge kommen, fallen nochmals Gebühren an, die als **Mindestgebühren** durchaus unverhältnismäßig hoch sein können.

Auch sollte dem Anleger bekannt sein, daß er im **variablen Handel** zu einem **laufenden Kurs** bedient wird, der durchaus ungünstiger sein kann als der Kassakurs.

Wer sich generell am Kassakurs orientiert und auch zu diesem kaufen möchte, muß seinem Auftrag die ausdrückliche Bemerkung zufügen, daß Erledigung nach dem **Kassakurs** erfolgen soll, selbst wenn es mehr als 50 Aktien sind, die eigentlich den Zugang zum variablen Handel darstellen. In diesem Fall würde die Kauforder in einer einzigen Transaktion zum Kassakurs abgewickelt, wenn das vorgegebene Kauflimit erreicht ist.

Bei den Usancen der Börse ist es auch wichtig, zu wissen, daß **marktenge** Papiere grundsätzlich hier mit einem **Limit** ge- oder verkauft werden sollten. Wer hier eine Order auf »**billigst**« oder »**bestens**« gibt, läuft Gefahr, über den Tisch gezogen zu werden.

Auch den **Kurszusätzen** vom Vortag sollten Anleger ihre Aufmerksamkeit schenken.

Befindet sich hinter einer Aktie beispielsweise die Bezeichnung **»bG«**, so bedeutet dies **»bezahlt Geld«**. Man wird davon ausgehen dürfen, daß am laufenden Tag auch noch Nachfrage herrschen wird, die eventuell zu höheren Kursen führt. Schließlich konnte am Vortag die Nachfrage nicht restlos befriedigt werden, was durch den Ausdruck »bG« signalisiert wurde.

Anders verhält es sich bei den sogenannten **Taxkursen**. Dies sind geschätzte Kurse, weil kein Handel im betreffenden Papier zustande gekommen ist. Sie gehen oft vollkommen an der Marktrealität vorbei. So mancher Anleger, der sich bei seinem Kaufantrag am Taxkurs des Vortages orientierte, wird nachher feststellen, daß er sein

Papier wesentlich zu teuer bezahlt hat, wenn wieder einige Geschäfte zustande gekommen sind und einen gerechten Marktkurs gebildet haben.

Hier eine Liste der wichtigsten Zusätze und Hinweise zum Kurszettel:

Abgekürzt	Ausgeschrieben	Bedeutet
G	Geld	Nur Nachfrage zum genannten Kurs.
B	Brief	Nur Angebot zum genannten Kurs.
– G	gestrichen Geld	Kursfeststellung nicht möglich, da überwiegend Nachfrage.
– B	gestrichen Brief	Kursfeststellung nicht möglich, da überwiegend Angebot.
bG	bezahlt Geld	Nur ein Teil der Kaufaufträge zum angegebenen Kurs ausgeführt. Es bestand weiteres Angebot.
ebG	etwas bezahlt Geld	Nur ein geringer Teil der Kaufaufträge konnte ausgeführt werden.
bB	bezahlt Brief	Nur ein Teil der Verkaufsaufträge zum angegebenen Kurs ausgeführt. Es bestand weiteres Angebot.
ebB	etwas bezahlt Brief	Nur ein geringer Teil der Verkaufsaufträge konnte ausgeführt werden.
T	Taxkurs	Kurs geschätzt, weil weder konkretes Angebot noch konkrete Nachfrage.
ex D	ohne Dividende	Die Dividende ist vom Kurs abgezogen (meist am zweiten Tag nach Dividendenbekanntgabe). Dieser sog. Dividendenabschlag wird meist schnell wieder aufgeholt.
ex BR	ohne Bezugsrecht	Der Kurs ist bereits um ein Bezugsrecht gemindert.
ex BA	ohne Berichtigungsaktien	Erste Notierung nach einer Berichtigung des Aktienkapitals aus Gesellschaftsmitteln.

US-GAAP

Auch deutsche Aktiengesellschaften bilanzieren zunehmend nach **internationalen** Standards, wie beispielsweise **US-GAAP** oder **IAS**.

Die Kurzbezeichnungen bedeuten:

US-GAAP = UNITED STATES – Generally Accepted Accounting Principles
IAS = International Accounting Standards.

Diese internationalen Bilanzierungsstandards werden im Zuge der Globalisierung gewählt, um auf den **internationalen Kapitalmärkten** den Kapitalanlegern die gewohnten Maßstäbe zu verschaffen. Jedenfalls werden auf globaler Ebene diese Bilanzierungsmaßstäbe besser verstanden, als die Maßstäbe des deutschen Handelsgesetzbuchs **(HGB)**.

Im **deutschen Handelsrecht** gilt das **Niederstwertprinzip**. Es beruht auf dem Gläubigerschutzgedanken. Gewinne werden erst ausgewiesen, wenn sie durch ein Umsatzgeschäft realisiert sind, während Vermögensminderungen durch Rückstellungen schon in der Bilanz gewinnmindernd geltend gemacht werden müssen, wenn sie noch nicht real eingetreten sind.

Das **deutsche Steuerrecht** dagegen kennt das **Mindestwertprinzip**. Es schreibt gewisse Mindestansätze für Wirtschaftsgüter vor, um sie der Besteuerung zuzuführen.

Man darf sagen, daß US-GAAP und IAS Bilanzierungsmethoden sind, die die **stillen Reserven** mehr in den Vordergrund rücken als nach deutschem HGB erstellte Bilanzen.

Gesellschaften, die an **US-Behörden** registriert (gelistet) werden wollen, müssen ihre Bilanzen nach US-GAAP oder IAS erstellen. Hier gibt man der Erhaltung und angemessenen Verzinsung des Anlegerkapitals den Vorrang vor dem deutschen Gläubigerschutz.

Die deutsche Softwareschmiede **SAP** war eines der ersten heimischen Unternehmen, das seine Bilanzen nach den genannten internationalen Grundsätzen erstellte, als es an die New Yorker Börse ging.

V

Verlustaversion

Ist es Ihnen nicht auch schon so ergangen, daß Sie sich innerlich sträubten, eine Aktie, die Ihnen Verlust gebracht hat, zu verkaufen? Bekanntlich lassen sich Verluste durch eine → **Stop-loss-Order** begrenzen.

Der Grund für dieses Zögern des Aktionärs liegt wohl darin, daß eine Mark Verlust mehr ärgert, als eine Mark Gewinn erfreut, empfinden doch viele den Verlust als Eingeständnis persönlichen Versagens.

Die sogenannte **Verlustaversion**, der jeder Aktionär zu Beginn seiner Börsentätigkeit schon unterlegen ist, führt zu »Kellerleichen« im Depot und behindert eine erfolgreiche Anlagestrategie.

Vermögensbildung

1999 ist hierzu eine Neuregelung in Kraft getreten. Siehe Tabelle auf der gegenüberliegenden Seite.

Vermögensbildung

Neuregelung ab 1999

Familienstand und Einkommen	**Vermögenswirksame Leistungen (vL)** Bausparen	**Vermögenswirksame Leistungen (vL)** Investmentfonds/Aktien und andere Beteiligungen		**Wohnungsbauprämie** Bausparen	Höchstbetrag staatliche Förderung je Jahr	
	10 % Arbeitnehmersparzulage auf 936 DM	20 % Arbeitnehmersparzulage auf 800 DM	25 % Arbeitnehmersparzulage auf 800 DM	10 % Prämie auf 1000 DM bzw. 2000 DM		
		alte Länder	**neue** Länder			
Einkommensgrenze	35 000/70 000 DM (Ledige/Verheiratete)			50 000/100 000 DM		
					alte Länder	**neue** Länder
alleinstehend 1 Arbeitnehmer	93,60 DM	160 DM	200 DM	100 DM	353,60 DM	393,60 DM
verheiratet 1 Arbeitnehmer	93,60 DM	160 DM	200 DM	200 DM	453,60 DM	493,60 DM
verheiratet 2 Arbeitnehmer	187,20 DM	320 DM	400 DM	200 DM	707,20 DM	787,20 DM

Vermögensteuer

Das Bundesverfassungsgericht hat mit Beschluß vom 22. Juni 1995 (2 BvL 37/91) die Grenzen für die Vermögensteuer aufgezeigt. Der Fiskus hat danach für die Besteuerung nur noch einen »engen Spielraum«, weil das Vermögen schon durch Einkommensteuer und indirekte Steuern erheblich vorbelastet ist. Maximal 50 Prozent darf die gesamte Steuerbelastung betragen (Hälfte-Grundsatz).

Das Problem: Die damalige Regierungskoalition aus CDU/CSU und FDP konnte das Vermögensteuergesetz ohne Zustimmung des von der Opposition (damals SPD) kontrollierten Bundesrats nicht abschaffen.

So bleibt denn das Gesetz rein formell vorerst weiter bestehen, aber die Vermögensteuer kann nach dem Richterspruch **ab 1. Januar 1997 nicht mehr erhoben** werden, denn die damalige Opposition hat einen eigenen Entwurf nicht durchbringen können.

Dennoch kann es Ihnen als Aktionär passieren, daß das Finanzamt Sie noch in 1999 oder gar 2000 »aufgreift« und um Abgabe der Vermögenserklärung auf den 1. Januar 1995 oder 1. Januar 1996 bittet. Sie müssen also nach wie vor über die »alte« Vermögensteuer informiert sein. Hier die Einzelheiten auf die Schnelle:

Die **Freibeträge** der Vermögensteuer sind zum letzten **Hauptveranlagungszeitpunkt**, dem 1. Januar 1995, auf **120 000 Mark** und damit so kräftig angehoben worden, daß nur noch ein beachtliches Aktienportefeuille überhaupt zur Vermögensteuer führt.

Den persönlichen Freibetrag von 120 000 DM erhält jede Person der sogenannten **Veranlagungsgemeinschaft**. Eine Familie mit zwei Kindern profitiert also von einem Gesamtfreibetrag von 480 000 DM.

Aktien, GmbH-Anteile, festverzinsliche Wertpapiere wie Bundesanleihen, Zerobonds, Genossenschaftsguthaben und Investmentzertifikate rechnen zum **»Sonstigen Vermögen«** im Sinne des Vermögensteuergesetzes.

Anteile an **offenen** Immobilienfonds gehören ebenfalls dazu, nicht aber Anteile an **geschlossenen** Immobilienfonds.

Das Vermögensteuerrecht kennt vier Vermögensarten:

1. **land- und forstwirtschaftliches Vermögen**
2. **Grundvermögen**
3. **Betriebsvermögen**
4. **sonstige Vermögen**

Die sogenannte **Hauptveranlagung** auf den **1. Januar 1995** gilt auch für den Stichtag **1. Januar 1996.** Die Stichtage **1. Januar 1997** und 1. Januar 1998 sind durch den Wegfall der Vermögensteuer genauso entfallen wie die ursprünglich für den **1. Januar 1999** geplante neue Hauptveranlagung.

Die für **1995** festgesetzte Vermögensteuer bleibt übrigens für das letzte Erhebungsjahr 1996 die gleiche, es sei denn, die Veränderungen beim Vermögen sind so gravierend, daß auf den 1. Januar 1996 eine **Neuveranlagung** mit einer neuen Vermögensermittlung auf diesen Stichtag durchgeführt werden müßte.

Jedoch jetzt noch kurz zu der Vermögensart **»Sonstiges Vermögen«**, die Sie als Aktionär in erster Linie interessieren wird.

Bei Ihrem **Bargeld** und **Sparbüchern** geht ein Freibetrag von **1000 DM** je Person der Veranlagungsgemeinschaft ab. Dies wäre bei der von uns angenommenen Familie mit zwei Kindern ein Gesamtbetrag von 4000 DM.

Haben Sie Ihr **»Sonstiges Vermögen«** in der Endsumme ermittelt, dürfen Sie davon einen weiteren Freibetrag von **10000 DM** je Person der Veranlagungsgemeinschaft abziehen. Macht in unserem Beispiel 40000 DM. Eine Besonderheit gilt seit 1. Januar 1995, nämlich der **gesplittete Steuersatz**.

Die Vermögensteuer beträgt für sogenanntes **Produktivvermögen 0,5 Prozent**. Für andere Vermögensgegenstände wird ein **verdoppelter Satz** von **1 Prozent** berechnet.

Da durch Steuerfahndungen bei Banken immer wieder alte Vermögensteuerfälle hochkommen, finden Sie auf der Folgeseite einen Original-Berechnungsvordruck. Das Produktivvermögen steht unter Ziffern 4c und 4e. Es sind die **Anteile an Kapitalgesellschaften**, nämlich die Aktien und GmbH-Anteile.

Auch die **Investmentzertifikate** und Anteile an **offenen Immobilienfonds** gehören zum Produktivvermögen. Nur bei diesen beiden Beträgen innerhalb des »Sonstigen Vermögens« greift der ermäßigte Steuersatz von 0,5 Prozent.

Natürlich gilt er auch für das **Betriebsvermögen** der Unternehmer und das **land- und forstwirtschaftliche Vermögen**.

In unserem Beispiel gehen wir davon aus, daß die Familie mit zwei Kindern in einem Einfamilienhaus wohnt, das einen Einheitswert von 40 000 DM hat. Sie sollen Kapitalforderungen von 400 000 DM und Sparguthaben von 100 000 DM besitzen. Bei dem letztgenannten Betrag gehen 4000 DM, wie schon gesagt, als Freibetrag ab.

Das Aktienportefeuille soll sich auf 300 000 DM belaufen. Dann gibt es noch festverzinsliche Wertpapiere wie Bundesanleihen von 30 000 DM und Investmentzertifikate von 104 000 DM.

Die Vermögensteuer beträgt in unserem Fall bei einem Gesamtvermögen von 900 000 DM 2180 DM, wie Sie dem nachfolgenden Schema entnehmen können.

Nun stellen Sie sich vielleicht die Frage, wieviel Vermögen vollkommen steuerfrei bei der Vermögensteuer bleiben würde, wenn das Vermögen nur aus Aktien bestünde?

Die Lösung ist einfach: In Ihrem Depot dürfen sich insgesamt bei den Vorgaben des Beispiels für 520 000 DM Aktien befinden. Erst bei diesem Betrag wären die persönlichen Freibeträge von 480 000 DM und die Freibeträge beim »Sonstigen Vermögen« von 40 000 DM aufgebraucht, und die Vermögensteuerpflicht würde beginnen (vgl. Seite 251 f.).

Finanzamt Köln

Gemeinde

Steuernummer 12/345/6789/0

– BERECHNUNGSBOGEN –

Berichtigung/Änderung/Aufhebung . .	Bl.
Neuveranlagung	Bl.
für endgültig erklärt	Bl.
Vorbehalt der Nachprüfung aufgehoben	Bl.

Zutreffendes ankreuzen

☒	Unbeschränkt steuerpflichtige Beschränkt steuerpflichtige	natürliche Person
☐	Unbeschränkt steuerpflichtige Beschränkt steuerpflichtige	nichtnatürliche Person
	Nichtnatürliche Person des privaten Rechts Rechtsform: ____ z. B. AG, GmbH, Genossenschaft	
	Gewerbebetrieb einer juristischen Person d. öffentl. Rechts	
	Schlüsselzahl f. d. Art d. Beteiligung am Erwerbsleben	

Herrn u. Frau
Max Meier
Domstr. 4
5000 Köln

Vermögensteuerbescheid

Zutreffendes ist angekreuzt ☒

☒ **Hauptveranlagung** **1. Januar 1995**
☐ **Neuveranlagung** **1. Januar 1996**
☐ **Nachveranlagung** **1. Januar 1996**

für:

☐ Dieser Bescheid ergeht zugleich mit Wirkung für und gegen die Kinder:

☐ Soweit die Kinder minderjährig sind, ergeht der Bescheid an Sie als gesetzliche(n) Vertreter.

A. Art der Festsetzung:

B. Berechnung des steuerpfl. Vermögens auf den ☒ 1. Jan. 1995 ☐ 1. Jan. 1996

1.	**Land- und forstwirtschaftliches Vermögen**		DM
2.	**Grundvermögen**		
	a) inländisches – 140 v. H. von 40.000,– DM =	56.000 DM	
	b) ausländisches	– DM	56.000,– DM
3.	**Betriebsvermögen**[1])		
	a) Steuerpflichtiges Betriebsvermögen, das sich nur auf das Ausland erstreckt		DM
	b) Betriebsvermögen, für das ein Einheitswert festzustellen ist	DM	
	davon vermögensteuerfrei nach § 116 BewG	DM	
	nach § 117 BewG	DM	
	Steuerpflichtiges Betriebsvermögen	DM	
	davon sind anzusetzen ☐ lt. Abschn. E. ☐ lt. Anlage		DM
4.	**Sonstiges Vermögen**		
	a) Kapitalforderungen	400.000,– DM	
	b) Zahlungsmittel, Sparguthaben u. dgl. nach Abzug des Freibetrags von 4.000 DM (4 Pers. x 1000)	96.000,– DM	
	c) Anteile an Kapitalgesellschaften	300.000,– DM	
	d) Festverzinsliche Wertpapiere und Zero-Bonds	30.000,– DM	
	e) Investmentzertifikate und Anteile an offenen Immobilienfonds	104.000,– DM	
	f) Geschäftsguthaben bei Genossenschaften	– DM	
	Summe a) bis f)	930.000,– DM	
	Freibetrag nach § 110 Abs. 2 und 3 BewG	40.000,– DM	
	verbleibendes Kapitalvermögen	890.000 DM	
	g) Ansprüche aus Lebens-, Kapital- u. Rentenversicherungen nach Abzug des Freibetrags von ____ DM	DM	
	h) Renten, Nutzungen, Erbbauzinsen usw. Der Kapitalwert wurde um ____ DM gekürzt (§ 111 Nr. 9 BewG)	/ DM	
	i) Übriges sonstiges Vermögen	4.000 DM	894.000,– DM
5.	**Rohvermögen**		950.000,– DM
6.	**Abzüge** (soweit sie nicht das Betriebsvermögen betreffen)		
	a) Schulden und sonstige Abzüge	50.000,– DM	
	b) Abzug für Betriebe der Land- und Forstwirtschaft	– DM	– 50.000,– DM
7.	☒ **Gesamtvermögen** ☐ **Inlandsvermögen**		900.000,– DM
	abgerundet auf volle tausend DM nach unten (§ 4 Abs. 2 VStG)		900.000 DM

[1]) Minusbeträge sind durch das Minuszeichen „./." gekennzeichnet

Vm 6/93 **Vermögensteuerbescheid – Berechnungsbogen –** (Ko 0194)

~~Voraussichtliches~~ Gesamtvermögen - ~~Inlandsvermögen~~ - auf den 01.01.1995 .... 900.000 DM

Freibeträge gem. § 6 VStG: für den Steuerpflichtigen .... 120.000 DM
für die Ehefrau .... 120.000 DM
für 2 Kind(er) .... 240.000 DM
wegen Alters oder Behinderung ..... 000 DM – 480.000 DM

~~Voraussichtliches~~ steuerpflichtiges Vermögen .... 420 000 DM

abzüglich Vermögen, das dem Steuersatz von 0,5 v.H. unterliegt
a) Land- und forstwirtschaftliches Vermögen — DM
b) Betriebsvermögen DM
c) Beteiligungsvermögen (300.000 Aktien + 104.000 Investm.A.) 404.000 DM
Zwischensumme a) bis c) 404.000 DM
aufgerundet auf volle tausend DM nach oben
(höchstens vorauss. steuerpfl. Vermögen,
wenn negativ = 0) ./. 404.000 DM

verbleibt Vermögen, das dem Steuersatz
von 1 v.H. unterliegt 16.000 DM

Berechnung der Vermögensteuer

a) bei natürlichen Personen
0,5 v.H. von 404.000 DM 2020 DM
1,0 v.H. von 16.000 DM 160 DM
Voraussichtliche Jahressteuer 2 180,– DM

b) bei nichtnatürlichen Personen
0,6 v.H. vom voraussichtlichen steuerpflichtigen Vermögen — DM

Der linke Flügel der SPD fordert vehement eine neue verfassungsgerechte Vermögensteuer oder Vermögensabgabe. Die zugunsten der CDU/CSU veränderten Mehrheitsverhältnisse im **Bundesrat** und der SPD-Parteitag im Dezember 1999 haben dies bisher verhindert.

Vinkulierte Namensaktien

Normalerweise sind Aktien **Inhaber-Stammaktien**. Es geht dabei nach dem Motto: »Wer hat, der hat!« So sind sie leicht übertragbar.

Im Gegensatz dazu erfolgt bei den **Namensaktien** die Eigentumsübertragung durch ein Indossement.

Manchmal muß sogar die Aktiengesellschaft selbst dem Eigentümerwechsel zustimmen. So kann die emittierende Gesellschaft bei **vinkulierten Namensaktien** sehr leicht die Übersicht über ihren Aktionärskreis behalten und möglicherweise fremde Einflüsse ausschalten. Sie weiß sogar etwas über den Beruf des Aktionärs, denn auf der Rückseite der Namensaktie sind Name und Beruf zu verzeichnen. Nicht dem Inhaber gehört die Namensaktie, sondern dem namentlich auf der Rückseite Genannten.

In Deutschland sind **vinkulierte Namensaktien** selten. Hauptsächlich die Versicherungs- und Medienbranche wählt diese Form der Aktie.

So wählte der 73 Jahre alte Verleger Axel Springer Mitte 1985, als er sein Haus bestellte, vinkulierte Namensaktien. 49 Prozent des Grundkapitals der Springer-AG kamen an die Börse. Die 50-DM-Aktie kostete damals 335 Mark. Es war allerdings ein Minimum von 100 Stück zu zeichnen, so daß Anleger immerhin 33 500 DM auf den Banktresen blättern mußten.

Mir ist nicht bekanntgeworden, daß es bei der Übertragung von vinkulierten Namensaktien je Probleme gegeben hätte.

Volatilität

Unter Volatilität verstehen Börsianer die **Schwankungsbreite** der Kurse eines Wertpapiers.

Die Gewinnchancen, aber auch das Verlustrisiko, nehmen mit steigender Volatilität zu.

Versorgungsaktien haben im allgemeinen eine geringere **Schwankungsintensität** als die Papiere von Gesellschaften mit hohem Exportanteil, deren Erlöse außer von innerbetrieblichen Gegebenheiten auch noch von Währungsschwankungen abhängen.

Bei **festverzinslichen Wertpapieren** gibt die Volatilität an, wie diese auf Änderungen des Diskontsatzes und die Entwicklung des Kapitalmarktzinses reagieren.

Volatilität, implizierte

Die **implizierte Volatilität** ist die **künftige** Schwankungsbreite, abgeleitet aufgrund der aktuellen Kennzahlen von Optionen für die Zukunft. Bei diesen Voraussagen auf der Basis von historischem Material wird der → **Volatilitätsindex** der **Deutschen Terminbörse** benutzt.

Volatilitätsindex

In 1994 bei der **Deutschen Terminbörse (DTB)** neu eingeführter Index.

Er soll aufgrund der aktuellen Kennzahlen von **Optionen** eine Vorhersage der künftigen Schwankungsbreiten (→ **Volatilität**) ermöglichen.

Der Volatilitätsindex ist zugleich ein Meinungsbarometer, das durch Vergleich mit historischen Daten Rückschlüsse auf Indexanstiege oder -rückgänge in der Zukunft erlauben soll.

Fürs erste wird der neue Index nur **einmal täglich** berechnet und veröffentlicht. Erklärtes Ziel der DTB ist aber eine **minütliche Ermittlung** wie auch beim DAX.

VOLAX-Future

Die Deutsche Börse AG brachte im Januar 1998 ein neues **Terminmarktprodukt** heraus. Es bezieht sich auf die sogenannte **implizite Votalilität** einer DAX-Option.

Das neue Produkt ermöglicht es, **Volatilitätsrisiken** (Risiken der Schwankungsbreite) direkt und unmittelbar abzusichern oder darauf zu spekulieren.

Als sogenanntes **Underlying** (Basisinstrument) dient der **Volatilitätsindex**.

Volksaktien

In Deutschland besaßen vor der Telekomeinführung nur rund **5,5 Prozent der Bevölkerung** überhaupt Aktien.

Es darf daher gesagt werden, daß das politische Bestreben, breite Bevölkerungsschichten an den Aktienbesitz heranzuführen, nicht geglückt ist. Daran hat auch der Mammut-Werbeaufwand bei der Einführung der **Telekom**-Aktie wenig geändert.

Die erste **Volksaktie** war 1959 die Aktie der **Preussag**, die zum Kurs von 145 Prozent ausgegeben wurde.

Es folgten 1961 **VW** und 1965 **VEBA**.

VW waren zu einem Kurs von 350 Prozent erhältlich, wobei an Personen mit geringem Einkommen ein nach Familienstand gestaffelter Nachlaß gegeben wurde, der ab drei Kindern 25 Prozent betrug.

Von den 6 Millionen VW-Aktien wurden 3,6 Millionen für das private Publikum reserviert. Die restlichen 2,4 Millionen behielten die Bundesrepublik und das Land Niedersachsen je zur Hälfte.

Im Gegensatz zu Preussag und VEBA wurde die Privatisierung von VW ein großer Erfolg. Der erste Kassakurs am 7. April 1961 betrug 750 DM. Er stieg bis zum 6. Juni 1961 sogar auf 1105 DM.

Im November 1996 wurden mit einem Werbeaufwand von fast 100 Millionen DM die Aktien der **Telekom** an die Börse gebracht.

Dies geschah im **Bookbuildingverfahren** mit einer Preisspanne von 25 bis 30 DM.

Wegen Überzeichnung und guter Gebote kostete jede der 600 Millionen junger Aktien im Nennwert von 5 Mark schließlich 28,50 DM. Privatanleger erhielten je Aktie einen Preisabschlag von 0,50 DM. Dies aber nur für die ersten 300 Stück. Die Mindestzahl bei der Zeichnung betrug 100 Aktien. Der erste Kassakurs am 19. 11. 1996 lag bei 33,20 DM und brachte den Zeichnern je Stück einen Gewinn von 5,20 DM.

Dennoch muß festgestellt werden, daß es nicht gelungen ist, das breite deutsche Publikum für die Risikoanlage »Aktie« zu gewinnen. Nach wie vor ist das Sparbuch mit über 700 Milliarden DM Guthaben der absolute Renner. Auf Aktien entfallen nur knappe 170 Milliarden DM.

Noch weit vor der Aktie rangieren Anleihen, Obligationen und Pfandbriefe.

Nach einer Erhebung des **Arbeitskreises Aktie** gibt es über 9 Millionen Wertpapierdepots, aber allenfalls etwas mehr als 3 Millionen Aktionäre. Diese letzte Zahl dürfte nach der Telekom-Privatisierung überholt sein.

Volume goes with price

Die angelsächsische Börsenweisheit bedeutet, daß bei zunehmenden Börsenumsätzen einer bestimmten Aktie auch der Kurs mitgezogen wird. Ein Verhalten also, das technische Stärke einer Aktie zum Ausdruck bringt.

Das Gegenstück ist **»Volume against price«**. Dann läßt das Käuferinteresse nach, und alsbald gehen auch die Stückzahlen der betreffenden Aktie am Markt zurück.

W

Wandelanleihen

Mancher Anleger würde die Vorteile von **Aktien**, nämlich Kurssteigerung und Dividenden, gerne mit der festen Rendite von **Anleihen** kombinieren.

Dieses Zwischending gibt es, und es heißt **Wandelanleihe**.

Sie bietet dem Anleger die Chance, entweder zu einem **bestimmten Zeitpunkt** oder innerhalb eines **bestimmten Zeitraums** die Anleihe in Aktien der ausgebenden Gesellschaft zu tauschen.

Im Normalfall gibt es eine **Sperrfrist**, während deren ein Umtausch in Aktien noch nicht zulässig ist.

Die Wandlungsbedingungen mit dem Zuzahlungsbetrag finden Sie in den Emissionsbestimmungen.

Bei **fallenden Zinsen** am Kapitalmarkt steigen nicht nur die »normalen« Anleihen, sondern auch Wandelanleihen im Kurs.

Da in solchen Zeiten nicht selten auch Aktienkurse steigen, können Sie manchmal mit einer Wandelanleihe doppelte Vorteile einfahren. Andererseits führen Kursrückgänge am Aktienmarkt nicht gleich dazu, daß eine Wandelanleihe ganz tief purzelt. Dies verhindert die feste Verzinsung. Aber jede Chance kostet ihren Einsatz. So ist der Zinssatz der Wandelanleihen durchweg zwei bis drei Prozentpunkte **geringer** als bei üblichen Anleihen.

Machen Sie von der Wandlung keinen Gebrauch, bleiben Ihre Wandelanleihen eben **festverzinsliche** Wertpapiere und werden am Ende der Laufzeit zum **Nennwert** zurückgezahlt.

Haben Sie jedoch von der Wandlung in Aktien Gebrauch gemacht, gibt es kein Zurück, wenn sich die Aktienkurse an der Börse nicht nach Ihren Vorstellungen entwickeln. Sie sollten deshalb nur Wandelanleihen von solchen Aktiengesellschaften kaufen, deren Aktien Sie auch Kurssteigerungen in absehbarer Zeit zutrauen.

Wandelanleihen erhalten Sie meist in **effektiven Stükken**. Die im Börsenzettel ausgedruckten Kurse beziehen sich in Prozent auf 100 DM nominal.

Wandelanleihen (F)

Titel / Laufzeit			28.10.99
3	Allianz Fin.98	2003	106,00 G
1	Bayer Corp.96	2001	
3,375	Berl.El.Fin.96	2001	93,80 -G
0,75	Commerzbk.98	2004	85,40 G
2	Continental 99	2004	99,50 bB
13	*Cybernet 99*[1)]	*2009*	*100,00 G*
5,75	Daimler 97	2002	71,20 G
0,75	*DBV-Wintherth.98*	*2003*	*92,60 G*
0,875	*DBV-Wintherth.98*	*2003*	*88,95 G*
1	Dt. Fin. 96	2001	139,00 G
2	Dt.Bk.Fin. 98	2003	97,00 G
1	*Dresd. Fin. 98*[1)]	*2004*	*108,50 G*
4,13	Fuchs Petrol. 97	2002	98,00 G
2	Henkel Corp. 97	2003	111,00 G
3,25	Holzmann 98	2003	117,00 G
1	Mannesm.Fin.99	2004	97,00 -T
	Metro Int. 98	2013	97,00 bG
2,125	Preussag 99	2004	99,00 bG
1,75	SGL Carbon 97	2003	91,60 G
1,75	VW Int.Fin. 97	2003	98,25 b
	Wien.St.All.Ver.98[1)] *(M)*	*2003*	*95,00 -T*

* Einer von mehreren ähnlichen Optionsscheinen bzw. Teil einer Emissions-Serie vom gleichen Tag. Kursiv=geregelter Markt, Kursiv[1)]=Freiverkehr

WAP

Es handelt sich um das Kürzel für **Wireless Application Protocol**.

Diese neue Technik kam im Spätherbst 1999 auf den Markt. Auf einem besonders dafür ausgestatteten Handy leuchtete im Display eine Information, beispielsweise eine Wirtschaftsnachricht oder auch die angeklickte Übersicht des eigenen Depots. Mit dem WAP-System ist es auch möglich, Orders an ein Kreditinstitut weiterzugeben.

Warenterminbörse Hannover
1997 erhielt Deutschland wieder eine **Warenterminbörse**.

Sie hat ihren Sitz in Hannover und betreibt den Kontrakthandel mit Getreide, Kartoffeln und Schweinen.

Es ist die erste Warenterminbörse (WTB) nach einem hundertjährigen Verbot in Deutschland.

Die **Niedersächsische Wertpapierbörse in Hannover** ist Mitbetreiber der WTB. Die weiteren Gründungsmitglieder waren die **Hanseatische Wertpapierbörse** und der **Deutsche Terminhandelsverband** (DTV).

Das Magazin »Focus« verwies in diesem Zusammenhang auf Terminhandels-Skandale von ehemaligen DTV-Mitgliedern (Schadenshöhe ca. 120 Millionen DM).

Warrants
Englische Bezeichnung für Optionsscheine. Ausführliche Darstellung mit Schema siehe → **Optionsscheine**.

Weißer Ritter
Dies ist die Bezeichnung für eine Gesellschaft oder einen Finanzier, die einem durch feindliche Übernahme (→ **Takeover**) bedrängten Unternehmen finanziell zu Hilfe eilt.

Der weiße Ritter macht ein Gegenangebot mit einem noch höheren Preis für die Aktien des Übernahmekandidaten, um so die feindliche Übernahme abzuwehren.

EURO-LEITZINSEN

Refinanzierung (Refi)		
Hauptrefi-Satz		
2-Wochen-Tender, wöchentlich	(fällig 03.11.1999)	2,50%
2-Wochen-Tender, wöchentlich	(fällig 10.11.1999)	2,50%
Längerfristiger Refi-Satz		
3-Monats-Tender, monatlich	(fällig 25.11.1999)	2,65%
3-Monats-Tender, monatlich	(fällig 23.12.1999)	2,66%
3-Monats-Tender, monatlich	(fällig 27.1.2000)	3,19%
Zinskanal für Tagesgeld		
Spitzenfinanzierungsfaszilität	(seit 9.4.1999)	3,50%
Einlagefaszilität	(seit 9.4.1999)	1,50%
Mindestreserve		
Verzinsung	(seit 14.4.1999)	2,50%
Basiszins		
Diskontsatz-Ersatz		
gem. § 1 Überleitungs-Gesetz	(ab 1.5.1999)	1,95%

SONDERZIEHUNGSRECHTE

	27.10.1999	26.10.1999
US-$	1,39091	1,39039
Euro	1,31815	1,30762

Wertpapierpensionsgeschäfte
Die **Deutsche Bundesbank** kauft zur Feinsteuerung des Kapitalmarktes Wertpapiere von den Banken, die diese nach einer bestimmten Frist zurückkaufen. Diesen Vorgang, bei dem Kurs und Zinssatz von vornherein festgelegt sind, nennt man **Wertpapierpensionsgeschäft**.

Es handelt sich um ein **Kassageschäft** in Kombination mit einem gegenläufigen **Termingeschäft**.

Mit Hilfe der Wertpapierpensionsgeschäfte kann die Bundesbank den Kreditinstituten Zentralbankgeld entweder zuführen oder auch entziehen.

Steuerlich sind die Zinsen aus Wertpapierpensionsgeschäften dem **Pensionsnehmer** zuzurechnen.

Windfall profits

Aktiengesellschaften mit hohem Exportanteil oder Fakturierung auf Dollarbasis erzielen bei stark steigendem Dollar, wie beispielsweise in 1997, sogenannte **windfall profits**. Ihre Gewinnsituation verbessert sich automatisch um die Gewinne durch den gestiegenen Devisenkurs des Dollars. Meistens ziehen Aktienkurse bei windfall profits entsprechend an.

Window-Dressing

Vor dem Bilanzstichtag (Berichtsstichtag) kaufen Gesellschaften manchmal die eigenen Aktien, um die Kurse hochzutreiben.

Dieses »Window Dressing« (in das Fenster stellen) ist letztlich eine Kursmanipulation, die der »Bilanzkosmetik« dient.

Worst-Case-Szenario

Worst-Case-Szenario ist der schlimmste denkbare Fall für die Entwicklung der Kurse.

Er würde beispielsweise eintreten, wenn die Zinsen und Rohstoffpreise rapide steigen, Währungsturbulenzen auftreten, ein → **Emerging Market** crasht, die Ausländer sich von der deutschen Börse zurückziehen und – last but not least – das Vertrauen der Anleger in die politische Landschaft verlorengeht.

X

XEOS

Bei **XEOS** handelt es sich um ein außerbörsliches Optionsschein-Handelssystem. Es wurde von Data Sciences, einer Unternehmenstochter von IBM, eingeführt.

Die **Bank 24** arbeitete als erste mit XEOS. Auf einen Kundenanruf hin öffnet sich auf dem Bildschirm das XEOS-Fenster mit der Preisübersicht und sodann das Handelsfenster. Der Mitarbeiter der Direktbank braucht nur noch die Stückzahl für den Auftrag und die Bezeichnung »Kauf« oder »Verkauf« einzugeben.

XETRA

Das **Exchange Electronic Trading** System ist ein kostengünstiges Computer-Handelssystem mit **transparentem Orderbuch**. Es bewältigt tagtäglich bis zu 900 000 Aufträge, während das Vorgängersystem → **IBIS** es höchstens auf 50 000 täglich bringt.

Gab es früher noch Beschränkungen, kann seit Juni 1998 jede gewünschte Stückzahl Aktien mit XETRA gehandelt werden.

Ein Vorteil für Kleinanleger: Die **Maklercourtage** von 0,4 bzw. 0,8 Promille des Auftragswerts entfällt bei XETRA.

Alle Aktien der Frankfurter Börse können über XETRA gehandelt werden. Auch ist es möglich, → **Stop-loss-Orders** vormerken zu lassen. Über 80 Prozent der DAX-Werte werden mittlerweile über XETRA abgewickelt.

Legen Sie als Privatanleger im XETRA-Handel ein strenges Limit und handeln Sie marktenge Papiere im Parketthandel. In der Vergangenheit ist es wiederholt vorgekommen, daß Anleger mit »Billigst-« und »Bestens«-Orders über den Tisch gezogen wurden. Daraus hat die Deutsche Börse AG die Konsequenz gezogen, die Kurse **illiquider Aktien** im XETRA-System nur noch einmal täglich im Rahmen einer **Auktion** feststellen zu lassen.

Seit 21. Juni 1999 werden die Indizes **DAX** und **MDAX** nur noch aus den **XETRA-Kursen** ermittelt. Der **Parkett-DAX** ist ersatzlos entfallen.

Sogenannte **Spitzenausgleiche**, die Makler vornehmen, gibt es im XETRA-Handel nicht. Wer beispielsweise 500 Aktien kaufen will, muß damit rechnen, daß er mehrere Abrechnungen zu unterschiedlichen Kursen bekommt, es sei denn, er bringt auf seinem Auftrag die Zusätze → **»Fill-or-Kill«** (= Komplettausführung oder Streichung) oder → **»Immediate-or-Cancel«** (= Ausführung der erreichbaren Stückzahl und Löschung des Restauftrags).

MDAX ANGABEN IN EURO															
						Frankfurter Kurse									
23.9.99 17:30	WPKN	Letzte Div.	Div.-Sch. für 1999	Börsenkap. in Mill. Euro	Anfang	Tages H/T		Kassa	Schluss	+/-	Xetra (E)	Tages H/T		Xetra (S)
Agiv (o.N.) ♣	502820	1,79	1,79	696,0	18,20b	18,25	18,01	18,10b	**18,24G**	**+0,22**	18,10	18,22	18,00	18,22
Altana (o.N.)	760080	1,02	1,02	2550,6	65,10b	65,65	65,02	65,15b	**65,55b**	**+0,55**	65,10	65,40	65,00	65,40
AMB (o.N.)	840002	1,02	1,02	4521,7	80,50G	83,70	80,50	82,00b	**83,70b**	**+3,20**	82,00	83,50	82,00	83,50
AVA	508850	3,58	3,57	1133,1	360,00b	60,00	60,00	360,00G	**360,00b**	**±0**	362,60	62,60	62,60	362,60
Axa Colonia StA (o.N.)	841000	1,64	1,64	2935,6		95,00	94,00	94,50b	**95,00bB**	**+1,00**				
Babcock Borsig (o.N.)	550700		k. A.	254,1	36,45b	36,50	36,20	36,50bG	**36,25b**	**-0,15**	36,50	36,50	36,30	36,30
Bankges. Berlin (o.N.)	802322		k. A.	2951,5	16,50b	16,50	16,30	16,35b	**16,30b**	**-0,20**	16,50	16,50	16,30	16,30
Beiersdorf (o.N.)	520000	0,61	0,61	5531,4	64,50b	67,00	64,50	66,50b	**66,20b**	**+1,95**	64,00	67,00	63,10	65,85
Bewag (o.N.)	530300	0,51	0,51	2109,3	14,10b	14,10	13,75	13,95bG	**13,85b**	**-0,18**	14,00	14,00	13,85	14,00
BHF-Bank (o.N.)	802500	0,87	0,82	3773,0	44,90b	44,97	44,90	44,91b	**44,96b**	**+0,03**	44,91	44,95	44,91	44,95
BHW Hold. (o.N.)	522390	0,54	0,54	3303,0	18,30b	18,30	17,80	18,15b	**17,80b**	**-0,65**	18,36	18,37	17,91	18,35
Bilfinger + Berger (o.N.)	590900	0,41	0,41	793,4	22,10b	22,10	21,75	21,75b	**21,90bB**	**-0,10**	22,00	22,00	21,85	21,95
Boss Hugo VA (o.N.) ♣	524553	39,11	3,48	897,6	128,50b	29,00	27,00	128,50b	**128,00b**	**-1,00**	128,00	28,00	27,00	127,50
Brau u. Brunnen (o.N.) ♣	555030		k. A.	280,5	63,00b	64,00	62,00	63,00b	**64,00b**	**+1,00**	62,50	62,50	62,50	62,50
Buderus (o.N.) ♣	527800	0,37	0,37	1081,3	16,20b	16,35	16,10	16,10b	**16,35b**	**-0,14**	16,20	16,39	16,17	16,39
Continental (o.N.)	543900	0,41	0,41	2765,8	20,70b	20,80	20,40	20,65b	**20,63b**	**+0,38**	20,65	20,80	20,35	20,65
DBV Winterth. Hold. (o.N.)	841690	0,72	0,72	1841,0	54,00bG	54,10	54,00	54,00bG	**54,10b**	**±0**	54,00	54,00	53,80	54,00
DePfa (o.N.) ♣	804700	0,87	0,87	2591,6	71,90b	71,95	71,30	71,50b	**71,90b**	**±0**	71,95	72,00	71,50	71,99
Deutz (o.N.)	630500		k. A.	405,0	6,45b	6,55	6,30	6,45bB	**6,50b**	**+0,20**	6,32	6,55	6,32	6,45
Douglas Hold. (o.N.)	609900	0,82	0,82	1418,5	40,90b	42,80	40,90	41,30b	**42,72b**	**+1,97**	40,60	42,75	40,60	42,75
Dürr (o.N.) ♣	556520	0,92	0,92	311,3	24,00b	24,20	23,80	23,80b	**24,20b**	**+0,20**	23,70	24,00	23,70	23,95
Dyckerhoff VA (o.N.)	559103	0,77	0,77	939,1	30,00b	30,00	29,50	30,00b	**30,00b**	**+0,80**	30,00	30,00	29,50	30,00

Die Eröffnungs- und Schlußkurse im XETRA-Handel

Quelle: »Handelsblatt«

XIOS

Seit 1. November 1998 eingerichtetes elektronisches Informations- und Ordersystem der **Volks-** und **Raiffeisenbanken**.

Mit dieser schnellen Elektronik ist beabsichtigt, die an **Direktbanken** verlorenen Kunden zurückzuholen.

Das System gewährt Zugang zu den deutschen Parkettbörsen sowie zu dem elektronischen System **XETRA** und zum Terminhandel an der Deutschen Terminbörse **Eurex**.

XXL-Optionen

Ende Juni 1997 erweiterte die **Deutsche Terminbörse** ihre Angebotspalette um einige Aktien-Optionen mit **Laufzeiten** von **18 und 24 Monaten**.

Da diese Laufzeiten gegenüber den bisherigen Laufzeiten von 3, 6 und 9 Monaten ganz besonders lang sind, hat man sie in Anlehnung an die Übergrößen bei T-Shirts XXL-Optionen genannt.

Die extralangen Laufzeiten gelten jedoch nur für Optionen auf **marktbreite** Titel mit sehr hohen Börsenumsätzen, nämlich BASF, DaimlerChrysler, Deutsche Bank, Deutsche Telekom, Siemens und VW-Stämme.

Insgesamt gibt es je drei Basispreise für Calls und Puts für die Laufzeiten von 18 und 24 Monaten.

Die Deutsche Terminbörse reagiert offensichtlich mit den XXL-Optionen auf den Verkaufserfolg der Banken mit Aktien-Optionsscheinen. Nicht auszuschließen ist, daß auch die durch die sogenannte **Große Steuerreform** vorgesehene Verlängerung der Spekulationsfrist von 6 auf 12 Monate das Bedürfnis nach längeren Optionslaufzeiten geweckt hat. Die XXL-Optionen sind durchweg preisgünstiger als vergleichbare langlaufende Optionsscheine. Auch daraus ergibt sich die Stoßrichtung im Wettbewerb.

Y

YES-Anleihen
Die Deutsche Bank war eines der ersten Kreditinstitute, die → **Aktienanleihen** unter der Bezeichnung **YES-Anleihen** (**Y**ield **E**nhanced **S**ecurities = »renditesteigernde Wertpapiere«) anbot.

Z

Zerobonds

Zerobonds werden auch **Nullkupon-Anleihen** genannt. Sie sind nämlich nicht mit einem **Zinskupon** ausgestattet, so daß keine laufenden Zinszahlungen erfolgen.

Vielmehr erhält der Anleger bei Zerobonds als Zinsertrag den Unterschied zwischen dem **Ausgabekurs** und dem **Rückzahlungskurs** bzw. dem **Veräußerungskurs** bei Veräußerung vor Laufzeitende.

Nur eine einzige Zahlung fließt demnach dem Anleger zu, nämlich der Rückzahlungsbetrag oder der Verkaufserlös.

Aus diesem Grund werden Zerobonds mit einem hohen Disagio (Abschlag) verausgabt. Die Einlösung – manchmal erst nach 30 Jahren – erfolgt jedoch zum Kurs von 100 Prozent.

Der Ausgabekurs richtet sich nach folgenden Kriterien:

Kapitalmarkt
Zinssituation
Bonität des Emittenten
Laufzeit der Zerobonds.

Steuerlich wird der Ertrag aus Zerobonds erst im Fälligkeitszeitpunkt bzw. im Jahr der vorzeitigen Veräußerung erfaßt. Dies bietet Möglichkeiten der legalen Steuergestaltung. Wer während der Zeit des Erwerbslebens eine hohe Steuerprogression in Kauf nehmen muß, kann gut beraten sein, Zerobonds als Kapitalanlage zu wählen. Durch Verkauf bzw. Einlösung bestimmt er selbst den Zeitpunkt der Realisierung und Versteuerung des Kursgewinns. Dies kann im Rentenalter oder in Jahren mit wesentlich niedrigerer Steuerprogression geschehen.

Zerobonds sind sehr **zinsreagibel**. Wenn schon normale Anleihen bei zurückgehendem Zinssatz im Kurs steigen und umgekehrt bei steigenden Zinsen Kursverluste verzeichnen, so trifft das geradezu potenziert auf Zerobonds zu.

Die Ursache ist einfach: Es wird kein laufender Zins gezahlt, sondern dieser Zins gedanklich gleichsam wieder mit angelegt, wodurch ein dramatischer Nebeneffekt bei der Kursentwicklung entstehen kann.

Sie erhalten deshalb in Zeiten sinkender Zinsen beim Verkauf Ihrer Zeros vor Endfälligkeit einen wesentlich höheren Betrag, als Sie Zinsen beim Finanzamt versteuern müssen.

Die von Ihnen zu versteuernden **rechnerischen Zinsen** sind lediglich eine mathematische Größe. Ihre Errechnung ist etwas kompliziert, wie Sie später noch sehen werden.

Während der gesamten Laufzeit eines Zerobonds bleibt der aufgrund der Emissionsrendite errechnete rechnerische Zins im Prozentsatz gleich.

Viele Nullkupon-Anleihen sind in Zeiten **niedriger Zinsen** ausgegeben worden. Sie haben demgemäß eine **niedrige Emissionsrendite**. Wenn Sie in einer **Hochzinsphase** kaufen, so tun Sie dies zu günstigen Kursen, denn die angestiegenen Zinsen haben Zerobonds in ihrem Wert nach unten gedrückt.

Verkaufen Sie dagegen in Jahren mit zurückgenommenem Zins, werden Sie gute Kursgewinne einfahren. Diese sind **steuerfrei**, falls sie die Jahresfrist für Spekulationsgewinne beachten. Es ist also interessant, in Zeiten einer Hochzinsphase in Zeros zu investieren.

Auch beim **Sparerfreibetrag** von 6100/12200 DM (Ledige/Verheiratete – seit 2000 = 3100/6200 DM) läßt sich mit Zeros tricksen. Wer den Sparerfreibetrag in einem Jahr bereits ausgeschöpft hat, kauft Zeros und verkauft sie in Jahren, in denen noch steuerlicher Freiraum ist.

Übrigens: Je länger noch die Restlaufzeit von Zeros ist, desto höher steigen sie im Kurs, und desto höher sind dann auch die steuerfreien Anteile am Wertzuwachs.

Die Berechnung des rechnerischen Zinses bei Zerobonds ist, wie gesagt, eine schwierige Prozedur.

Machen wir dazu ein Beispiel und nehmen den Zerobond »Euro-DM-Security« mit der Wertpapierkennummer 477847.

Er soll einen **Nominalwert** von 100000 DM haben. Das heißt: Er wird am Ende der langen Laufzeit, nämlich genau am 8. April 2026, zu 100000 DM eingelöst.

Sie kauften ihn am 16. Oktober 1992 für nur 12900 DM (12,9 Prozent) und trennten sich schon ein Jahr später, nämlich genau am 26. Oktober 1993, wieder von ihm.

Ihr Kreditinstitut zahlte Ihnen beim Verkauf 13300 DM (13,3 Prozent). Was müssen Sie versteuern?

Die Rechnung ist kompliziert. Deshalb zerlegen wir das Ganze in sechs Schritte.

Bei **Schritt 1** müßten Sie zunächst etwas mehr über Ihren Zerobond erfahren. Sie finden es im Bundessteuerblatt I 1991 auf Seite 441.

Nun muß bei **Schritt 2** die Formel her, mit der Sie rechnen. Bei **Schritt 3 und 4** sind Ihre Schulkenntnisse in Mathematik gefragt.

Die Auswertung in **Schritt 5 und 6** ist aber dann ganz simpel. Auf geht's!

Beispiel: Berechnung des steuerpflichtigen **Kapitalertrags von Zerobonds** am Beispiel des **Zerobonds** »Euro DM Securities«, Kenn-Nr. 477847

Kauf:	16. 10. 1992 zu 12,90 %
Verkauf:	26. 10. 1993 zu 13,30 %
Nominalbetrag:	100000 DM

Schritt 1:

Konditionen des Zerobonds feststellen		Fundstelle
Emissionstag:	01. 04. 1986	(BStBl. I 1991
Laufzeitende:	08. 04. 2026	S. 441)
Emissionskurs:	9,7 %	
Emissionsrendite:	6,0030599 %	
Währung:	DM	

Schritt 2:
Formel zur Ermittlung des **rechnerischen Kapitalertrags** für Besitzzeit 16. 10. 92 bis 26. 10. 93 (BStBl. I 1985 S. 78)

Rechnerischer Anschaffungs- bzw. Veräußerungskurs = **Emissionskurs** × **Aufzinsungsfaktor** F

$$F = q^n \times \left(\frac{R \times T}{360 \times 100} + 1\right)$$

q^n = Aufzinsungsfaktor für **volle** Jahre

$$= \left(1 + \frac{R}{100}\right)^n$$

R = **Emissionsrendite**

T = Jahresbruchteile in Tagen

Schritt 3:
Rechnerischen Anschaffungskurs ermitteln

Zur Ermittlung der **rechnerischen** Anschaffungs- und Veräußerungskurse ist immer auf den **Emissionstag** (hier 1. 4. 86) zurückzugehen.

Emissionstag	01. 04. 86
Kauftag	16. 10. 92 = 6 Jahre + 198 Tage nach Emissionstag
Verkaufstag	26. 10. 93 = 7 Jahre + 208 Tage nach Emissionstag

Rechnerischer Anschaffungskurs

$$= \text{EM-Kurs} \times \left(1 + \frac{R}{100}\right)^n \times \left(\frac{R \times T}{360 \times 100} + 1\right)$$

$$= 9{,}7 \times \left(1 + \frac{6{,}0030599}{100}\right)^{6\text{ Jahre}} \times \left(\frac{6{,}0030599 \times 198\text{ Tage}}{360 \times 100} + 1\right)$$

$$= 9{,}7 \times 1{,}06^6 \times 1{,}033$$

$$= \underline{\underline{14{,}217\,\%}}$$

Schritt 4:
Rechnerischen Veräußerungskurs ermitteln

Rechnerischer Veräußerungskurs

$$= \text{EM-Kurs} \times \left(1 + \frac{R}{100}\right)^n \times \left(\frac{R \times T}{360 \times 100} + 1\right)$$

$$= 9{,}7 \times \left(1 + \frac{6{,}0030599}{100}\right)^{7\text{ Jahre}} \times \left(\frac{6{,}0030599 \times 208\text{ Tage}}{360 \times 100} + 1\right)$$

$$= 9{,}7 \times 1{,}06^7 \times 1{,}0346$$

$$= \underline{\underline{15{,}094\,\%}}$$

Schritt 5:
Steuerpflichtigen rechnerischen Kapitalertrag ermitteln

Nominalwert (Einlösungswert im Jahr 2026)	=	100 000 DM
Rechnerischer **Veräußerungskurs = 15,094 %**	=	15 094 DM
Rechnerischer **Anschaffungskurs = 14,217 %**	=	14 217 DM
rechnerischer steuerpflichtiger Kapitalertrag (Sparerfreibetrag beachten)		877 DM

Schritt 6:
Auswertung

877,– DM gehören zu den Einnahmen aus Kapitalvermögen als **rechnerischer** Gewinn entsprechend der Besitzzeit des Zerobonds.
Der **tatsächliche** Gewinn hingegen beträgt nur 262,– DM (13162–12900 DM). Der Grund hierfür lag u. a. in den Kursrückgängen bei Zerobonds wegen der seit 1994 geltenden Zinsabschlagsteuer.

Wann entscheiden Sie sich für die Marktrendite und wann für Emissionsrendite?

Sie haben in unserem Beispiel gesehen, daß man auch auf die Nase fallen kann, wenn man den rechnerischen Zins aufgrund der Emissionsrendite errechnen und versteuern muß.

Außerdem ist dies – Sie sind sicher meiner Meinung – eine wahnsinnig komplizierte und umständliche Angelegenheit.

Seit 1994 aber gibt es eine einfache Alternative. Sie heißt »Versteuerung der **Marktrendite**« und wurde durch das **Mißbrauchsbekämpfungsgesetz** eingeführt.

Die Marktrendite ist ganz einfach der Unterschied zwischen den Erwerbskosten und dem Veräußerungserlös.

In unserem Beispielsfall wären es also nur 262 statt 877 DM gewesen, die Sie hätten versteuern müssen. Oder auch »nur« 262000 statt 877000 DM – je nach Anlagebetrag.

Aber: Das geht erst seit 1994. Im Beispiel war nichts zu machen, weil die Veräußerung schon 1993 erfolgte.

Wann entscheiden Sie sich nun für die Versteuerung nach der **Emissionsrendite** und wann nach der **Marktrendite**?

Es gibt ein paar profitable Anhaltspunkte.

Eine Entscheidungshilfe bietet der Vergleich des **Kapi-**

talmarktzinses im Zeitpunkt des **Erwerbs** und der Veräußerung eines Zerobonds.

Ist der **Kapitalmarktzins** zwischen den genannten Zeitpunkten **gestiegen**, so ist der **Kurswert** des Zerobonds **gefallen**.

Eine Versteuerung nach der **rechnerisch ermittelten Emissionsrendite** würde in diesem Fall zu Nachteilen führen, weil der Zins durch die Kurswertverluste geschmälert wurde. So war es in unserem Beispielsfall. Dann ist die **Marktrendite** die bessere Alternative.

Umgekehrt: Ist der **Kapitalmarktzins gefallen**, werden durch die Veräußerung eines Zerobonds Kursgewinne realisiert. Es empfiehlt sich dann die Versteuerung nach der **Emissionsrendite**, damit der Kursgewinn auf die Vermögensebene verlagert wird und steuerfrei bleibt.

Zinsabschlagsteuer

Seit 1993 werden **Inländer** für ihre Kapitaleinkünfte zu einer Zinsabschlagsteuer von **30 Prozent** herangezogen.

Für **Tafelgeschäfte** gilt ein Steuersatz von **35 Prozent**.

Die Zinsabschlagsteuer greift jedoch nur dann, wenn die jährlichen **Sparerfreibeträge** von 6100/12 200 – ab 2000 = 3100/6200 (Ledige/Verheiratete) – überschritten sind.

Demnach bleibt 1999 ein mit 5 Prozent verzinstes Sparbuchguthaben bis zur Höhe von 240 000 DM ganz steuerfrei. Ab 2000 ist es nur noch die Hälfte.

Der **Sparerfreibetrag** setzt voraus, daß beim Kreditinstitut ein → **Freistellungsauftrag** eingereicht wurde.

Die Zinsabschlagsteuer hat **keinen Abgeltungscharakter**. Deshalb sind die Zinsen einschließlich Zinsabschlag in der **Anlage KSO** zur Einkommensteuererklärung anzugeben.

Wer einem **persönlichen Steuersatz** von mehr als 30 Prozent unterliegt, muß im Normalfall Einkommensteuer nachzahlen, während bei einem geringeren per-

Schema Zinsabschlagsteuer

Zinsabschlagsfrei

- a) Steuerausländer
- b) Girokonto mit nicht mehr als 1% Zinsen
- c) Bausparzinsen, falls Arbeitnehmer-Sparzulage oder Wohnungsbauprämie
- d) Einmalgutschriften unter 20,– DM jährlich bei einzelnen Guthaben
- e) Interbankengeschäfte
- f) Zinsen für Konten bei *ausländischen* Banken
- g) Zinsen für Konten bei *ausländischen* Zweigstellen *deutscher* Banken

- a) Nichtveranlagungsbescheinigungen (NV-Bescheinigungen) – wie bisher –
- b) Freistellungsaufträge bis 6100/12 200 DM – hiermit auch Freistellung von Kapitalertragsteuer 25% und Körperschaftsteuer 30% wie bei NV-Bescheinigungen

Zinsabschlag

Soweit die Freibeträge von 6100/12 200 DM überschritten sind

- a) Zinsen *30%* seit 1993
- b) Stückzinsen und Zinsen aus aufgezinsten und abgezinsten Papieren *30%* seit 1994. Saldierung von Guthaben- und Sollstückzinsen.

Kapitalertragsteuer auf Dividenden bleibt mit 25% unverändert

Grundsätzlich und ohne Beachtung von Freibeträgen

- a) Zinsen aus Tafelgeschäften *35%* seit 1993
- b) Stückzinsen usw. aus Tafelgeschäften *35%* seit 1993

Seit 1995 fallen zusätzlich 7,5% Solidaritätszuschlag an (= zus. 32,25% bzw. 37,625% Zinsabschlag)

sönlichen Steuersatz eine Erstattung in Frage kommen kann.

Auf **Dividenden aus Aktien** wird keine Zinsabschlagsteuer einbehalten, weil hier die **Körperschaftsteuer** und **Kapitalertragsteuer** Platz greifen.

Sofern der Anleger wegen eines → **Freistellungsauftrags** bzw. einer → **Nichtveranlagungsbescheinigung** diese Steuern nicht zu entrichten braucht, wird ihm die Dividende einschließlich Körperschaftsteuer und Kapitalertragsteuer voll ausbezahlt.

Für Konten und Depots bei **ausländischen** Banken fällt Zinsabschlagsteuer nicht an. Das gleiche gilt für **Bausparzinsen**, falls Arbeitnehmersparzulage oder Wohnungsbauprämie gewährt werden.

Auch die Zinsen auf dem **Girokonto** unterliegen nicht der Zinsabschlagsteuer, wenn der Zins nicht mehr als 1 Prozent beträgt.

Für → **Stückzinsen** gilt eine sogenannte **Topfregelung**.

Zinsphasen-Anleihen

Diese Anleihen sind ein »Mischling«, und zwar zwischen **fest** und **variabel** verzinslichen Anleihen.

Die Laufzeit von **Zinsphasen-Anleihen** beträgt im Normalfall zehn Jahre. In den ersten Jahren gibt es einen **festen** Zinssatz und dann mehrere Jahre lang eine **variable** Verzinsung. Dabei stehen die aktuellen Geldmarktzinsen Pate.

In den restlichen Jahren der Laufzeit werden wiederum feste Zinsen gezahlt.

Zinssensitive Aktien

Im Gegensatz zu den → **zyklischen Aktien** sind **zinssensitive** Aktien weniger von der Entwicklung der Konjunktur abhängig als vielmehr von Veränderungen des **Zinsniveaus**.

Bank- und Versicherungs-Aktien sind typische zinssensitive Papiere.

Zwischengewinnbesteuerung

Das **Mißbrauchsbekämpfungsgesetz** und das **Steuerbereinigungsgesetz** haben seit 1994 bei Investmentfonds die Besteuerung des sogenannten **Zwischengewinns** gebracht.

Damit ist für Fondsinhaber die Möglichkeit entfallen, die Zinsabschlagsteuer zu umgehen. Bisher klappte dies, wenn jemand seine Fondsanteile kurz vor der Ausschüttung verkaufte. Damit erreichte er, daß im Preis eines Fondsanteils auch aufgelaufene Zinsen und Stückzinsen enthalten waren und ihm mitvergütet wurden, von denen keine Zinsabschlagsteuer berechnet war.

Es kann gesagt werden, daß die Zwischengewinnbesteuerung bei vor dem Ausschüttungstermin verkauften Fondsanteilen der **Stückzinsregelung** bei festverzinslichen Wertpapieren ähnelt. Auch hier werden bekanntlich die Zwischengewinne entsprechend den Besitzzeiten vom Zinsabschlag erfaßt.

Bezahlte und gutgeschriebene Zwischengewinne werden jedoch, ebenfalls wie bei den Stückzinsen, in einer Art **Topflösung** verrechnet, so daß die Zinsabschlagsteuer nur von dem überschießenden Guthabenbetrag in Abzug gebracht wird.

Auch bei **thesaurierenden Fonds** wird ein (fiktiver) Zwischengewinn dem Zinsabschlag unterworfen.

Die Zwischengewinnbesteuerung erstreckt sich nur auf den **steuerpflichtigen** Teil der Ausschüttung. Nicht steuerpflichtige Spekulationsgewinne, die der Fonds erwirtschaftet hat, bleiben von der Besteuerung genauso ausgenommen wie die anteiligen **Aktiendividenden**, weil für die letztgenannten bereits 30 Prozent **Körperschaftsteuer** einbehalten sind.

Die **Kapitalanlagegesellschaften** haben börsentäglich

den Zwischengewinn zu ermitteln und mit dem Rücknahmepreis der Fondsanteile zu veröffentlichen.

Zyklische Aktien

Der Begriff **Zyklische Aktien** wird in den Berichten von Bankanalytikern in den letzten Jahren zunehmend gebraucht.

Er ist dem Angelsächsischen entnommen und bedeutet schlicht, daß es sich um Aktien handelt, deren Kursveränderungen in besonderem Maße von der jeweiligen **Konjunktur** abhängen.

Da in Zeiten schwacher Konjunktur weniger Autos und Chemieprodukte gekauft werden und auch weniger Menschen für die Herstellung dieser Produkte benötigt werden, sind die Aktien der **Autohersteller**, des **Maschinenbaus** und der **Chemie** als zyklische Aktien einzustufen.

Stichwortverzeichnis

Unter den **fett** gedruckten Stichworten und Seitenzahlen sind umfangreichere Ausführungen zu finden.